文化决策参考

（2015）

The Reference of
Cultural Development`s Decision
Making (2015)

首都师范大学文化研究院 编

社会科学文献出版社
SOCIAL SCIENCES ACADEMIC PRESS (CHINA)

前　言

首都师范大学文化研究院于 2012 年 2 月建院，其自我定位是兼具学术型思想库与研究型智库双重身份的高端科研机构，其办院宗旨是"学术本位，公共关怀，首都意识，全球视野"。

研究院的内部刊物《文化决策参考》作为研究院的主要机关刊物，其编辑方针充分反映了研究院的上述自我定位和办院宗旨。刊物从研究院伊始即开始编辑出版，到现在已经出版 44 期。该刊以专题研究论文或调研报告的形式，从顶层设计的高度研究国家和北京文化发展面临的重大理论与实践议题，为市委、市政府的文化决策提供学术支持。刊物直接上报市委、市政府和其他管理部门，有效实现了学术成果向政策建言的转化。

2015 年度的《文化决策参考》秉持文化研究院的一贯宗旨，其选题与研究方法力求前沿性、实证性和前瞻性，密切关注中央和北京市的文化政策导向，关注当下文化态势，通过第一手资料和扎实的个案分析，积极回应国家与北京文化发展的最新动态，为政府的文化政策提供智力支持。文章的具体内容涉及当下文化建设的各个重要方面，比如：社会主义先进文化价值观建构、文化产业发展、文化体制改革、公共文化服务等。

为了让《文化决策参考》上发表的文章被更多的读者看到，更好地发挥其社会影响力与决策影响力，我们按照惯例以图书形式编辑出版 2015 年度《文化决策参考》，期待得到各级领导、同行和社会各界的积极回应和批评。同时，我们也诚挚希望大家继续关心《文化决策参考》今后的编辑出版，踊跃投稿，为繁荣首都文化事业共同努力。

首都师范大学文化研究院
2016 年 7 月 20 日

目 录

公共文化服务应既重"民生"也重"民权" …………… 陶东风 / 1
北京大型公共文化服务设施运行机制的问题与建议 ……… 高宏存 / 10
移动互联时代的意识形态领导权 ………………………… 刘瑞生 / 19
在新形势下提高舆论领导能力和管理能力 ……………… 佘 音 / 26
促进非营利组织参与公共文化服务的对策建议 ………… 潘 娜 / 30
加强文化非营利组织培育是文化治理的关键 …………… 祖春明 / 42
高校教师考核体系的难题与改革 ………………………… 邱运华 / 50
高校人文社会学科评价体系的自主性与灵活性
………………………………………………… 任政广 郭 崇 / 61
以多层次企业民主建设改造新型工人"政治飞地" …… 邱运华 / 68
中国新工人的文化状态与文化自觉 ……………………… 吕 途 / 74
推动联合国设立"世界太极日"的建议 ………… 李焕喜 孙占卿 / 83
为广场舞发展提供更好的公共服务 ……………………… 蒋 璐 / 91
纯净世界，激情共舞
——2022年北京冬奥会的理念设计建议 …… 陶东风 陈国战 / 101
冰雪激情，生生不息
——2022年北京冬奥会定位与中国文化传统的融合
………………………………………………… 魏 军 范 喆 / 110

应将故宫建设成为展示"国家文明"的爱国主义教育基地
.... 王　彬 / 118
坚持建设历史文化与现代生活的"共生空间" ………… 岳升阳 / 126
知识创新需克服实用主义与政绩思维 ………… 刘新成　陶东风 / 135
"屠呦呦现象"提出的科研评价机制改革议题 ………… 鲁　白 / 144
"十三五"时期我国文化发展的内外环境及重大问题 … 张晓明 / 152
城乡一体化进程中的公共文化发展 ……………………… 杨永恒 / 163
促进北京的历史文化名城保护与历史文化带建设 ……… 王　彬 / 173
中国政治经济地理4.0版与北京发展战略 …… 胡鞍钢　周绍杰 / 180
北京建设先进文化引领高地的建议 ……………………… 范　周 / 188
公共决策与智库建设 ……………………………………… 魏礼群 / 196
中国智库影响力的实证研究与政策建议 ………………… 李　凌 / 204
智库热的冷思考 …………………………………………… 薛　澜 / 230
欧美智库比较及对中国智库发展的启示 ………………… 许共城 / 242
政策研究困境与智库的遇冷 ……………………………… 郦　菁 / 255
从"帝吧出征"事件看网络粉丝社群的政治表达
.... 陈子丰　林　品 / 264
城市中产阶级的三副面孔与城市文化发展 ……………… 熊易寒 / 273

公共文化服务应既重"民生"也重"民权"

陶东风[*]

近年来国家正在大力加强公共文化服务体系建设,并把它提高到"弘扬社会主义核心价值观""建设社会主义文化强国""实现中华民族伟大复兴的中国梦"的高度。这些关于公共文化服务的目的和意义的高屋建瓴的表述,足以证明国家花费大量的财力、物力、人力搞公共文化服务,绝不仅仅是要搞一套现代化的文化设施(楼堂馆所),或只是为老百姓提供消遣娱乐,而是有着更为高远的价值诉求和理想目标。

公共文化服务的目的是培养合格公民

2015年1月15日《中国文化报》发表评论员文章《建构现代公共文化服务体系的重要制度设计》,解读中办、国办"关于加快建构现代公共文化服务体系的意见",其中写道:"现代公共文化服务体系是以保证公民基本文化权益、满足公民基本文化需求为目的,以政府主导,以公正财务为支撑,以公益性文化单位为骨干,向社会提供公共文化设施、产品、服务以及制度体系。"这里用"公民"一词指称公共文化的服务主体,不仅比原来的"人民群众"更为规范,而且可以从中引申出对公共文化服务的更高价值与目标的理解,这就是培养合格的公民

---

[*] 陶东风,首都师范大学文化研究院常务副院长。

（包括公民道德、公民素质和公民修养，等等）。

公民是一种超越了人的许多特殊身份（职业、性别、年龄、种族、阶级等）之后的普遍身份或共同身份。现代公民概念的基本含义是启蒙思想家奠定的（当然也参考了古代思想家的遗产，比如柏拉图和亚里士多德）。他们界定公民身份的基本方法，就是悬置人的一些特殊身份认同，把人还原到一种纯粹的"自然状态"，据此考察人之为人的基本条件。其所得出的基本结论是：人具有独立、自由、平等、理性等共同的基本属性与价值。一个人可以是男性或女性（性别身份），可以是教师或营业员（职业身份），可以是汉族或少数民族（民族身份），可以是 50 后或 80 后、90 后（代际身份）等，但是在这一切身份之上，还有共同的公民身份。"个体是公共性与私人性的复合体，既有理性、独立、自由等公共的一面，又有容貌、激情、兴趣、民族、阶级、身份等私人的一面。公民是对个体的抽象，它承载了个体的公共性"，"十七世纪以来兴起的现代公民身份传承了古代公民的德性和追求，但又将它延伸到社会大众，成为一种所有个体都能享有的政治身份。从自然法的角度衡量，现代公民实际上是原初个体的普遍特征在人为政治领域的转化形式，这种普遍特征体现在平等、独立、自治、自尊、参与、理性等方面，它们是公民的人格写照，并通过公民的政治参与得到维护"（〔英〕德里克·希特：《何谓公民身份》，郭忠华译，吉林出版集团，2007，第 4 页）。

公民身份、公民资格首先是通过法律得到界定的，是一种法定身份；但它也是一种文化身份。所有 18 岁以上的中国人都是法定公民，但是却不见得是文化意义上的公民。文化意义上的公民必须具有公民道德、公民素质、公民修养，而公民道德、公民素质，特别是公民修养，是文化与教育培养出来的。其依靠什么样的文化和教育来培养？我觉得主要就是靠公共文化和公民教育。公共文化说到底就是公民文化，公共文化服务说到底是一种公民教育，是使每个人都成为合格公民的教育。

文化的分类很多。如果按照文化是否具有公共性来划分，可以把文化分为公共文化与非公共文化（如专业文化、私人文化等）两大类。

从服务对象的角度看，为特殊群体的特殊文化要求服务的是专业文化（比如医生需要得到很多专业训练，使用专业资料），为某些私人提供服务的是私人文化（它们都是有偿的），而公共文化服务不提供这些特殊、专门、私人的服务，它提供的是面向全体公民、为全体公民服务的公共文化。

这涉及到底什么叫"公共文化""公共文化"到底是什么含义这个根本性的问题。现在对这个问题的理解一般有三个角度。从文化服务提供的主体角度看，公共文化是政府为主体的文化；从性质角度界定，公共文化是非盈利的文化；从服务对象角度看，公共文化是为全体公民服务的文化。我认为这些界定都仍然有些笼统，没有对"公共"这个概念的内涵进行细致界定，因此也就无法把对"公共文化"的理解落实到位。"公共文化"这个概念是与"公民""公共生活""公共领域""公共人"等概念紧密相关的，而理解所有这些概念的关键，是搞清楚"公共"这个最核心概念到底意味着什么。

"公共"概念的基本含义大致有：①大家的、所有人的（比如公共物品，相对于私人的或小群体的）；②共同的、超越了各种特殊性的（比如公共事务、公共知识分子，相对于专业事务、专家）；③公开的、可见的、透明的（比如公共场所，相对于隐蔽的、看不见的场所）。

我以为"公共文化"概念就是在这个基础上产生的，是指满足全体公民的共同需要、以全体公众为服务对象、向所有公民免费公开的文化形态。为此，它也是与下列几种文化相对的：①市场化的盈利文化；②小群体的专业文化；③不公开的私人文化。这种面向所有公民的、为所有公民服务的、作为公民公共生活之一部分的、公开的文化，就是我理解的公民文化。公民文化也就是一个国家的公民共同文化，它的核心是共同或普遍。

公共文化的这种共同性、普遍性与公民身份的共同性、普遍性正好对应。公共文化是公民身份、公民的公共生活（公共生活就是作为一个公民的生活，是人们在公共空间里发生相互联系、相互交往、相互影响的共同生活。与家庭生活、职业生活等相对。公共生活的领域更加广阔、更公开、更具有共同性）紧密相关的文化，它的根本目的就是培养合格的公民。

由此决定了公共文化的价值取向：①共同道德和共同价值观（或者说对什么"好生活""好共同体"的共识）的培育。公民道德规范是一种底线规范、基本规范，适用于所有公民而不是专门群体，表现为一种明达的常识理性，一种基本、健康但又不是高不可攀的价值观。②潜移默化地培养公民素质，提高公民修养。公民素质和公民修养比宪法规定的公民权利和义务要更加内在，它是一种性格、气质、秉性和修养，包括不盲从、诚实守信、懂得克制、尊重他人、宽容温和稳健、不走极端、懂得说理，等等。它与愚昧野蛮、不讲理、走极端、偷奸耍滑等行为相对。

公共文化服务的根本目的就是培养这样一种公民道德、公民素质和公民品质，使人成为一个有教养的人，珍爱自由、平等，自尊并尊重他人，有尊严，崇尚独立，等等。以这个为中心进行各种形式的公民文化教育（编写公民读物，举办意在普及公民道德、提高公民修养、教人如何做公民的讲座、展览，等等），我以为是公共文化服务最核心的使命。

这样一种对公共文化服务的理解就不再是工具性的理解，不再是停留在建设物质设置或者提供消遣娱乐的层次了，它的意义非常重大。早在梁启超那个时代，很多有识之士就提出：中国人最缺乏的是公民素质，不知道怎么做公民。这个论断今天依然有效。就是今天一些大名鼎鼎的科学家、教授、高级干部，与合格的公民还有距离，同样不知道怎么做公民（媒体上屡屡爆出著名大学的著名教授写文章或讲话走极端、非理性、语言肮脏、蛮不讲理、动辄破口大骂的丑闻，就是证明）。

这就是我对公共文化服务的目的、价值和意义的理解：通过以公民教育为核心的公共文化服务，让人们接受基本的公民知识，在充分的民主讨论基础上形成"好生活"的共识，丰富健康的公共生活（相对于现在表面热闹非凡、实则浮躁浅薄的文化生活），总而言之，学会做公民。这样的公民文化教育不仅是书本知识教育，它同时也是一种紧密结合实际（特别是一些著名的公共事件）进行的实践性教育。比如，美国的公民教育就非常重视诸如水门事件这样的公共事件，告诉公民，总统可以做什么，不可以做什么；总统不可以为所欲为，不可以凌驾于法律之上。

最后需要指出的是，把培养合格的公民作为公共文化服务的核心，与政府倡导的社会主义核心价值观是完全吻合的，也是与执政党意识形态扩大其代表性、普遍性、广泛性的战略取向相一致的。社会主义核心价值观是执政党意识形态的最集中概况，其所概括的24个字12种价值观，就非常具有普遍性、广泛性和代表性。这些价值观不只适用于某些阶级或群体，而是面向和适用于所有公民的。文明、和谐、诚信、友善，等等，难道不是对公民的基本要求吗？它属于共同文化或公民文化的范畴，把公共文化服务视作公民教育，完全合乎主流意识形态的要求。

公共文化服务目前存在的问题①

目前公共文化服务存在一些问题，有待深入调查和研究。在调查研究时，需要重点关注的问题大致如下。

1. 公共文化服务与群众需求有效对接的问题

公共文化服务设施空转的问题很突出，与人民群众的需求不对接。中办、国办近期印发的《关于加快构建现代公共文化服务体系的意见》（以下简称《意见》），也意识到了这个问题，所以提出"以人民为中心"的工作导向，"认真研究人民群众的精神文化需求"。政府提供的文化服务群众不感兴趣，一方面是资源不足，另一方面是现有资源浪费。例如，很多地方文化工作者反映，之前推行的流动电影放映服务，政府投入了很多资源，观众却寥寥无几，因为现在电视互联网普及度很高，群众更喜欢足不出户观看影视节目；又如，农村图书馆建立了，但是书没有人看，因为这些书常常是上面"空降"的，不是村民们自己选择的，等等。

政府如何了解群众的文化需求，进而有针对性地提供服务？在提供

---

① 这部分参考了首都师范大学文化研究院蒋璐博士的相关观点，特此说明并致谢。

公共文化服务过程中，是否建立了相关的需求调查机制、参与度和满意度测量机制、群众反馈和参与调查机制？地方有哪些具体有效的操作方法？这些问题需要通过专门调研来了解。

2. 设施利用率的问题

近十年来，基础设施建设是公共文化服务建设最重要的工作之一。至今为止，场馆建设、各级馆站的覆盖率明显提高，已初步建成公共文化服务的硬件设施体系。目前暴露出的是设施利用率不高的问题。接下来，这些设施更要面临如何利用、如何管理运营的问题。如何有效利用这些设施，使政府的资源投入产生可持续性的社会效益？为了避免"兴建时轰轰烈烈，落成后冷冷清清"的困局，地方有哪些有益的做法？这些问题需要关注。

3. 公共文化服务的社会力量参与问题

坚持社会参与是前述"两办"《意见》的基本原则之一，也是《中共中央关于全面深化改革若干重大问题的决定》的基本要求，是当前公共文化服务工作的重点创新领域。

目前，经济发达、社会资本活跃的省份在这方面有一些探索，经济落后的中西部省份则缺乏社会力量参与。从全国来看，这方面的实践刚刚起步。就目前来看，地方的哪些做法（如政府购买、社会捐助、赞助等）值得总结和推广？政府应如何为社会力量参与搭建平台？如何制订相关的激励制度、管理制度和监督制度？这些问题都值得关注。

4. 政府主导和市场化的关系问题

公共文化服务当然不能以盈利为目的。同时也要看到，市场化的动力不足，市场主体的利益机制没有建立（得到什么好处），也带来了一些困难。利益不见得都是直接的经济收入，是否可以探索一些新的利益回馈机制？

5. 公共文化服务的法律法规体系框架

根据十八届四中全会依法治国的精神，"两办"《意见》强调了公共文化服务领域立法工作的重要性。目前正在制定中的有《公共文化服务保障法》和《公共图书馆法》两部法律。建立完善的法律法规框架，还有很多工作要做。地方政府在制定公共文化服务法规方面有哪些探索？相关法律框架应包含哪些内容？如何通过立法规范政府、市场与社会的公共文化服务行为？都是调查研究需要关注的问题。

理解和落实"公民文化权利"

上述问题看起来是公共文化服务的问题，但实际上是转型期政府与市场、国家与社会的关系问题的一个具体表现。这是改革过程中遇到的深层次问题，也是难点问题。解决问题的关键是进一步解放思想和转变观念。改革中遇到的问题只能通过进一步深化改革加以解决，倒退是没有出路的。

目前人们一般把公共文化服务归于"民生工程""文化惠民"工程，但"民生"概念、"惠民"概念带有很大的局限性。这些概念的重点是强调政府责任，强调政府要做哪些事情，这当然好；另外，强调过头或不加限制地强调也会不恰当地扩大政府主管部门的权力，对政府主管部门的权力缺乏限制。辩证地看，在强调政府责任的同时，还必须限制政府主管部门的权力，通过限权使之更好地尽到应尽的责任。这两个方面必须同时抓。

这就显示出"文化权利"概念的优越性。"两办"2007年8月《关于加强公共文化服务体系建设的若干意见》对公共文化服务的界定包括"人民群众的基本文化权益"；2011年10月25日发布的十七届六中全会《中共中央关于深化文化体制改革，推动社会主义文化大发展大繁荣若干重大问题的决定》继续使用"人民基本文化权益"的表述。2014年12月2日，习近平总书记主持中央全面深化改革领导小组第七次会议，使用的也是"人民群众基本文化权益"概念。立法时如果用"文化权利"概念会更为规范，基本意思与"文化权益"是一样的。2015年1月15日《中国文化报》发表的《机构现代公共文化服务体系的重要制度设计》，解读刚发布的"两办"《意见》，就使用了"公民基本文化权益，满足公民基本文化需求"的说法，用"公民"代替了"人民群众"，表述更为规范。

文化权利属于公民权利之一，属于公民的不可剥夺的神圣权利，它本身就是相对于政府权力而言的，保障文化权利的基础和前提之一就是限制政府权力。以"民权"概念为核心制定公共文化服务，最根本的宗旨就是保障宪法赋予公民的文化权利，其最重要的内容是明确规定在文化领域政府主管部门哪些事情不能做。只是明确政府哪些事情必须做是不够的，更重要的是限定政府主管部门哪些事情不能做，该做的做好，不该做的绝不能做。政府主管部门对文化活动的干预必须有法律依据。

只有把公共文化服务理解为落实公民的文化权利，才能厘清国家与社会、政府与市场的关系，有效限制政府主管部门权力，才能解决社会力量参与、激活公民的文化活力、与群众的需求对接等问题，让所有人的文化创造力自由涌动。

其一，公共文化服务的目的，是让公民自由从事文化活动，限制政府主管部门权力，实际上也就是保障公民文化创造的自由，在不违法的前提下，让他们自己决定选择什么样的公共文化服务内容，成立什么样的公共文化服务机构，公共文化服务应该提供什么服务，文化活动怎么办，这些都应该是公民说了算。保证公民的文化权利，当然离不开一些必要的物质方面的内容，但最重要的还是给予公民文化创造的自由。

其二，公共文化服务"政府主导，社会参与"的提法不很全面。对于"政府主导"这个概念要进行限定，"政府主导"的意思不是什么方面都主导，更不是主办。可以在经费投入方面主导，其他则都不应该主导。如果政府主管部门在什么方面都主导，就很难做到激发社会力量、引入市场力量了。公共文化服务的内容和形式要社会主导。目前，公共文化服务政府主管部门包办现象比较严重，政府在公共文化服务方面的越位、错位和缺位现象比较严重，政府与社会、市场的关系没有理顺，导致公共文化服务缺乏活力。要做到社会力量参与和引入市场机制，关键是在源头上限制政府主管部门权力，明确政府主管部门哪些事情不能做（"简政放权"仍然是一个操作、手段等方面的概念，着眼于简化程序，比如原先要盖十个图章，现在只需要两三个，但是并没有从源头解决问题，两个图章如果不给你盖，事情依然办不成。应明确规定哪些方面政府主管部门根本不应该管或不能管）。社会力量参与公共文化活动的积极性本来就存在,以前的问题现在依然存在,不是激发不够,而是限制太多。

其三,公共文化服务与民众需求不对接的问题。群众需要什么样的公共文化服务他们自己最清楚,公共文化服务与民众的需求不对接的原因其实很简单,就是政府主管部门管得太多了。对于需求,一方面要培育,另一方面要发现,发现以后不要简单限制。公民自己最清楚自己需要什么。

政府主管部门不能彻底从公共文化服务领域退出,最关键的问题是不放心,对社会存在恐惧心理,特别是对那些自发性的文化活动存在畏惧心理,怕出政治问题,造成不稳定。比如学校学生会搞一个活动,必须层层审批,对场地、时间,特别是演出的内容严格把关,而且主管学校领导到场监督。这样的活动虽然全部是学校投入资金,但学生完全没有自主性和主动性,当然也就缺乏兴趣。一个主要原因是,对任何自发的学生文化活动心存恐惧。

这样被严格控制的公共文化活动当然缺乏活力、死气沉沉、流于形式,因为没有真正的自由交流和自由创造,即使有了设施也没有用。需要确立政府主管部门不干预原则,严格规定政府主管部门哪些事情不能做。不具体规定政府主管部门不能做的事情,满足公民的文化需求、保障他们的文化权利就是一句空话。

北京大型公共文化服务设施运行机制的问题与建议

高宏存[*]

大型公共文化服务设施是指以各级人民政府为主体的，建筑面积在1万平方米左右或以上，向公众开放、用于开展文化体育活动的公益性的图书馆、博物馆、纪念馆、美术馆、文化馆（站）、体育场（馆）等。北京作为国家首都城市，是大型公共文化服务设施较为密集的城市。2014年，北京继续推进北京大型公共文化服务设施运行模式与体制机制创新，不仅能充分发挥公共文化设施的社会效益、经济效益，加强公共文化产品和服务供给，提升公共文化设施建设、管理和服务水平，提升公共文化服务效能，且有助于实现首都城市的文化示范作用。

北京大型公共文化服务设施的总体运行特征

近年来，随着政府在政策上向公共文化服务体系建设倾斜，大幅度增加对公共文化服务设施方面的投入，加快大型公共文化服务标志性工程建设进度，其运行机制及运行效果也引起人们越来越多的关注。目前，北京大型公共文化服务设施建设，总体上呈现出快速发展状态，运

---

[*] 高宏存，国家行政学院文化政策与管理研究中心副主任、副教授。此文是首都师范大学文化研究院2013年一般招标课题"创新大型公共文化服务设施运行机制的实证研究"的阶段性成果。

行机制在探索与实践中也不断创新，呈现出以下两大特点。

其一，政府管理模式在探索中创新发展。

北京重视公共文化服务体系建设，强调对其管理运行进行新的探索，以打造新型的公共文化服务设施管理模式。在大型公共文化服务设施的管理中，政府逐渐推进文化体制改革，以转变政府职能为方向，将政府对大型公共文化服务设施的管理由以行政管理为主向以经济法律管理转变，并探索实行不同的政府介入管理模式。在工作方式上，积极探索"由管微观向管宏观转变，由办文化向管文化转变"，采用委托经营、政府力量采购、设施自主文化产权开发等方式，激活设施运行活力，扩大社会力量的参与度，提高设施内部文化资源利用率。

一方面，政府通过公开招标的方式购买经营性文化公司生产的文化产品或服务。2014年，北京在政府购买服务的目录中，将公共文化服务纳入其中，为公共文化服务建设提供多元性支撑。在文化惠民服务中，北京市以向民营文艺院团购买文化产品的形式，组织百姓周末大舞台、周末演出计划等。2014年，北京市共有90家文艺演出公司或团体（其中74家是民营院团）参与文化惠民演出活动，全年共演出1041场。

另一方面，利用全国公共服务体系的网络，将大型公共文化服务设施有效的运行管理经验扩散至各个地方的公共文化服务设施中，提升了地方大型公共文化服务设施的运行效率。依托北京保利剧院的北京保利剧院管理有限公司，作为中国保利集团的重点企业，其演出与剧院管理业务已经拓展至华北、华中、西南以及珠江三角洲等各个地区，成为国内首家真正意义上的演出及剧院经营管理院线联盟。目前，保利经营管理着北京保利剧院等全国24家一流剧院。统一的管理原则，因地制宜的运行方式，构成了北京大型公共文化服务设施新的管理运行机制，也促进了大型剧院公益性职能的进一步发挥。2014年，北京大型体育场馆的演出数量比2013年增长87%，全年达到381场。2014年大型文化设施收入总票房也实现稳步增长，其中，大型专业性剧场收入为6.31亿元，大型体育场馆收入为5.57亿元，均比2013年略有增加。演出数量的增多和票房收入的稳步增长，体现出公共文化服务设施运营管理机制创新对北京公共文化服务体系建设的贡献。

其二，市场化管理运行方式的引入。

推进大型公共文化服务设施运行中社会力量参与以及引入市场化管理体制，是北京立足于当下市场经济大环境、加快大型公共文化服务设施建设的重要环节。当下，北京大型公共文化服务设施已经开始市场化运作的探索，取得了一定成效。

第一，现代理事会制度的引入。2011年，国家文物局曾发文要求"公共博物馆纪念馆要逐步实行理事会决策、馆长负责的管理运行机制"；2013年党的十八届三中全会明确提出："推动公共图书馆、博物馆、文化馆、科技馆等组建理事会，吸纳有关方面代表、专业人士、各界群众参与管理。"近年来，北京市积极面向市场，探索现代理事会制度的建立。2014年，北京市部分区县积极探索现代理事会制度，东城区和皮卡图书馆、居民探索成立现代理事会制度，将社会力量和专业化社会团体引入公共文化服务体系建设，提高了服务和管理的水平和效率。

第二，委托专业公司或服务机构管理运行。政府通过公开招标的方式引入专业管理公司承担大型公共文化服务设施特定管理岗位，这种方式既减轻了管理压力，又减轻了财政负担，同时强化了管理运行的效率。北京市朝阳区在委托专业机构管理公共文化服务运行方面先行先试。2014年，朝阳区图书馆与悠贝亲子图书馆、朝外街道图书馆签订《社会力量参与朝外地区图书馆运营合作协议书》，以委托的方式在公共文化服务中引入民办机构，探索公共文化服务体系建设的新形式。

北京大型公共文化服务设施运行存在的问题

北京是"全国文化中心"，发挥全国文化中心示范作用、建设中国特色社会主义文化先进之都，始终是北京文化建设发展的重要战略目标。在国家政策文件的指导与倾斜下，北京市公共文化服务体系构建呈现出繁荣而稳定的发展局面。但是，综观北京市大型公共文化服务设施的发展现状，其运行存在的问题主要体现在以下几个方面。

其一，经费来源不足，投入方式单一。

大型公共文化服务设施作为城市文化发展的重要载体，其经费来源主要是国家财政。就财政投入数目来看，文化事业费的投入每年都呈现出增长趋势，但是，与国民经济、国家财政收入及国家总体财政支出相比，文化事业费投入的增长速度并不突出。文化体育与传媒支出在全国财政支出中的比例近三年来分别是 1.79%、1.80%、1.65%。在推行公共图书馆、美术馆、文化馆等公共文化设施免费开放的当下，这种财政投入的比重并不能很好地支撑公共文化服务设施的运行。尤其大型公共文化服务设施的配备、安全保卫、水电基础、人员经费等各项费用开销都颇大。而政府财政投入多停留在"大锅粥"的方式上，不能针对具体项目进行资金核算与投入，往往导致资金使用不当、特定项目资金不足等问题。

北京市一些新兴的大型公共文化服务设施为适应市场经济的环境，采用新型的经费融资模式，比如大型游泳馆"水立方"的建设就得到了来自 101 个国家和地区的 35 万多名港澳台同胞及海外侨胞共捐献的 9.4 亿元人民币。但是，建成后的长期运行更需要大量的资金支持。单纯依靠国家财政投入的单一方式，限制了大型公共文化服务的内部运作模式，各个场馆还缺乏吸引社会资金注入、多渠道解决经费来源的大胆尝试。

其二，市场机制不健全，缺乏市场营销意识。

越是大型的公共文化服务设施，越承担着弘扬与传播国家意识形态的任务，也就越处于政府部门机构的管理之下，这样反而使设施运行脱离了市场机制。设施内部公共文化产品与服务紧跟国家政策，有利于国家公共文化与意识形态的传达，但脱离市场机制的运行，也使设施的公共文化服务职能不能很好地对公众形成影响，并不利于满足公众公共文化需求和提升公众文化素质。

一方面，设施缺乏市场需求调查机制，一味沿承老旧的公共文化产品与服务，原有的文化资源得不到新的开发，又缺乏引入新的文化资源的措施，导致公众对既有文化产品与服务产生了审美疲劳，激发不起欣赏的欲望。据媒体调查，北京市社区公共文化设施利用率不到 25%，以需求为导向的设施建设并未落到实处。① 随着经济文化的发展，公众对文化的欣赏需求逐步提升，大型公共文化服务设施缺乏面向市场、面向公众运行的机制，缺少公众需求的公共文化产品与服务的供给，其公益性职能就不能得到发挥。另一方面，设施所提供的公共文化产品与服务，其目的是满足公众需求、提升公众文化素质，然而设施往往注意文化产品与服务的提供，却忽略了产品与服务的营销过程。市场经济条件下，即使是大型公共文化服务设施提供的公共文化产品与服务，也需要引入市场机制，优化资源配置，以专业的市场营销策略扩大产品影响力，在保证设施的社会效益的同时，提高经济效益，达到社会效益与经济效益的统一。

其三，服务方式陈旧，文化资源利用率低。

北京是全国文化创意之都，城市创意竞争力和文化创意水平都居全国首位，公共文化设施和公共文化产品都居全国领先地位，然而大型公共文化服务设施中的创意性发展却尚有较大差距，尤其"软件"建设不够，公共文化资源利用率有待提高。

一方面，建设比较早的大型公共文化服务设施，内部服务设施建设一般比较老旧，服务系统又比较庞大，在当下科学技术迅速发展的时期，服务方式跟不上新的潮流。文化场馆往往被动地停留在低层次开馆闭馆上，等着群众走进来，而不能创新方式招徕群众。很多大型公共文化服务设施在网络平台建设方面还不够普及和先进，配套的网上图书馆、网上博物馆、网上剧场等服务活动水平还不够高，服务人群覆盖面较小。另一方面，有些大型设施建成后，因为后期运行成本、实用性、规划性等的阻碍，不能充分发挥公益性职能，造成文化资源设施搁置，资源利用率低下。作为中国最有名的体育赛事场馆，北京鸟巢体育馆创新了设施内部运行方式，启用了公司运营模式，整个场馆交由北京市国有资产经营有限责任公司管理运行。但是，这种产业运作模式、巨额维护成本和超高的功能开发难度，同样使得场馆内部资源设施得不到很好的利用，设施惠及的公众规模也受到限制。因此，怎样探索出一条惠

---

① 龙露：《社区公共文化设施利用率不到25%》，《北京晚报》2014年2月10日。

及广大人民群众的集社会性与经济性于一体的新型运行模式,是鸟巢当下亟须解决的问题。

改善北京市大型公共文化服务设施运行的建议

北京市公共文化服务体系建设始终走在全国前列,2014年北京市启动《关于进一步加强基层公共文化建设的意见》《首都公共文化服务示范区创建方案与标准》《北京市基层公共文化设施建设标准》和《北京市基层公共文化设施服务规范》的"1+3"公共文化政策制定工作。这些政策充分体现了以人民为中心的工作导向,推动了北京公共文化服务体系标准化、均等化、社会化和数字化发展。大型公共文化服务设施作为公共文化服务体系的骨干、惠及广大人民群众的大型场馆,更是承担着文化的公益性职能。针对当下大型公共文化服务设施运行中存在的定位不清、活力不足、效率低下等问题,推动责任明确、行为规范、富有效率、服务优良的公共文化服务设施运行机制的形成,是深化文化体制改革的重要任务,也是构建公共文化服务体系的重要内容。

(一)探索经费投入保障机制

大型公共文化服务设施的经费投入保障机制,是保障大型公共文化服务设施有效运行的基础和前提。为保障大型公共文化服务设施的有效运行,必须正视当前的投入机制问题。北京作为文化中心,中央政府及市政府对公共文化服务的财政投入相比其他地区已经具备了很大的优势,当下,需要着手解决的是财政投入总量提升前提下的投入方向问题。应该打破过去"大锅粥"的投入方式,按照各个部门、各个项目实施专项财政投入。

第一,建立分类预算、按需所投的经费投入原则。管理大型公共文化服务设施的直接政府机构,在设施建设投入运行之初或在设施运行现状之下,对该设施运行现状进行调研,切实了解设施基本运行所需要的资金支持情况,分类调研、分类预算,构建量化的专项财政预算数据。然后,按照分类预算的结果和"按需索投"的原则,针对设施中的基本保障性投入和项目保障性投入实行分类拨付。

第二,加大对文化创意项目的支持力度。为适应北京市文化创意之都的建设,大型公共文化服务设施要加大对文化创意项目的财政支持力度。对设施中所规划的创意型文化产品与服务,国家财政投入要首先予以考虑,对其进行财政政策的倾斜,使大型公共文化服务设施不仅在地域上承担"大型"二字,更在文化服务上承担"创新"二字。

第三,完善多渠道社会投入机制。支持、调动社会文化组织、企事业单位、个人参与公共文化服务资金投入,拓宽大型公共文化服务设施的投融资渠道,打破由政府独自支撑的局面,形成各级政府纵向协调投入,社会文化组织、企事业单位和个人等横向联合投入的多元化经费投入系统,有利于充分发挥社会文化资源的作用,也有利于实现设施内资金的有效流转。

(二) 转变政府职能,推行多样化管理模式

大型公共文化服务设施真正有效运行,除了经费投入之外,还需要高效有序的运行管理措施。政府要发挥大型公共文化服务设施管理主体的作用,承担运行管理的大导向;设施自身则要在政府导向的前提下,积极探索多样化的管理模式。

第一,在政府职能转变中理顺政事关系。政府要转变长久以来"大包大揽"的管理思维,从管理主体的角色转变为管理主导者,为大型公共文化服务设施的运行提供总体管理方向与政策,将全面管理与重点管理相结合,对设施实行分类管理。

第二,强化设施主体的市场化运行。按照增加投入、转换机制、增强活力、改善服务的目标和原则,以市场经济体制为背景,推进大型公共文化服务设施内部的体制改革,全面实行人才聘任制度和岗位管理制度,以市场为资源配置导向,加强财务使用管理和核算,建立健全竞争与激励机制,促进市场化运作模式的形成。北京市大型公共文化服务设施应面向市场,建立现代理事会制度,借鉴上海当代艺术博物馆的运营模式,以理事会决策项目,由学术委员会审核,以基金会或社会力量参与的多元化经费投入为支持,进行专业化管理运行。

第三，充分探索自有文化产权的开发。大型公共文化服务设施在建设之初便携带了丰富而明确的文化服务目标，鸟巢、水立方等大型体育文化设施，首都博物馆、汽车博物馆等场馆展览设施，自建成之日起，便拥有丰富的自有文化产权。多角度开发自有文化产权，给公众提供丰富文化产品与服务提供了来源。

（三）引导社会力量参与管理和治理

十八届三中全会，围绕文化改革特别是原有文化事业单位改革，明确提出推动公共图书馆、博物馆、文化馆、科技馆等组建理事会，吸纳有关方面代表、专业人士、各界群众参与管理。由原来的包办逐步过渡到吸纳社会力量参与文化管理，实现管理模式由以往政府包办的单一主体管理，变成多元主体参与的新型"文化治理"。特别强调了鼓励社会力量、社会资本参与公共文化服务体系建设，培育文化非营利组织。

第一，大力开展文化志愿服务活动。目前，在吸纳社会力量参与管理与服务方面，北京市大型文化设施也做了一定的尝试。在首都博物馆，"小小讲解员"活动是首博重要的品牌教育活动之一，已经连续三年在暑期举办"小小讲解员"培训班与实践班，取得了很好的社会效果。在大型公共文化设施建设上继续加强志愿者队伍，是实现社会化发展的重要方式。

第二，探索"文化治理"新模式。文化服务要"着眼文化民生，激发文化民主，实现文化民权"，在接受服务中实现文化设施机构民主的管理。国家提出的探索建立"理事会制"，就是这种新的"文化治理"模式的构想。虽然现在全国已经开始试点，但北京市部分区县的文化设施机构运营还没有破题。文化治理体系和治理能力现代化的实现，必须扩大治理的社会参与、实现多元主体合作共治。

（四）建立科学的绩效考核机制

建设新的绩效评估制度，推动公共文化设施运营绩效的考评，是加强公共文化设施服务规范化、高效化发展的重要路径。

第一，大型公共文化服务设施绩效考核的维度及主体问题。由于大型公共文化服务设施公益性特点，对其运行的考核评估不能局限于单一主体，需要政府、公众、专业化团队的合作参与。尤其是北京的大型公共文化设施，不仅承担部分国家层面的文化服务，还要承担市级层面的文化服务。政府主体评估主要考量设施的组织属性，对设施所提供的文化产品与服务进行定性分析，保证大型公共文化服务设施运行方向；客观主体评估是大型公共文化服务设施的主体考核系统，涵盖设施运行的方方面面，是最复杂的系统，需要建立起客观、科学、具可操作性的评估指标体系，从专业性视角加以考核；公众主体评估是基于满意度的考核，系统指标大多不是可量化的构成，指标一般可以质性转移为参数纳入量化系统。

第二，大型公共文化服务设施绩效考核的后续实施。对大型公共文化服务设施进行绩效考核，是为了给设施运行管理提供客观依据，也是为了能够更好地实现文化设施的公益性职能。将反馈机制、奖惩机制等作为后续管理的重要内容，有助于围绕明晰的组织绩效目标产生自主性内生动力，针对考核现状自我变革，创新运营方式，积极履行公共文化服务职能。

移动互联时代的意识形态领导权

刘瑞生[*]

21世纪以来，互联网、手机等新媒体成为了人类历史上普及速度最快、功能最强、社会影响最大的新型传媒，革命性地改变了意识形态传播格局。具备全新媒介属性和强大传播功能的新媒体，空前地拓展了传播空间，革命性地改变了意识形态构建方式，成为不同意识形态直接和剧烈冲突与交锋的舆论场。互联网移动化的进一步发展，大大降低了思想表达的门槛，个人传播的自主性进一步激发，社会价值观传播进入了"移动化"时代。

最令世人瞩目的是，新媒体具备很强的社会组织和交往功能，微博、微信、社交网站等社会化网络应用的崛起，不仅能为用户个人组建多媒体通讯社，为公民打造以个人为中心的人际交往平台，还为公民和社会群体进行社会交往乃至社会动员提供了强大工具。

意识形态传播空间空前复杂

改革开放以来，中国社会最显著的变化是经济基础的多元和社会结构的分化，这必然导致社会思潮日益多元化。21世纪以来，各种各样的社会思潮和意识形态在网络上的广泛传播，已成为当前中国社会

---

[*] 刘瑞生，中国社会科学院新闻所副研究员。

思想发展的重要景观。

由于网络媒体具有全球开放传播的特点，网民获得信息与思想观点的渠道大大增加，古今中外各种各样的思想几乎都能在网络找到生存的空间，各种立场和思想倾向的民众几乎都能通过互联网进行交锋，多元化的网络思潮和意识形态极为开放和多样。

当前意识形态传播空间空前复杂的一个重要表征，是微信近两年迅速成为第一移动即时通信工具。类似的新技术和新应用还有不少，国内有"易信""来往""米聊""爱聊""有信"等，国外则有美国的Google＋与WhatsApp、日本的LINE、加拿大的Kik等发展都很快。例如日本版微信LINE自2011年6月上线之后风靡全球，并于2012年登陆中国，目前其用户数已经达到3亿人，在40多个国家的应用下载榜高居榜首。

微信等新应用超强的黏性社交和圈子传播，也彻底改变了传播生态。一是庞大的"隐性"传播场，在公共议题讨论时虽不呈显性，但其舆论热度却很高。二是高度的"黏性"信息场，微信用户主要基于熟人关系，也更具"可信度"。三是互通的"群际"动员场。微信用户可以自行建群，容易实现圈对圈互通的社交和信息分享，并且具备强大的组织动员功能。四是自由的意见表达场。五是重要的思想扩散地。

主流意识形态建构面临严峻挑战

其一，受社会转型和传媒转型影响，主流意识形态和社会道德遭遇了前所未有的挑战。社会日益分化和贫富悬殊日益严重，致使社会上一些人对社会主义意识形态认同度降低。大中城市青年是新媒体的主要用户群体，就业、住房、医疗、子女教育等问题使得他们承受着空前巨大的压力。这个网络主流群体比较容易受偏激的思想观点的吸引。此外，拜金主义、消费主义、实用主义等价值观在一些既得利益群体中盛行。

其二，我国主流意识形态的建构亟待加强，传播方式还存在不少问题。一是新媒体时代，传统媒体的宣传方式在维护主流意识形态方面效力降低。我们的问卷调查显示，互联网已经成为人们获取信息的最重要的方式，相当高比例的网民上网时间每天在1小时以上，人们上网的主要目的是了解国内外政治新闻和社会动态。在新媒体的影响下，我国主流媒体的宣传方式遇到新媒体的挑战，在传播的影响和效力方面大大降低。

二是传播错位问题严重。美国在社会核心价值观的传播方面很讲求针对性，把意识形态和社会价值观很隐蔽地包装到政策、社会科学理论、教育、宗教、大众文化产品、传媒等多个层面，而我国往往在传播中错位，特别是容易把意识形态和社会价值观表层化，难以为大众所接受。尤其是在新媒体时代，网民获取信息的渠道大大增多，在认识和接受观念上更注重方式，宣教的价值观传播方式反而容易引起他们的反感和抵触。

三是受传统媒体的传播影响，核心价值观构建上仍存在重形式轻内容、重声势而忽略实效的问题，这种方式已经不能适应新媒体传播，往往导致传播声势大而传播效果差。根据我们的问卷调查，对于我国主流媒体的新闻报道，认为很好、主题鲜明、客观公正的调查对象比例不高，而认为一般、意识形态色彩太强的比例则较高（见表1）。

表1 对我国新闻报道的看法

	第一次问卷调查	第二次问卷调查
一般，意识形态色彩太强	46.7%	63%
不客观，有虚假内容	22.8%	4.6%
很差，没有灵活性，宣传味道太浓	17.6%	13%
很好，主题鲜明、客观公正	8.7%	19.4%
不关注这个问题	4.2%	—

其三，主流意识形态的网络阵地不够多、影响力不够强。从目前来看，综合门户网站的各方面的实力远远强于体制内新闻网站，其商业运作和业务拓展能力冲击着体制内新闻网站的传播影响力。如何在与商业网站的竞争中发挥更大的传播影响力，是体制内新闻网站亟须重视的问题。以往属于体制内的新闻网站正在抓住转企改制的契机，开展各

种新媒体业务，力图赶超综合门户网站，占领网络文化传播的制高点。不过，这种赶超需要以综合性的创新为基础。

把握移动互联应用技术的制高点

新媒体的发展特点充分表明，其本身越来越成为一个关乎国家全局的制高点。中央网络安全和信息化领导小组的成立，意味着我国已将新媒体发展提升到国家战略的高度，将新媒体空间安全视为最重要的国家安全问题之一。

目前的重中之重，是从国家发展的高度重视移动互联网战略。随着新媒体的移动化发展态势，移动互联网将成为意识形态的必争之地。目前各国尤其是发达国家都在移动互联网行业发力。我国在国民经济发展和信息化建设及其他相关规划中，需要进一步突出移动互联网战略的地位。

应对移动互联新应用的迅速变革，技术是根本。真正把握技术制高点，才能抓住网络新应用发展和管理的主动权。

我国政府需要主导移动互联网的健康有序发展，鼓励企业大力研发核心技术，建立自己的标准，尽快占据移动互联网制高地。在全球格局中，移动互联网发展很不平衡，西方发达国家无论在资本、技术、应用软件和市场占有及标准方面都拥有绝对优势。目前，我国要通过政策支持、资金资助、税收优惠等办法大力鼓励企业研发移动互联网的核心技术，尽快改变核心技术受制于西方公司的局面，尽快建立并推行自己的行业标准。

第一，应大力研发移动互联网的操作系统和核心技术，尽快研发出我国自主的操作系统。网络安全最核心的是技术安全，而技术层面最核心的是操作系统。目前，中国拥有世界最大的移动互联网市场。中国只有研发出自己的智能终端的操作系统并运用于中国市场，才能在全球格局中增强自己的竞争力，并主动保障网络安全。因此要花大力气、不惜投入尽快研制我国自主的操作系统。

第二，成立专门的技术研发机构，尽快突破芯片等核心技术。我国拥有自己的 4G 标准，应抓住 4G 发展的契机，建立高效的研发机构，对芯片等重大技术进行专门攻关。4G 是未来网络发展大趋势，我国在移动互联网发展方面应该超越常规的短期利益，才能在全球竞争中掌握主导权。

第三，开发移动即时通信类的"杀手级"应用产品。移动互联网不是网络发展的简单升级，而是会引发一场彻底的技术革命，进一步加速网络应用的更新。要充分看到，互联网应用发展的本质是技术变革，而移动互联网时代将进一步加速应用和技术的推陈出新。近年来在我国热兴的网络应用，都是由腾讯、新浪、百度等公司从海外引入或自行研发的。随着 4G、5G 的推出，很快会出现更多新应用产品，这将成为一种常态。需要彻底转变观念，跳出怪圈，勇于在互联网新的变革中有所作为。中国移动、中国联通、中国电信等国企在用户、市场、设备等方面具有天然优势，但在应用层面却存在多而散、缺乏"杀手级"应用产品。这些部门可以联合人民网、新华网等主流网络媒体，站在 4G 乃至 5G 前沿，集中优势研发移动即时通信类的"拳头"应用产品，并迅速推广，才能真正掌控微传播时代的"话语权"。

第四，抓住三网融合机会重塑广电传媒。目前，传统广播电视在资源方面和网络方面仍然具有优势，广电有线网络已进入 99% 的城镇居民家庭，是城镇地区入户率最高的信息传输网络。我国 6 亿多人口每天依托电视机收看各类广播电视节目，并有越来越多的乡村居民依托广电网实现了看电视和上网。三网融合对中国广播、电影、电视等媒体的发展产生了重要的影响。中国广电媒体正在经历一场"被"新媒体重塑的革命性变革，应从国家战略的高度推进大广电战略，这是确保国家信息和文化安全，关系执政党命运、民族兴衰和国家长治久安的一个重大工程。

不断提高新媒体管理水平

基于互联网的新媒体是一种技术主导发展的传媒形态，技术发展速度远远超过了已有法规的更新。无论是美国、英国等发达国家，还是俄罗斯、印度等发展中国家，都在不断加强对新媒体的管理。尽管具体做法不同，但根据具体国情、社情强化互联网治理，不断提高互联网管理水平，是全球共同趋势。

例如，2012年4月，在反思"伦敦骚乱"等由互联网、微博等新兴传播方式所引发的问题之后，英国政府认为原有的法律条款已经不能对新兴媒体进行有效监管，为适应反恐和保障国家安全的需要，英国政府将出台互联网监管法规。新的网络监管法规草案，将允许政府有关部门严格监管互联网，允许情报机构依法监听电话，了解短信和电子邮件的内容。尽管，法规草案被拥有"表达自由"传统的英国公众质疑，但英国政府仍表示法规对于调查严重犯罪、打击恐怖主义和保障社会安全方面具有极端重要性。

要提升对新媒体的管理水平，可从如下方面入手。

其一，加快新媒体领域的法制建设。法律是新媒体管理最有力的保障。但是目前我国尚缺少层级高、效力强的互联网专门法规，其他法律中相关互联网的条款修订和补充速度也比较慢，这对于依法管网来说是很不够的。目前我国网络管理多依靠一些行政规定和专项打击行动，对于非法传播行为管理缺乏制度化机制，存在力度和效度不够的问题，应尽快在合理借鉴的基础上结合我国国情网情制定、完善相关法律，提高网络管理的法制化水平，这样才能促进行业健康发展、规范传播秩序。中国拥有世界最大的新媒体市场，未来发展空间巨大，为了促进新媒体健康有序发展，发挥新媒体在促进社会发展中的积极作用，需要借鉴其他国家的经验，根据本国国情进一步建立有中国特色的互联网法规体系。

其二，高度重视社会转型引发的意识形态和价值观危机，要在立足于主动调整社会结构和缓解社会矛盾的基础上，构建社会主义核心价值观。

意识形态的问题既有舆论空间复杂化的原因，也有现实问题的反映。当前社会主义核心价值观构建中存在的最大问题，主要是意识形态不能反映经济基础和社会结构。目前，这个问题已经引起了普遍关注。需要辩证地认识这个问题，主动调整社会结构，通过调整经济发展模式和收入分配解决社会问题，提高主流社会群体对社会主义道路的认同度。

其三，大力构建有效的主流意识形态的传播体系。主流意识形态的构建需要一个科学的体系，需要从深层的意识形态、中观的价值观到外在的文化产品、传播方式作通盘考虑，建立全面的传播战略。

其四，加强主流媒体的传播效果。商业门户网站和专业性商业网站基本主导着中国互联网传播格局，重点新闻网站作为主流价值观的主要阵地，还难以与商业网站抗衡。例如在世界网站排名中，腾讯、新浪、网易、搜狐等综合门户网站均在百名之内；而新华网等新闻网站排名均在二百名之外。对此，管理部门在加强对商业网站的驾驭能力的同时，需要加强主流媒体的网站建设，下大力气形成几个中国品牌。

其五，加强主流"舆论精英"队伍的建设，培养新媒体意见领袖。大力鼓励立场观点方法积极的"主流意见领袖"通过新兴媒体方式传播声音。新闻从业人员是"舆论精英"群体的主体力量，需要加强教育，引导媒体增强大局意识和社会责任感，始终坚持正确的舆论导向。

其六，高度重视海外中文网站的传播影响，制定积极的海外中文网络传播战略。自20世纪90年代以来，伴随着中国的崛起和互联网的勃兴，中文信息在互联网所占比例的提高，海外中文网站发展迅猛，目前在全球中文网络传播格局中已经形成了一个重要海外中文网络舆论场。在分布广泛、数量繁多、种类庞杂、传播影响巨大的海外中文网站中，海外主流媒体开设的中文网站地位重要，对国内舆论传播影响巨大。如新加坡《联合早报》的网站介绍，根据AC尼尔森统计，该报网站在全球有420万名华人网民，日均页浏览量达到800万～1000万次，其中有90%的网民来自新加坡国外，85%的网民来自中国大陆。联合早报网已成为世界最有影响力的新闻网站之一。

目前在整个世界传播格局中，整体上英语强中文弱的局面无法在短期内得到改变，但需要看到互联网的发展给我国对外传播提供了重要的机遇。其中的关键是，在内容和传播方式上做大做强，以及转变观念，制定积极的海外中文网络传播战略。需要针对海外受众的心理与特点打造专门的海外网络传播阵地，在传播内容上可以专门制定针对海外的传播政策，量身打造专门对外的国内政治新闻等传播内容，培养专门从事海外中文网络传播的人才队伍。

在新形势下提高舆论领导能力和管理能力

佘 音[*]

中国的舆论形态和西方国家的舆论形态有着巨大的差异。媒介即信息。西方资本主义国家的掌控者和绝大多数媒介机构的掌控者不是分离的,这两者都掌握在财团手中,因此它们的政府看上去似乎没有太多额外的舆论管理工作。中国实行社会主义市场经济,社会主义与市场经济有一致性,也存在内在的紧张,这是毋庸置疑的现实。中国现在大量媒介机构已经被民营经济所掌控,它们与国家(及其社会主义原则)有着不完全一致的利益诉求。原来作为事业单位的媒介机构,经过市场化改革,也多实行雇佣制度,雇佣制度下的舆论工作人员与事业制度下的舆论工作人员有着颇大的差异。这都给中国意识形态与舆论的领导工作与管理工作带来了极大的复杂性。

从大方向来说,一方面,中国仍将坚持社会主义原则,培养社会主义新人,弘扬社会主义基本价值;另一方面,必须兼顾大量非社会主义因素的法律权利。因而,必须通过中国特色社会主义的舆论领导和管理来扩大它们的一致处,协调它们的不一致处,使混合型社会不转变为混乱型社会。

党员的舆论是全国舆论的基础

近年来人们常用"新常态"来表述当前状况发生的新变化,可以

---

[*] 佘音,北京大学法治研究中心特聘研究员。

说，中国的舆论形态也在逐渐进入一种新的形势。它主要表现为媒介机构进一步资本化证券化、媒介机构所有制混合化、新旧媒体融合转型、媒介形态和媒体模式持续创新、舆论与信息及商业混合化、舆论动员能力"核爆化"、媒介工作人员全面雇佣化、媒介机构和舆论问题国际化、舆论依法管理常态化，等等。这些给舆论领导工作和管理工作带来更大的复杂性和不确定性，对舆论领导和管理创新性的要求将越来越高。

首先要有战略定力。这是一个杂音喧嚣的社会：在全球化时代，国内外各种势力交错混杂；在市场化时代，市场主体各种利益交错混杂；在媒介创新时代，各种媒介形态和舆论形态交错混杂；在思想市场化时代，各种主义和学说交错混杂。面对国际舆论场和社会舆论场的波诡云谲，从事舆论领导和管理的领导者与工作人员，如果没有战略定力，就会被各种舆论假象和主义假象牵着走。

在杂音时代，获得战略定力，需要提高意识形态分析能力，善于揭示各种舆论假象背后的利益实质，在坚持人民根本利益和长远利益的前提下平衡各种现实利益和短期利益。也需要在推动市场化改革的同时毫不动摇地坚持包括民族大团结原则在内的诸项基本原则，提高这些基本原则对市场经济和全面改革的驾驭能力。还需要处理好《宪法》序言部分规定的诸项基本原则与《宪法》正文部分规定的公民权利的关系，既坚定维护《宪法》序言规定的诸项基本原则，又依法保护公民权利。

其次是党要管好党。这是舆论领导工作和管理工作的支柱。当前党员占据着中国社会各种组织的大多数关键岗位。领导好和管理好八千万名党员的舆论，基本上已经可以领导好和管理好全国的舆论工作。

党要管好党。第一，需强化政治纪律，确立政治纪律高于一切的纪律观念。违反政治纪律的，则需要有所惩戒，这是大是大非。严明纪律一向是中国共产党取得胜利的组织保障。第二，需强化和优化组织原则，建立和完善党内意见党内消化的机制和通道。党员有意见，一方面要遵循组织原则，通过组织程序向上反映；另一方面党组织要优化向上反映和向下反馈的机制及通道，降低党内意见党内消化的成本，提高党情通达的效率。第三，需确立党员干部讲政治、讲大局的意识，提高党员在公众场合的表达能力。党员干部在政治上说错一句话，并造成较大舆论影响，其舆论管理成本则往往非常高昂。第四，需发挥党的基层组织的舆论堡垒作用。党的基层组织深入社会的各个方面、各个层次，应同时是宣传队。积极探索和培育党基层组织在新常态下的宣传机制是必要的，让党基层组织在杂音时代不迷失，起到引导周边舆论的作用。第五，需周期性地跟踪评估党员的舆论状态和作风状态，从而根据新战略、新形势、新问题进行周期性教育，将党员统一到党的新战略中来，培养党员面对新形势和新问题的意识和能力。

建立多渠道、多层次的舆论管理架构

在"党要管党"的基础之上，针对当前舆论分化的新形势，需要建立多渠道、多层次的舆论管理架构。

其一，要建立富有战斗性、政治性和灵活性的舆论管理队伍。这是舆论领导工作和管理工作的组织保障。现在党员往往被分成体制内和体制外的，体制外的优秀党员较难被及时发现和吸纳，更别说优秀的群众。这种局面需要设法早日改变，形成体制内外的良性流动。

其二，对媒介机构进行分类管理，运用多种手段掌握对大的媒介机构的引导力。不能把舆论领导工作和管理工作停留在对内容的管理上，而应对媒介机构加以管理。目前有全局影响力或影响力很高的媒介机构，比如综合门户网站、专业门户网站、有影响力的报刊和媒体集团、人气很旺的即时聊天工具等，既是舆论机构，也是市场主体。在舆论管理上，需要直面这些媒介机构一方面资本化证券化，另一方面雇佣化的现实，运用多种方式进行专项细致的管理。

对于这些媒介机构的管理，一是管理好控股股东，有必要定期与控股股东交流，因为往往是控股股东最终决定媒介机构的价值取向。二是鼓励舆论界的批评与自我批评，重视社会舆论对于媒体报道的反馈。媒体批评对媒体发展有重要作用，需要鼓励媒体批评专业领域的发展。三是需要通过立法，从舆论管理角度找到触动控股股东利益的路径和方式,以此作为舆论管理的基石。

其三,建立各种与有影响力的舆论人物深入交流的形式,定期组织学习和座谈。可以从他们发言的内容中梳理出一系列问题,定期组织有针对性的政策通报会、时事讲解会、历史学习班等,其形式可包括沙龙、茶座、学习班、电视讨论、互联网座谈等。

其四,综合发挥党政机构发言人的作用。在媒介形态不断创新的时代,发言人发言的关键点,特别是说明事件或问题的证据点,可根据不同的媒介形态来选择和显示。发言人的发言也可及时通过不同媒介形态发布,如电视、互联网、移动互联网、QQ、微信、微博、手机短信,等等,而不能满足于仅仅面向新闻机构。可确立强制植入的制度和机制,比如发言人的重要发布在适当的时候可以在所有人的 QQ 或微博上呈现出来。

其五,针对现代舆论动员能力"核爆化"特点,需要建立果断而灵活的危机应对机制。所谓现代舆论动员能力"核爆化",是指某种刺激性事件由于通过现代舆论渠道传播,瞬间聚集大规模人群,引发社会骚乱。面对这种状况,在事件爆发初期,澄清和辩解往往难以起到化解冲突的作用。这一阶段,一个有效的办法是屏蔽手机信号和关闭互联网系统,甚至暂停快速公交系统。待骚乱发酵期过去,多数人会冷静下来,从而避免群体歇斯底里的心理,后面的事情就相对比较好处理。这种应对机制的应用既要大胆,又要谨慎,这毕竟是一种扰民机制。

其六,定期跟踪和研究媒介形态、媒体模式、舆论形态的创新和演变,及时发现它们的传播特点,并根据这些传播特点制定相应的舆论领导和管理手段。可以定期建立跨体制内外的研究团队,特别是及时吸纳利用新媒介进行营销创新的体制外人员进入专题团队。

其七,及时制定相应的法律制度,既为这些舆论领导和管理工作开路,让管理参与者可以理直气壮地依法研究,也对这些舆论领导和管理工作进行必要的规范和引导。

促进非营利组织参与公共
文化服务的对策建议

潘 娜[*]

文化非营利组织,是指以促进文化传承发展和满足公民文化需求为使命,以提供文化公共产品和公共服务为主要业务,不进行利润分配的组织形态。其主要特征体现在四个方面:公益使命、社会性、自主性、非营利性。根据我国民政部门的分类标准,文化非营利组织可以分为社会团体、基金会、民办非企业单位三大类别[①]。当前,在民政部门正式登记注册的文化非营利组织超过4万家。此外,还有大量机构由于找不到业务主管单位,要么成为没有合法身份的草根组织,要么只能选择工商注册,享受不到任何优惠政策,例如,北京农家女文化发展中心等。

总体来看,文化非营利组织是我国文化建设领域较为薄弱的环节,

---

[*] 潘娜,中国社会科学院当代中国研究所助理研究员。本文为首都师范大学文化研究院2015年度重大研究项目"非营利组织参与公共文化服务研究"(项目编号:ICS – 2015 – A – 05)的阶段性成果。

[①] 具体分类:(1)社会团体主要包括:学术性、专业性、联合性社会团体,行业协会、商会等。如中国广播电影电视社会组织联合会(广电总局业务主管)、中国演艺设备技术协会(5A级,文化部业务主管)。(2)基金会主要包括:公募基金会、非公募基金会。例如中国文学艺术基金会(5A级,文联业务主管)、中国孔子基金会(3A级,文化部业务主管)等。(3)民办非企业单位主要包括:民办学校、研究机构、艺术表演团体、文化活动中心、图书馆、博物馆、美术馆、书院、画院、纪念馆、收藏馆等。例如,黄河电视孔子学院(3A级,广电总局业务主管)、东方华夏文化遗产保护中心(3A级,文化部业务主管)等。

官办文化非营利组织臃肿低效、民间文化非营利组织"小、散、乱"等问题越来越突出。政府管理部门亟须从顶层设计层面厘清治理逻辑,明确功能定位,切实解决制约文化非营利组织发展的制度性障碍。

当前非营利组织参与公共文化服务存在的突出问题

1. 文化非营利组织及相关组织形态的主体身份不合理、边界不清晰

文化非营利组织的主体身份不合理、边界不清晰,是制约其有效参与公共文化服务的突出问题。按照现代国家治理逻辑和社会创新趋势,非营利组织的主体边界,应当划定在党政权力机关组织系统与市场主体之外,但实际情况却复杂得多。当前,在政府、社会、市场各部门以及各部门之间,存在多种组织形态,如图1所示。其中,有的组织形态已落后于时代发展,亟须淘汰或转型;有的新兴组织形态则缺乏制度空间,成长困难。

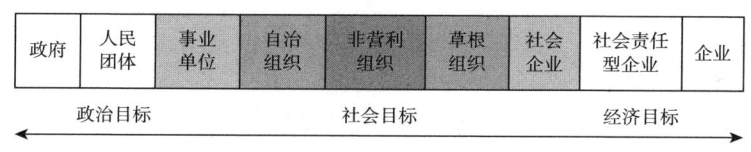

图1 非营利组织形态延伸光谱

首先,从文化非营利组织与相关组织形态来看,一方面,在政治目标与社会目标中间地带的文化类人民团体、事业单位等组织机构,资源汲取与社会效用严重不匹配,其中有些组织机构已经完成历史使命有待撤销,不少组织机构亟须身份转型,纳入非营利组织体系或市场体系。另一方面,在社会与市场部门之间,以社会企业为代表的新兴组织形态缺乏成长空间,社会创新潜力有待政策扶持与制度激活。

其次,从文化非营利组织内部来看,也存在诸多问题。其一,许多在民政部门登记注册的社会组织,与党政权力机关之间存在剪不断、理还乱的关系,主体身份实际上并未确立。其二,大量采取工商注册的文化非营利组织身份扭曲、管理混乱、权责失衡;而草根文化

非营利组织由于缺乏监管，能力和信誉难以保证；其三，现行管理条例对非营利组织的分类过于粗放，在一定程度上制约了文化非营利组织的类型创新。

2. 分类不合理，身份扭曲，难保原则底线

当前，民政部门对非营利组织的概念界定与类型划分过于粗放，导致以下三大突出问题：其一，社会团体、基金会、民办非企业单位三分法难以囊括现实发展中全部非营利组织的形态，如公民自治组织等；其二，同一类别中的主体形态和功能属性存在较大差异；其三，"民办非企业单位"本身定性模糊、概念不清，在理论上和立法上存在诸多疑点。

民办非企业单位转型自民办事业单位，1998年作为社会组织的形态之一纳入民政部门正式监管，其基本特征表现在：产权归社会所有，与出资人不再有权属关系；利润不能在组织成员之间进行分配；出资人对组织债务负有无限连带责任。通俗地说，对于出资人而言，赚了钱装不进自己腰包，亏了却要倾家荡产赔付。有业界人士认为，目前的政策不仅没给民非单位更多支持，相反却成了束缚。其中的"五不"政策（出资人不享有任何财产权利、不能分红、没有贷款资格、不能设立分支机构、几乎不能免税），在道德绑架的同时，也阻碍了社会投资。有学者从法理角度对民办非企业单位制度提出了质疑，认为"'单位独立财产－设立人（出资人）无限连带责任'的框架压根儿就是一项鼓励以公益之名行营利之实的制度。哪个怀着公益意愿的捐助人愿意设立合伙型和个体型民办非企业单位，从而将自己置于权利义务完全失衡的境地呢？从常理判断，只有贪求单位财产绝对控制权的虚假捐助人才会选择设立合伙型和个体型民办非企业单位"[1]。

民办非企业单位面临的各种问题和发展瓶颈，根本原因在于制度框架设计完全违背了权责一致性原则。近年来，有的地方政府意识到制度框架不合理给民办非企业单位发展带来的重重困境，试图通过政策

---

[1] 税兵：《民办非企业单位制度质疑》，《河北法学》2008年第10期。

上松动资产所有权以及利润分配的限制以激发出资人动力①，但这一做法会严重扰乱非营利组织发展的生态环境，造成失序与混乱。在非营利组织体系框架内，资产的独立性、排斥利润分配请求权的原则底线绝对不能突破。

笔者认为，民办非企业单位发展的根本障碍在于主体方位错置。截至2013年底，全国登记注册的民办非企业单位25.5万个，其中，教育类民办非企业单位14.52万个，比重接近57%。这与《民办教育促进法》规定的教育类民办非企业单位利润分配的宽松政策有密切关系。出资人既想服务社会又想赚钱的意愿实际上无可厚非，这种需求正是社会创新需求旺盛的显著表征。解决这一问题，不能放开非营利组织的原则底线，还需要从修正顶层设计入手，重新认识"民办非企业单位"这种组织形态的功能、定位与取向，调整其主体方位，将其从非营利组织系统中剥离出来，转为社会企业，置于社会与市场部门之间，通过理顺关系、摆对位置，合理合法地兼容出资人的社会使命与经济回报的双重诉求。

3. 行业协会等文化非营利组织自主性不强，过度依赖于政府

自主性是文化非营利组织的本质属性，也是其与政府合作的现实前提。当前，由于过度依附于政府，文化非营利组织参与公共文化服务的效能尚未发挥出来。由于组织体制的历史沿革，文化非营利组织的业务主管单位包括部委、军队、人民团体、事业单位等机构，有的机构甚至干脆"一套人马、两块牌子"。在人、财、物不独立的情况下，文化非营利组织的自主性无从谈起，专业能力也无法建立。实际上，文化非营利组织作为与政府、市场并列的社会第三部门，是协同政府文化治理、参与公共文化服务、调和文化价值冲突的不可或缺的组织形态。

政府简政放权的行政改革思路，在大方向上正逐步推动着文化非营利组织的身份独立。然而，现实中还存在上下位法规相互矛盾、相互

---

① 2012年，温州出台了《关于加快推进社会组织培育发展的意见》（温委发〔2012〕128号）。其中，第（七）条明确资产所有权问题，指出"对登记为民办非企业单位的学校、医疗机构、养老机构，明确出资财产属出资人所有；投入满5年后，在保证不撤资、不影响法人财产稳定的前提下，出资人产（股）权份额经单位决策机构和行业主管部门同意，可以转让、继承、赠予；在扣除举办成本、预留单位发展基金以及提取其他有关费用后，尚有结余的，允许出资人取得一定的合理回报"。

冲突之处，亟须厘清思路。例如，国务院提出了在2015年底前推进行业协会与行政机关脱钩的改革要求，而在文化领域仍然有业务主管部门制定与国务院改革思路相背离的管理规章，要求行政管理系统人员兼职社团领导。

4. 公共文化服务建设偏重于基本层面的均等化、标准化，而对非营利组织提供"差异化、个性化"服务重视不足

公共文化服务的"现代性"主要体现在多元化、法治化、民主化、制度化等方面。其中，治理主体多元化是最重要的特征。近年来，我国公共文化服务建设力度不断加大，基本层面均等化、标准化的体制机制逐渐成熟。随着基本公共文化服务建设的日益完善，"差异化、个性化"服务将成为未来公共文化服务的主体内容。服务内容和服务特征发生变化之后，服务主体也应随之做出调整：政府的职能在于完善政策支持体系、严格监管，应逐步退出公共文化服务的具体业务，赋权给非营利组织承接。从实际情况来看，这方面准备仍然不足。

5. 文化非营利组织的政策支持体系有待完善，激励机制有待落实

党的十八届三中全会首次提出"培育发展文化非营利组织"。此后，中央又将"培育和规范文化非营利组织"列为构建现代公共文化服务体系的重要内容。然而，对于如何与文化非营利组织合作，如何激活非营利组织的发展活力，政府尚未有成熟的制度设计。并且，由于前文提到的身份扭曲等问题，已有的激励政策也难以落实到位。

从美国的经验看，其政府注重通过法律章程、税收政策、间接补贴等，激发公民社会对文化艺术的捐赠和多种自主行动，特别是减免税政策，是美国公民与国家在非营利领域合作的重要基础。美国大量的非营利机构（文化机构、基金会、社区、大学）实质上成为推动美国公共文化发展的主要主体。法国学者马特尔认为，美国文化政策是一种税收政策，提供给捐赠者的巨大减税具有决定性作用。通过可减税的捐赠，文化机构拥有了财力，可以自己补贴自己的需要，并且靠自己的翅膀飞翔，而不必要求公共补贴。通过美国税法第501（c）（3）条款的税收优惠政策引导，多数在19世纪还是营利性的机构在20世纪变成了非营利性机构。在美国，20世纪初以来近乎全部的博物馆、乐团和歌剧院，

近年来的多数芭蕾舞团和文化节,几乎所有创作型剧院(百老汇除外),都成了非营利性的机构。许多大学出版社,某些创新艺术的画廊和大多数文艺和实验电影也都是非营利性的,而在欧洲它们通常都是商业性的。文化生活慢慢倒向非商业的一边,这是当代美国文化体系的一个特点,这也是它最不为人熟知的一个侧面。①

当前,我国公共文化服务主要为政府提供、财政投入,服务效能与服务质量并不尽如人意。当前,亟须在顶层设计层面建立健全非营利组织参与公共文化服务的扶持和激励政策,优先发展文化非营利组织,扭转文化主体结构失衡的局面。

促进非营利组织参与公共文化服务的对策建议

提高非营利组织参与公共文化服务的效能,关键在于制度化。而制度化的前提是主体身份清晰、权责明确。因此,文化非营利组织的主体身份重构,是其有效参与公共文化服务的关键问题。需要整体布局、协同推进,在政府与社会、政府与市场、社会与市场三个维度上厘清各类主体的功能与定位,纠正"越位""缺位""错位"等混乱失序状况,按照现代国家文化治理逻辑构建党委战略领导、政府有效监管、社会和市场主体多元协同的合作型治理格局,使各类主体形成层次清晰、权责明确、有机互动的和谐系统(如图2所示)。

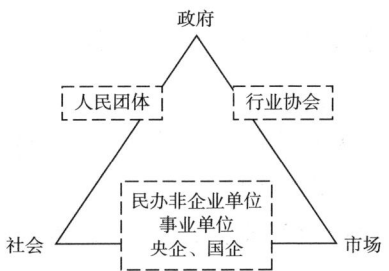

图2 非营利组织与相关组织形态转型方位图

---

① 〔法〕弗雷德里克·马特尔:《论美国的文化:在本土与全球之间双向运行的文化体制》,商务印书馆,2013,第284页。

1. 从政府与社会的维度分析

从政府与社会维度来看,应当在政府与社会中间设立整合型文化非营利组织,使政府与社会之间具有清晰的层次结构。这种转型方向的优势主要体现在以下三个方面:其一,有利于保持政治与文化之间的张力,使文化的发展更符合内在规律;其二,整合型文化非营利组织的自主性、中间性,能够更好地发挥桥梁纽带作用,使政府意志落实有载体,社会需求传达有渠道,形成良性互动格局;其三,优化政府职能,下放政府不好做、做不好的微观事务,拉开政府与微观文化主体之间的距离,抓大放小,通过赋权、监管整合型文化非营利组织,宏观把握文化发展方向。

其一,将文化类人民团体转为整合型文化非营利组织。

文化类人民团体在革命战争年代和新中国成立初期,发挥了意识形态统一战线的重要作用,是文化服务于政治的重要载体,具有广泛的会员群体和文化精英动员能力。在新的历史条件下,党对文化与政治的关系问题已有新的认识,解放和发展文化生产力、激发人民群众的文化创造力,是当前文化发展的时代主题。人民团体的工作重点,实际上也从意识形态统战转向组织联络文化艺术界开展各类研讨活动,促进文化艺术更好发展。因此,文化类人民团体实质上已经具备转型为整合型中间组织的基本条件。应当进一步明确其功能定位和主体身份,将人民团体从党政序列中剥离出来,置于政府与社会中间,切实发挥好桥梁纽带作用。

其二,取消文化类人民团体行政级别,纳入民政部门进行专项管理。

当前,人民团体的实际功能与主体身份颇不相称,应从以下两个方面入手,尽快完成主体身份转变。

一是取消人民团体行政级别。取消行政级别并不是"去行政化",而是实现人民团体的功能与身份相匹配。行政级别的泛化有百害无一利,不仅使党政组织体系臃肿、包袱沉重,并且容易造成运行机制单一刻板、效率低下。人民团体作为政府与社会之间承上启下的枢纽型组织,实际上处于党政组织系统的外部,应当尽快取消行政级别,完善法人治理结构，由党政系统领导干部、文化艺术领域专家学者、相关行业代表按比例组成理事会，逐步完善协商决策机制。

二是纳入民政部门实行特殊管理。从理论上来说，人民团体作为群众性社团组织，应该统一纳入民政部门社会组织管理体系。但由于其特殊的政治地位，实际上人民团体的主体身份位于党政序列，其机关干部参照公务员管理。不过，将人民团体纳入一般社会组织管理体系，确实也不合适。整合型文化非营利组织的主体方位介于党政组织系统与微观文化非营利组织之间，兼具政治性与社会性，应当与党政部门和社会主体保持同样的距离。在现代治理转型初期，在相当长的一段时间内，可纳入民政部门实行特殊管理。待条件成熟时，可成立专门联络沟通整合型非营利组织的政府管理部门。

2. 从政府与市场维度分析

其一，合理定位政府文化治理功能。

从政府与市场关系的维度看，政府存在较为严重的"越位""缺位""错位"现象。一方面，行政管理部门不该管、管不了、管不好的事务尽揽其中，行政程序烦琐、治理手段单一，使政府和行业之间两相拖累；另一方面，行政管理部门之间壁垒高筑、利益相争，致使本该多领域、跨地区、跨行业融合发展，资源有机配置的文化大市场，被分割成利益的条条块块。例如，由于广电管理部门的利益拉锯，近年来"三网融合"推进缓慢，存在舍长补短、基础设施重复建设等资源浪费问题。此外，内容监管手段落后，导致影视娱乐产业与视听新媒体新兴业态陷入"不管就乱、一管就死"的怪圈，阻滞了行业创新活力。其原因在于，政府与市场之间层次不清，政府直接介入文化业务领域，职能错位。应当真正全面落实国务院简政放权的改革思路，赋权行业协会参与制定监管规则、协同监管的职能，逐步推动行业自治。

其二，加快行业协会等官办社会团体与行政机关脱钩。

行业协会是介于政府与市场之间的整合型非营利组织，是政府与企业沟通的中枢，肩负着协调、服务、监督、自律等职能。然而，文化类行业协会及社团组织，大多为业务主管部门的影子机构，在人、财、物上均不独立，开展的多为搞搞座谈、评评奖等活动。而反映微观主体诉求、组织行业自律、督促政府文化立法等关乎文化发展前途命运的重要职能却尚未充分发挥。由于缺乏自主性，行业协会无心触及，也无力触及行业中存在的根本问题。

从西方文化产业发达国家的经验看，行业协会具有不容忽视的强势力量，特别是在组织行业自律、维护会员权益方面具有突出作用。例如，美国电影分级制度即是非营利组织——美国电影协会制定的自愿分级制度，既避免了由政府官员来审查电影艺术和管束电影工作者，又及时帮助家长做出什么电影适合他们的孩子观看的决定。此外，美国的"儿童电视行动"组织、"家长－教师协会"等社会组织在净化公共电视平台，推动提高儿童节目质量等方面起到了不可小觑的作用。美国力量强大的文化非营利组织在维护文化公共利益、参与文化治理方面发挥了积极作用，形成了"人人起来负责"的治理氛围。

国务院提出了在2015年底前推进行业协会与行政机关脱钩的改革要求，而如前文所述，在文化领域仍然有业务主管部门制定与国务院改革思路相背离的管理规章，仍然牢牢把握文化社会团体决策主导权，这一做法与现代文化治理精神相悖。诚然，文化具有意识形态特殊属性，文化主管部门的这一做法是为了增强意识形态的主导地位，但这实际上会继续置行业协会于无用之地，容易阻滞文化产业的健康发展。当前，应当尽快推动行业协会转为整合型文化非营利组织，在政府与市场之间更好地发挥桥梁纽带作用。

3. 从社会与市场的维度分析

其一，鼓励社会企业的发展，在社会企业体系内发展非营利组织。

中央对文化发展的要求，坚持"把社会效益放在首位，社会效益与经济效益相统一"的原则。这一原则的落实，需要以商业手段实现社会使命，与社会企业的本质特征最为契合。当前，继续大胆突破、勇于创新，可以鼓励这一功能定位的民办非企业单位或转企改制的事业单位向文化社会企业转型。

社会企业既不只属于社会部门，也不只属于市场部门，是一种创新性的组织形态。一般企业的价值诉求是利益最大化，而社会企业的价值诉求是服务社会，解决社会问题，推动社会进步，这是它们的本质区别。这也将社会企业与具有责任感的企业区别来看，具有责任感的企业是在利润最大化的基础上兼顾社会责任，而社会企业是将社会责任作为其组织基因，是高于一切的行为动机。因此，社会企业并不是非营利组织或者一般企业的延伸或变形，它是社会创新过程中的新生细胞。

经过十余年的实践检验，可以看出民办非企业单位这种体制框架设计，既难以充分实现服务社会的使命，又会抑制经济活力。而部分转企改制的事业单位，虽然成了市场主体，但始终难以在社会效益与经济效益之间找到平衡点。当前，从激励文化创新的角度，可将它们转型为社会企业，同时从市场部门吸纳更多的具有社会责任感的企业转型为社会企业，拓展社会和市场部门之间的潜在增长空间，发挥其直接解决社会问题的优势。

上述转型变动最大的是民办非企业单位。将民办非企业单位转型为社会企业，意味着将民办非企业单位从社会部门中独立出来。同时，仍然可以在其体系内保持部分非营利组织，并在这一部分坚持排斥利润分配请求权的原则底线。这样，一方面，可释放民办非企业单位更好地解决就业和做出经济贡献的能力。从社会部门中独立出来并不意味着将民办非企业单位推向市场。另一方面，将民办非企业单位转型为社会企业，可以明确产权归属问题。当前，民办非企业单位作为社会组织的形态之一，其产权为社会所有，不能进行利润分配。而社会企业的产权归属归出资人所有。社会企业权责平衡的杠杆为社会贡献率与税率挂钩，并实行有限利润分配原则。

残友集团的运营模式就是典型的成功案例。残友集团是由深圳市郑卫宁慈善基金会、8家社会组织集群、39家社会企业集群所组成，其中既包括社会企业，也包括非营利组织。它是由基金会宏观决策、非营利组织和社会企业双轮驱动的三位一体的有机体，成为一个自我造血、服务社会的可持续的生态系统（如图3所示）。

在社会企业内孵化文化非营利组织，可以促进文化非营利组织与文化社会企业的双向互动和优势互补，使其融合发展，有助于推动文化公共服务体系健康发展。

对社会企业的监管，则可以借鉴美国经验，培育第三方监管机构。

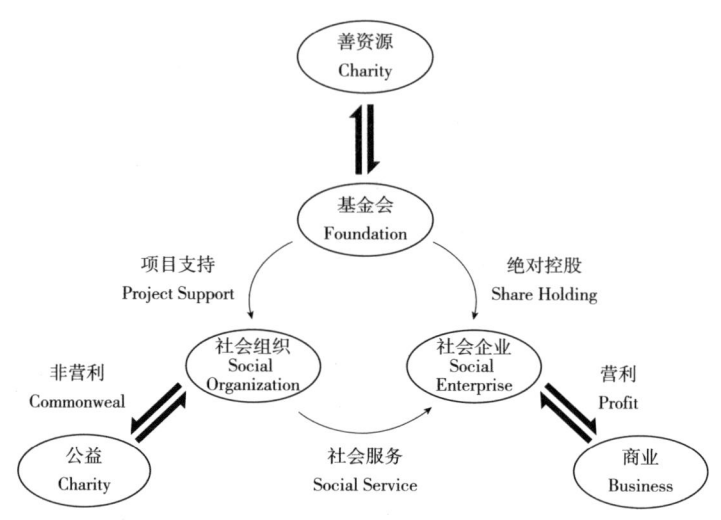

图 3 残友集团"三位一体"架构体系
（资料来源于残友集团官方网站）

虽然美国的社会企业的成长机制在我国难以复制，但其在社会企业监管方面的经验却非常值得借鉴。例如，第三方资质认证组织 B Lab 的监管逻辑是：通过对社会企业进行资质认证，建设社会企业数据分析系统三项相互关联的核心业务。目前，已经有 34 个国家、60 个行业的 1063 家受益公司加入 B Lab 的认证体系。B Lab 对受益企业进行严格的评估，并按评分排名，防止那些将社会责任视为赚钱噱头的企业滥竽充数。同时，B Lab 通过游说各州政府推进立法，促使社会企业这种具有更高社会目标、社会责任和透明机制的创新组织形态获得专门的法律身份，优化社会企业发展的生态环境，为社会企业积累社会资本。纳入 B Corp 认证体系的社会企业，也可以享受 B Lab 提供的服务和支持，从而赢得更多的投资和发展机会。

在社会企业制度体系的起步创建阶段，像 B Lab 这样高质量的第三方评估组织，作为将社会企业、政府、市场三方联结起来的枢纽和中介，对社会企业的发展和创新具有重要价值。

其二，完善行业协会对非营利组织的过程监管和问责机制。

在政府加强监管的同时，应当培育第三方监管机构协同监管，在文化非营利组织的培育生长期就实行最严格的管理，以免长偏长歪。可建立对文化非营利组织法定代表人问责制度，完善监管体制。年检不能停留在纸面上，需调动行业协会力量加强文化行业自律。

其三，推动文化非营利组织专门人才职业化发展，落实志愿服务抵税政策及精神荣誉奖励，扩大文化非营利组织社会参与度。

当前亟须培养文化非营利组织专业管理人才，建立人民群众广泛参与的志愿者队伍。可以通过以下四个方面着手推动。一是加强社会工作专业高职、本科学历教育，通过减免学费、引导社会投入奖学金等举措培养文化非营利组织后备人才，鼓励高校、科研院所增设文化非营利组织研究专业方向。二是规范执业资格认证体系，加强职业培训，逐步实现文化非营利组织专职人员执证上岗。三是完善文化非营利组织从业人员薪酬福利体系，出台鼓励政策吸引一批高级管理人才发展文化非营利组织。四是落实文化非营利组织志愿服务抵税政策。鼓励离退休人员，特别是具有较高文化艺术造诣的专家学者参与公共文化志愿服务。完善对参与文化非营利组织志愿服务人员的精神荣誉奖励，加强社会认可度。

加强文化非营利组织培育是文化治理的关键

祖春明*

我国即将进入"十三五"的关键转型期,所面临的国际国内环境也变得日益复杂。根据十八届三中全会提出的"推进国家治理体系和治理能力现代化"战略思路,应着力培育文化非营利组织,进一步完善文化治理体系结构,以创意创新实现城市可持续发展的基本目标。

非营利组织的国际分类

文化非营利组织是指那些独立于政府体系之外的,不以营利为目的,由公众自发组织形成,参与到公共文化领域建设中的组织类型。国际上现有的主要文化非营利组织可以归结为以下几种类型。

其一,文化类中介机构。

这类机构是介于政府与具体文化单位之间的、为各级政府实现"一臂间隔"(Arm's length)原则①的重要机构。它有两个基本特性:一是这类组织通常接受政府委托,为政府提供文化政策咨询,甚至向政府

---

* 祖春明,中国社会科学院文化研究中心博士。本文为文化部委托的"十三五"规划前期研究课题"十三五时期我国的国内外环境和文化发展重大问题研究"的部分成果。
① 治理型文化管理范式在文化政策的通行术语中通常被形象地表述为"一臂间隔",其基本要义是指从对文化的集中管理到分权管理。"分权"具有"垂直"和"水平"的两种向度,文化中介机构是各级政府实现水平分权的重要组织。

提供文化政策设计,并策划具体的文化政策实施方案。同时,它还负责把政府的部分文化拨款落实到具体文化单位。二是这类组织往往由艺术方面和文化产业方面的中立专家组成,它虽然接受政府委托,但独立履行其职能,从而尽可能使文化发展保持自身连续性,避免过多受到政府行政干预,受到各种政治纷争的影响。

其二,文化类基金会。

基金会是指利用自然人、法人或者其他组织捐赠的财产,以从事公益事业为目的的非营利性法人机构。通常的做法是,这部分被捐赠出来的财产,即基金,是一份本金,可以被投资到股票或债券市场以获得一定利息作为"运营资金"。文化类基金会是"非营利文化领域的大机构生存的一个核心元素",也是"文化慈善领域运作的核心"。

其三,文化类行业协会。

现代西方文化类行业协会的成立与自由市场经济形成和权利意识不断增长相关。以英国为例,其在 20 世纪 30 年代以前对文化艺术基本放任不管。在此期间,民间出现了许多维护行业利益的组织,如英国皇家合唱协会(1871)、英国出版商协会(1896)等。在美国,如美国电影协会等文化类行业协会已经成为行业维权的主导力量,可以与政府进行谈判甚至影响国会决议。

文化类行业协会的另一项重要功能是进行行业自律。通过引导行业群体内部形成共享规范,形成对所有成员的内在约束力,既可以有效减少利益共同体中常见的机会主义行为的出现,又可以进一步减少监督和制裁活动所需要的社会成本。

其四,文化类社会企业。

"社会企业"这个概念最早由经济合作与发展组织(OECD)在1994 年提出[①]。按照当时的定义,社会企业是一种将商业运作与社会价值结合起来的创新型社会组织。这与我国通常所称的"民办非企业"比较接近。

---

① 刘继同译《经济合作与发展组织报告节选》,载于王思斌编的《中国社会工作研究(第二辑)》,社会科学文献出版社,2004,第 197~201 页。

尽管按照财政部、国家税务总局的有关规定，这类企业可以申请获得免税资格，但事实上却几乎享受不到任何免税优惠，即使是政府购买的服务也不能免税。与西方国家相比，我国在针对社会企业的税收制度建设方面仍需进一步完善。

非营利组织发展的"去行政化"趋势

公共治理的一个重要基础是，某一群体在解决关乎自身利益的公共事务时，通过平等的主体间对话的方式以确定集体行动的规则或解决方案，并最终形成或提升自我管理和组织能力的新的社会管理范式。

这种管理范式与传统的统治型管理范式有着重大差异。公共治理是以市场为基础、去中心化的、双向互动而灵活的管理体系；而后者则是行政中心化的、单向无互动的僵化管理体系。

文化领域高度复杂。与其他产品不同，文化产品与服务除了具有经济价值之外，还具有文化价值。文化价值又是多层面的，包括审美价值、象征价值、精神价值、历史价值等。文化价值不能简单地用金钱来进行评估，文化产品的复杂性意味着需要建立多元化、多层次、多机制的复杂评价系统，文化领域特别需要建立以"治理"为主导思想的管理体系。

十八届三中全会提出的"推进国家治理体系与治理能力现代化"的战略目标，为各类文化非营利组织"开启了制度化进入公共治理空间并成为治理体系的重要主体的通道"[1]。以去行政化为各类非营利性组织松绑，是走向"文化治理"的重要一步。

近年来，我国不仅在文化事业单位改革中不断加强去行政化的力度，更开始着手强化各类非营利组织的自主性。比如，2014年民政部就宣布已会同发展改革委等部门研究起草了《行业协会商会与行政机关脱钩总体方案》，方案提出，力争在2015年底前全面实现行业协会商

---

[1] 黄晓勇主编《民间组织蓝皮书：中国民间组织报告（2014）》，社会科学文献出版社，2014，第1页。

会与行政机关真正脱钩。

在为原有体制中事实上承担中介职能的非营利组织松绑之外,还有必要大力培育各类新型文化发展急需的非营利组织。应该将这一任务视为当前完善文化治理体系的关键。

我国文化类非营利组织的发展状况及问题

改革开放以来,文化非营利组织获得了一定程度的发展,但其存在的问题仍较为突出。

首先,文化非营利组织在数量和规模上仍相对滞后。根据民政部2014年6月17日印发的《2013年社会服务发展统计公报》显示,截止到2013年底,全国文化类社会团体27115个,占总量的9.38%;共有文化类社会企业11694个,占总量的4.59%,共有基金会4044个[①],文化类基金会具体占比不清,但截止到2014年,文化部主管的文化类基金会仅有12个。由此推测,文化类基金会数量并不多。

其次,文化类非营利组织还存在人员专业素质不高、内部治理不健全,政社不分、管办一体、责任不清,独立运作能力较弱,整合社会资源和吸收社会资本能力不强,社会公信力和影响力偏低等问题。

目前文化非营利组织发展呈现出来的这些问题,与我国公众对公益活动的参与度较低、对文化领域的关注过少有关,但更为重要的原因仍是体制机制问题。

首先,由于文化领域具有一定的意识形态属性,对文化类非营利组织的审批更为严格。

目前,我国非营利组织通常采用的是业务和登记机关双重管理体制,审批程序多达10道以上。文化类非营利组织,特别是社会性组织通常会因为无法找到主管行政单位而不能获得合法性地位。

其次,由于文化类非营利组织在很大程度上依附或受限于政府,并

---

① 参见中国民政部2014年第4季度《社会服务统计季报》,http://files2.mca.gov.cn/cws/201501/20150129172531166.htm。

没有形成具有市场竞争力的运行机制。

业务主管部门因无暇顾及，往往只是名义上的指导。许多文化类非营利组织本身就是为安排某些政府退休官员的过渡机构，即使有些文化非营利组织具有一定的独立性，但由于受到业务主管部门的制约，其开展的各类文化活动也会受到文化行政管理部门的干预和限制。这致使许多非营利组织很难形成市场开放性与竞争活力。

最后，由于我国尚未建立起一套针对文化非营利组织的社会监管机制，这导致其内部自律性和外部公信力均较差。

按照相关管理制度要求，文化非营利组织通常设有会员代表大会、理事会、常务理事会等机构，但大部分此类机构形同虚设。文化非营利组织内部大多并未建立起项目预算、账目公开、第三方审计等相应的监管制度。社会领域也未形成对文化非营利组织的社会监管机制，比如英国的"举报制"、德国的"看门狗"模式等[①]。

亟须培育文化类非营利组织的新举措

我们认为，"十三五"时期亟须培育和发展文化类基金会和文化类行业协会，同时积极推动部分满足条件的文化事业单位或那些虽转型为企业但市场化程度不高的文化机构向非营利组织转型。这一转型的主要议题包括如下三个方面。

其一，积极发展文化类基金会，使之成为我国财富再分配的重要出口之一。在西方的慈善传统中，基金会通常在社会财富再分配和文化慈善领域中发挥着核心作用。我国收入差距在不断扩大，并且出现代际固化的新趋势，如果政府不采取有效措施遏制收入和财产差距的进一步扩大，很有可能会引发严重的社会后果。尽管我国已经设立了一些公募性质的基金，但是总体上看来是杯水车薪。"可以预见的是，非公募体

---

① 英国的"举报制"，是把社会监督全部动员起来，建立一个广泛的社会监督体系，组成一个有效的举报网络，任何公民发现问题都可以举报，政府通过举报系统获得信息对相关社会组织进行问责。德国"看门狗"模式的特点是，有很多中介组织负责监督，一旦发现社会组织出了问题，就向相关的问责机构、执法机构进行举报。

系的文化类型基金会将成为未来发展的趋势"①。与此相应,"十三五"时期需要加强对非公募文化类基金会的培育,使之成为社会财富再分配的重要出口和文化领域资金的重要来源。

其二,文化类行业协会不仅是文化产业各细分领域共享规范的制定者和监管者,更会对文化产业结构调整转型发挥积极作用。

目前,我国文化产业正处于优化产业结构的"换挡期"。"十三五"时期应重点破除文化类行业协会的体制机制障碍,加快推进政会分开,完善协会制度建设、引入竞争机制和多元化社会监督体系,使其在加强行业自律、优化产业结构和调整资源配置等方面发挥积极作用,推动文化产业健康快速发展。

其三,积极推动有条件的文化事业单位和那些虽已转型为企业,但市场化程度不高的单位(主要是演艺机构)转型为非营利组织。

大力发展非营利机构在深化文化体制改革方面的作用不可忽视。2003年以来的文化体制改革取得了很大的成绩,也存在很多问题,甚至在有些方面对改革是否成功还存在很大争论,比如说演艺业改革。事实上,在将现有演艺机构分为事业和产业两类后,不应该将"产业"类演艺机构推到市场中了事,而应该吸收国际上的经验,将推向市场的演艺机构中的大部分改造为非营利性机构,从而放开其获得民间资助的渠道。我们特别应该认识到,演艺机构等文化单位虽然已经转型为企业,但由于它们自身的市场化程度不高,如果缺乏稳定的资金来源,很容易走向只关注经济效益、忽视提高艺术创作能力的不可持续发展之路。如果允许这类企业向非营利组织转型,可以使其从主要追逐市场利益转向更多地关注原创。

鉴于此,"十三五"时期仍应以突破文化体制机制束缚与限制为着力点,并主要加强以下几个方面的工作。

第一,加强顶层设计,启动文化非营利组织的专门立法工作。

建议借助文化立法的东风,针对文化领域的复杂性和文化建设的

---

① 《文化类基金会:第三种力量如何把握黄金时代》,参见《中国文化报》,http://www.wenming.cn/whtzgg_pd/yw_whtzgg/201105/t20110524_186569_1.shtml。

特殊性,由文化部牵头组成文化非营利组织立法专家咨询小组,起草相关法律草案,特别关注对捐赠文化非营利组织的个人及企业及非营利组织本身实行的税收等优惠政策进行立法。

第二,完善非营利性市场主体的法律建设,如考虑采用"财团法人"形式。

我国现存的社会团体法人、社会企业、基金会完全符合财团法人的内涵特征①。但由于我国现行法律没有对非营利组织的性质给予恰当的规定,使其不能充分发挥作为市场主体的功能和作用。

建议调整现行的企业法人、机关法人、事业法人、社团法人的法人分类,引入大陆法系传统的财团法人制度,建立作为他律法人的财团法人治理机制。

第三,进一步放宽文化非营利组织的准入门槛,逐渐取消双重管理体制。

建议对文化非营利组织的类型和性质进行细分,由文化部牵头,组织相关领域的专家学者尽快制订分类标准的细化指标体系。以此为根据,对那些达到直接登记标准的机构进行试点,需要特别关注放宽文化类基金会准入门槛,简化登记程序。

第四,在文化体制改革中,要由"一刀切"模式逐步转向文化机构自主选择营利还是非营利性质。

建议文化机构可根据自身的市场化程度和能力自主选择转型为营利性企业或文化非营利组织。这样可避免出现在某些市场化程度不高的文化机构强制转型为企业后,或者被市场淘汰,或者过度商业化的问题。

第五,加快建构对文化非营利组织的全社会监管体系,并充分发挥文化类行业协会的监管功能。

建议尽快建构对文化非营利组织的全社会监管体制,要求所有组织账目公开、透明,随时可以接受第三方审计和全社会监督。建议在文化主管部门设立投诉受理处,专门受理对文化非营利组织的投诉案件,

---

① 张国平:《论我国公益组织与财团法人制度的契合》,《江苏社会科学》2012年第1期。

并建立文化非营利组织的信用记录，作为非营利组织年度考核的重要依据，对那些社会投诉较多的文化非营利组织进行警告、整顿乃至注销。与此同时，加强对文化类行业协会在组织监管方面的能力培训，使之成为对文化非营利组织进行社会监管的重要力量之一。

第六，考虑改变"民办非企业"这种临时性政策用语，统一使用非营利机构名称。

"民办非企业"名称本身不仅语义不清，且很易引起误解，认为是政府对社会力量进入公共领域的一种权宜之策。这与十八大和十八届三中全会深化文化体制改革的初衷是相抵触的。因此，建议取消这类临时性政策用语，统一使用非营利机构的名称。

总之，我国即将进入"十三五"的关键转型期，我们有必要重新检视文化在经济社会发展中的作用，通过向文化治理范式的转变，充分发挥文化在全球化知识经济时代中的积极作用，获得与我国大国地位相称的世界性声誉。

高校教师考核体系的难题与改革

邱运华[*]

近年来，高校教师忙于填表申报项目而无暇教书读书、部分高校科研经费管理不善被挪用被置换、"青椒"（青年教师）压力过大等与高校教师考核体系有关的问题，引起了舆论的广泛关注和热烈讨论。这些舆论批评近年来也推动了高校教师考核体系的调整。我们有必要梳理当前高校教师考核体系的基本结构与逻辑，把握目前这一领域改革的基本态势，并在此基础上有所建议。

量化考核与学术追求的结合是生态问题

上述问题的产生，与中国高等教育所处地位有关。当代中国大学管理体制深受外国教育体系影响。影响源自两种参考体系，一是苏联模式，二是美国模式。中国教育体系20世纪50年代受苏联大学运行模式的影响，合并院校、学科、专业，搞国家战略，直接服务国家经济社会发展需要；相对来说，发表论文、出版著作，没有放在最重要的位置。80年代改革开放后，受美国大学运行体制的影响很大，强调论文发表，特别是国际期刊论文发表，成为国内大学的时尚。应该说，后一种影响成为中国大学的主流，才引发上述的连锁反应。

---

[*] 邱运华，首都师范大学副校长，文化研究院常务副院长。

论文发表是评价当代大学学术的一个重要因素。从本质上说，科学发明发现需要借助论文这一形式得以呈现，这是呈现科学发明发现成果的一种重要方式，但远不是唯一的呈现方式。若是认为论文发表就等同于科学发明发现，那是一种误解；而只看重论文发表，漠视科学发明发现本身，则是一种歧途。从根本上说，论文发表是科学研究及其成果的交流方式，"嘤其鸣矣，求其友声"，是为了求得共鸣或批评，使成果得到验证和丰富。有研究、有成果、有发现，才会有论文，这是论文的本质。但是，这一本质在近代以来受到侵蚀，被异化为功和利、名誉和社会地位的载体，驱动这一异化进程的，是资本运动过程中的专利制度，科学发明的利益至上诉求。这些方面首先侵蚀了科学发明的神圣性，而近代美国大学的评价体系进一步把这一本质异化为工具理性，直至把科学发明置换为论文发表本身。现在，即使在美国一些排名比较靠前的高校，虽然聘任合同里并没有具体发表指标，但其教师在 *Science*、*Nature* 或者影响很大的社会科学刊物上发表论文，一直很受重视，被作为岗位聘任、职称晋升的标准。在最严格的意义上说，科学论文是科学进展的体现，可是，一旦这一共识被工具化，科学研究及其发明与论文之间的联系就会被割裂，论文就会成为其他因素（例如利益、地位、职务、声誉，等等）的载体。为发表而发表是最浅层次的异化，至于为升迁、基金、声誉、地位等伪造数据，以及花钱购买发表权，甚而绑架政府和民意，这就走到科学研究和论文发表原意的反面了。

在国际高等教育中，论文发表从来不是唯一标准。中国高校如此，俄罗斯高校如此，西欧高校也是如此。美国大学的实用主义和科学主义传统要比欧洲大陆更强，比较重视科研论文发表，但它采取科学发表和社会服务两套评价体系。我们总是一说西方就是美国，但实际上美国不等于西方，西方大学也有不同的趋向，西欧有西欧的做法，美国有美国的做法，俄罗斯有俄罗斯的做法，西欧的那些大学不一定瞧得上美国的大学。那些欧洲传统影响很深的国家，大学更加强调人文传统。

1980 年代以来，中国大学在学习美国大学管理体制的过程中，越来越强调论文发表及其刊物等级。其实，中国学者骨子里还是比较抗拒以论文发表为评价标准的，更强调人文修养、思想性和真理性。在中国学术发表体系里，论文发表很多不是社会评价，而是编辑评价。过于重视发表，接近于把发表的编辑评价等同于社会评价，反而可能与科学真理、文化思想和学术评价越来越疏离。早期中国的思想家和学问家，没有什么刊物载体，往往通过友朋同道或授徒传播自己的思想，后来有书籍借以传播。他们地位之重要性，不看发表了多少文章，甚至也不单看写了多少文章。例如周敦颐写得很少，地位却很高。现在很多大学学习美国大学以发表作为核心评价标准，围绕它建立考核体系，这实际上应该从两个方面来看：一是教师个体方面，二是大学管理制度方面。教师个体中间普遍存在抵触情绪，并不认同指标化论文发表就等同于科学研究，等同于产出科研成果；而大学管理制度方面则正在探寻一种兼顾兼容的评价模式。我的理解是，从1980年代到21世纪之初，中国大学管理处在一种规范化管理的过程中，不仅制度层面上如此，科学研究工作的评价体系上也是如此。因此，量化指标体系进入中国大学，实际上体现的是这个进程中过渡性的历史作用，但它不是我们对大学管理和科学研究最终的方向和本质的认识。在这个过渡和转型过程中，出现了论文是论文、论文不等同于科学发明发现的"论文工具理性观"，以及对"论文＝科学发明发现"的质疑。

事实上，中国大学至今仍然兼顾学术思想评价与量化管理，有一手软一手硬的特点。"硬"的方面是量化管理，主要包含论文发表、课题和奖励三大块。无论论文发表、课题还是奖励，都要看等级，论文看发表刊物的等级，与论文内容没有多大关系；课题也看等级，与课题研究的内容没有多大关系；奖励也如此，看是哪一级别的奖励。"软"的方面则看个人的学术思想水平、实际贡献和业内评价的高低。弱化量化管理和数字管理的趋势，在好的大学里越来越明显；而在"爬坡的"大学里，则仍然在加强量化指标。因为处在爬坡层次的大学，需要适应政府管理体制的评估，而评估依靠的就是量化指标体系。正是因为"软"的方面一直没有消失，这种传统一直存在，这是中国大学的教育一个很好的传统。大学管理评价体系的量化倾向越来越强，对这一倾向的制衡也越来越激烈，"软""硬"之间矛盾越来越明显。

"软"与"硬"两个方面怎样结合起来，是一个生态问题。我们的文化教育传统与大学现代化过程中引入的量化管理体系需要结合起来，偏废哪一端都不行。量化考核在现代大学里面已经成为工作的机制，大学管理不可能不搞量化，量化管理也要适应现代社会发展，自然科学和技术工程科学领域的管理尤其如此。但仅仅只有量化考核也不行。偏执于论文发表等方面的量化管理，或者偏执于非量化的人文思想水平评价，都不能够使大学具有活力。这两者要结合起来，我觉得这是中国大学一直需要追求的东西。

绩效考核的弹性机制

与考核标准相关联的是考核方法的变化。现在流行的考核方法是任期制加年度考核。年度考核与聘期考核是两种身份的考核。年度考核是体制类考核，全中国所有事业单位都有年度考核，在合格水平线以上的累计一年工龄，这一考核不是评优式的绩效考核。履职无差错，每年考核合格，到退休时候就可以合理地拿到一份退休金。不管聘三年还是五年，每年都得考核，这与聘期制存在一定的矛盾：既然签订的是聘期工作制，那么年度考核就多少有点多余。

聘任期考核是绩效考核。我们说的考核体制引起很大争议，指的是聘任制的绩效考核。绩效考核会有优、良、中、差，有晋升、不晋升或降级的区别，与此相配套的是不同的薪酬待遇。绩效考核的三大核心指标便是论文发表、课题承担和奖励。工作绩效的量化管理，就是在聘期内发表多少论文，申报什么样的课题，获得什么样的奖项等。这些可量化的指标决定升迁、奖励、晋级或者降级。除此之外，还有一些共同的指标和工作内容，例如承担本科生、研究生的教学任务，承担社会的和公务性的工作，组织研究活动，完成其他的社会活动等。这些共通的水平标准一般不可量化。

传统比较深厚的好的大学，还讲人文传统和学术贡献力，并不把学术贡献力与上述三个可量化指标相等同。这逐渐成为一些好大学的一个标志。大学分"211""985"以来，量化评估体系逐渐推广，促成了一个风气，认为好的大学、好的教授就是论文发表越来越多，发表的刊物"等级"越来越高,课题越来越多,越来越大,奖励越来越高,这三个领域的竞争非常激烈。近几年一些好的大学的量化考核开始有所松动,开始考虑分类考核,不同的群体采用不同的考核方式。比如,一些基础学科和长线学科、一些公认有成就的学者,加大考核的弹性,一般不再做量化考核;在聘任期绩效考核中逐渐取消年度考核,不再要求每年发表两篇、三篇论文,或者一个聘期内必须发表三篇、五篇论文,而是强调研究工作的意义和质量。比如北大就强调论文原创性的重要性,不再强调一定在SCI、EI或所谓"权威刊物"等期刊上发表。发表在一般学术刊物上,但在学术圈内评价好,也是好的。有的大学二级教授不再做年度考核,依据他们的工作周期开总结会或成果发布会,以此替代绩效考核。而在别的方面,例如引进的国家级顶尖人才、杰出青年学者等类型,由于聘任的时候有工作目标,则仍然强调年度绩效考核。

这方面很有意思的是中国社会科学院。以前它一直坚持发表论文不论期刊级别,只要发表的论文有学术含量就可以,从来不搞高校常见的量化管理这一套。中国社会科学院不少老学者对高校的量化考核有强烈的批评。但是,从2015年开始,中国社会科学院也开始建立发表期刊的等级制,开始讲CSSCI、讲权威核心期刊。当不少大学逐渐走向淡化和超越量化标准,例如不再以发表期刊的等级等同于论文的质量,中国社会科学院反而开始搞量化管理了。这是很有趣味的动向。

今天大学的考核体系不可能回到工业化、现代期刊制度及大学管理体制初创之前的非量化时期;也不可能建立一种标准量化的考核模式,推行于所有的研究领域、所有的群体、所有的工作。例如,对于高校党务工作者的考核,就不可能与教学科研人员一样。中国大学评价体系比较理想的状态应该是弹性的,非标准化与量化相结合的。每一个大学可以根据自己的地位、工作重点和发展方向去制订适合自己的考核方式,把"硬"的量化考核与"软"的学术评价的权重控制在一个合适的范围内。一些群体的考核可以业内学术评价的比重大一点,另一些群体也可以更多强调量化考核。有些大学可能量化的部分多一点,有些大学可能不是这样。

政府管理体制对大学评价体系的引导

目前中国大学有较多的量化管理，也不只是大学自己造出来的，而是综合性的大学管理体制的一个特征。无论是水平式的年度考核，还是聘任制的绩效考核，这些评价标准都不是孤立的，在根本上都是与政府的管理体制联系在一起的。无论是评定期刊等级、申报课题，还是奖励，一个非常重要的原因是，相关政府职能部门（不仅仅是教育主管部门）需要把它们用作评价标准，这些标准可以为各种资源划拨、财政拨款和行政监管提供一种合理解释。目前对中国大学教师考核评价体系影响最深的，是政府主管部门对高校及学科的考核评价体系。

经过多年的大学管理体制改革和建设，例如院校合并、"211 工程"和"985 工程"，中国大学形成了一定的分层，这种分层现象的利弊近年来也引起了很多讨论，并推动了相关政策的调整。例如，此前有媒体报道，中南大学校长张尧学讲话时透露，国家把"985 工程"和"211 工程"取消了，曾引起舆论广泛讨论。

"211 工程"和"985 工程"计划的提出，包含了中央对于中国重点大学高水平发展的良好愿望和诉求，即中国这样一个大国，需要建设一批好的大学，无论自然科学还是哲学社会科学都需要有好的创造性研究，培养好的学生，直接服务于国家发展战略。要落实这些高校建设规划，需要制订出一套评估和考核的标准，这些标准需要外化为各领域的政府职能部门和大学都能接受的数据：政府职能部门能够通过这些数据来管理、拨款和监督，大学也可以通过这些数据来获得财政拨款和资助，推动学科建设和学术发展。但在这些规划实施过程中，中央所强调的科学研究、学科组织、人才培养等领域的建设时常被放到次要的位置，争取各种利益的诉求和行动占据越来越重要的位置。这些规划推动形成的中国大学分层现象，也使得不同大学之间的差距日益扩大，与强调教育公平的方向也存在矛盾。

"211"和"985"的经费主要根据重点学科拨付。从这些工程的本意来说，"211"的学科、"985"的学科并非"普惠式"的，即有些排名很靠前的学校，有些专业未必列入"211"重点学科；而有些相对靠后的学校，有些专业也是"211"重点学科。这样便会出现资源叠加的现象，一些学校的某个重点学科可能有三五个身份，既是"211"重点学科，也是国家重点学科，同时还是教育部的某种基地、省市重点基地等，每一种身份都意味着有一笔经费投入。但是同一批人只能做有限的事情，于是这些成果需要同时对付多种身份的考核，焦虑便不可避免地产生了。身份较多的学科自然要申报各类项目和奖项，以这些作为绩效，还要完成从预算、执行到检查的一些程序，这就不可避免要填报各种表格。这是教授忙于填表的现象的一个重要成因。如果只有一个身份甚至没有这些身份，这种烦恼便相对会少一些。

这样一来，同一所大学的不同学科便会有分层，例如国家重点学科、一级重点学科、博士点学科、省级重点、市级重点、校级重点等，包括教学改革、人才培养也会有国家级人才之类的等级区分。这些分层都需要确立一定的可量化的标准，它们也是与政府对大学管理体制联系在一起的。各个大学、大学里的各个学科，一般都希望在这些评估中获得较好的位置，于是便会进入日常考核之外的量化考核流程。

在这种量化评比的过程中，一种片面强调论文发表等级、获奖等级、课题等级的风气逐渐形成。从严格科学意义上说，评价科研成果，人们不仅会看发表刊物的重要程度，还会看论文本身的重要性，例如，不仅看是否发表在 *Science* 或 *Nature* 之类刊物上，还会看论文本身的重要程度，看是否有重大突破，等等。而在量化管理主导的情况下，人们往往会倾向于认为，发表在 *Science* 或 *Nature* 上就行，而不再考虑论文本身的重要程度，发表刊物的等级决定了论文的重要性，学术研究的社会评价和业内评价收缩为编辑评价。这就是所谓学术论文"工具理性"的驱动造就的。在这种情况下，编辑标准比较容易为利益所侵蚀，例如近年来舆论有较多批评的买版面等现象。一些学术期刊完全跟功利联系在一起了，有的恨不得一个月出几期刊物。舆论讨论已经注意到，目前学术生产链条的系列环节出现了一些异化状况，学术研究出现了非学术化和符号化的倾向。这些现象说到底是违背现代大学教育宗旨的。现代大学的根基在于学术研究和教学育人，以学术传承、文化传承和创造发现为己任，而不是以量化考核作为自己的根本追求目标。

作为政府的一种管理手段，"211工程""985工程"这类举措对高校学科发展的影响非常大，既有贡献，也出现了一些问题。目前的难题是，当"211工程""985工程"的存废问题被提出来之后，还没有找到政府管理大学的更好方式，特别是从财政上管理大学的方式。如果说当前不同大学之间分层有其问题，过于平均也会有问题。例如，很难根据各个大学的学生数，以人均水平的标准来拨款，如果这样也会造就一些学生人数庞大的航空母舰式大学，这也是违反教育规律的。不能漠视学校发展水准和学生质量的差异，仍然需要有差别的拨款方式。因此，如果没有"211工程"或"985工程"这类制度设计，以何种方式做出有差别的预算，便是一个关键问题。

综合考量，将大学推向市场，既要管大学的舆论和价值观，又让大学自己到社会上去找粮食，也不具可行性。如果将大学推向市场，市场类的大学不再是公立大学，政府部门便难以约束大学上什么课、用什么教科书、有什么价值观、培养什么样的学生。因而政府部门一直需要一些技术手段，无论是"211""985"还是其他新的办法，把教育经费比较合理地分配到各种各样、各具特点的高校，仍然需要对这些拨款的执行情况进行考核。对于政府管理而言，"211""985"工程之名，要废除有其道理，不废除确实也有其道理，存废之难在于是否能找到更合理的替换模式。

高校考核管理改革的简约化趋势

要减少目前出现的诸种异化现象，需要更好地协调政府的大学管理与教学研究发展之间的关系，以促进大学教研发展为中心推进管理体制的改革。说到底，高校教师的评价考核方式，与大学存在的身份、位置相关，与政府部门对大学的管理方式相关。近年来，为了克服目前高校教师评价考核出现的一些问题，高校考核管理体制已经进行了一些重要的改革。

首先，政府硬性评价的模式在调整。政府部门对高校的评价一般通过学校、学科、专业、课程等要素展开，例如2003年启动的本科教学水平评估、重点学科评估、学位点评估等，提出的口号是"以评促建"，中心意图是高校主管部门建立指标体系，评估结果让政府其他部门作为投入的依据，等于在"教育主管部门—高等学校—政府计划财政部门"之间建立一套游戏规则，个中的协商机制显得特别重要，否则对于高校和政府计划财政部门的压力是相当大的。但这套游戏规则的指向并非高校的本质，而是它的工具理性层面。在这一层面上运行，就难免使指标指向扭曲，即科研指标指向论文发表、课题层次、获奖等级，而不是学术本身；同时，也可能使评估变成变相的利益切割和分配。例如以前每年都会评比全国百篇优秀博士论文，现在已经不再评比；全国重点学科的评比也已经停止。停止对这些项目的评估，吸纳了大学和民众舆论反馈的意见。此前一种比较常见的批评是，这些评比明显变成名牌大学切分"蛋糕"，分完之后填到考核表上，谁有这些奖励和身份，谁就厉害。这些批评也推动了另一类调整，即不断扩大项目和获奖的数量和覆盖范围。评奖日益向普惠制的评奖转型，每一种奖项都兼顾部属院校与地方院校，兼顾发达地区与西部地区或落后地区。国家课题的设置也日益带有普惠制的特征，会特别兼顾西部地区和一些地方院校。

如果说，停止"211""985"工程的传言，反映了一些大学校长的呼声，教育主管部门应该也意识到了其中存在的问题，那么，在国家财政性教育经费支出比例达到法定比例4%之后，关键问题是需要有新的能够更好兼顾教育公平和不同高校差异的管理办法。量化管理有其必要性，但教育经费分配的渠道越多，违背这些经费分配举措的原初动机的现象也会越多。对于经费使用者而言，虽然这些钱都会用来培养人才，但因为需要达到一系列量化标准才能争取到经费和通过考核，便会把相当部分经费用于其他渠道，例如花钱去买刊物版面发表文章、出版著作，甚至购买成果通过在出版物上做标示来交差等。为了克服这种恶性循环，简化考核管理体系，减少一些评比和经费分配渠道，是目前高校管理体制改革的一个重要趋势和特征。

其次，在简化高校管理体系的同时，提升高校自身的自主性和自我约束能力，会成为另一个关键问题。一种相对简单的管理方式是，把经费直接拨给大学，让大学自行分配，投入教师聘任、学生培养、公共运行、基础建设等领域，并改善对高校的监管；同时，大学自身的管理则既尽量少用评比等手段来主导教师的研究和教学，又让教师专注于教学研究的本职工作。如果教师仍然疲于应付各种项目申请和评比，则仍然很难将精力集中于研究和教学。以此为基础，大学管理可以更为注重导向问题，而不是设定固定的指标体系。

最后，简化高校管理体系的改革，需注重政府不同管理部门的协调。以专项经费为例，专项科研经费是专门为某一个重要事情、某一项重要工作设立的款项。专项科研项目一般是集体做的重大项目。这种专项工作与日常工作其实很容易混在一起。按理，专项工作意味着不是日常工作范围内要完成的事情，如果是日常工作，并不需要专项经费来做，传统意义上的拨款内部即可实施。但问题是，如果不是日常工作之内的事情，那么如何评估在专项工作中的劳动贡献？如果个人付出的劳动在专项工作中得不到体现，谁又愿意投入精力去做呢？另外，就把专项经费变成了日常经费的补充，把专项工作弱化为一种日常工作，这样在制度设计上便存在悖论。正因为存在这种悖论，在专项的具体运行过程中，人们往往会把专项经费用来解决日常工作经费不足的问题，这样便会出现"专项非专项化"的状况。例如，某一项研究工作专项，给参与工作学生有劳务费、给外请专家有专家咨询费，实施过程有耗材费、差旅费、会议费等，唯独没有考虑研究者的费用。这样的局面，既不利于调动教师的积极性，还会滋生一些违规使用、权钱交易和腐败的现象。

造成类似现象的原因在于教育经费行政化的倾向。从体制上看，缘自政出多门。从专项工作的管理体制来看，专项设立和评估由财政部门主导，教育主管部门主要是执行者，然后教育主管部门再把专项资金切分到各个高校。由于决策过程比较复杂，高校教学和研究的特点不一定在此一过程中被充分注意。如果要对专项管理体制有所调整，需要在决策过程中更多地了解和吸纳各个高校的意见和建议。

  总体而言，高校评估体系改革需要从宏观和微观同时着手。宏观上，需要更注重提升大学的自主性和自我约束的能力，通过较为简化的财政安排来引导高校教学、科研人才培养等工作，尽量减少用各种评比或专项来影响高校运行。微观的调整办法主要是调比例，提高文化学术贡献的权重，在评估体系中更强调学术贡献、更强调思想力、更强调真理本身的分量。相对而言，宏观的引导更为关键。

高校人文社会学科评价体系的自主性与灵活性

任政广　郭　崇[*]

高等教育与学术事关国家与文明的根本。一个社会文明能够兴盛的奥秘，不仅在于它能让社会的全体都遵守底线水平的伦理与法律而不逾矩为非；更关键的是，它能树立高远的典范标准，激励其成员追求卓越，立功立德。高校人文社会科学的教学与学术是一个社会隆礼尊贤、培养国家与文明的担纲者的核心平台之一，正因如此，如果高校人文社会科学的教学与学术的评估标准出现问题，会影响到国家与文明的长远发展。

论文发表评价不宜过于重视英文发表

从中国政教文明兴衰的视野来看，中国人文社会科学的教育与学术共同担负着应对现代社会各种难题的重大责任；中国的人文社会科学的发展战略应该是中国国家与文明复兴战略的重要组成部分。从这样的战略高度来看，我国高校与科研机构近年来逐渐兴起的，以英语世界学术文献征引率为指标的 SCI 和 AHCI 发表为评估标准的形式主义"国际化"改革风气值得关注和反思。

国内高校之所以在人文社会科学领域日益注重以英文发表成果，

---

[*] 任政广，中国人民大学国际关系学院副教授；郭崇，重庆大学法学院副教授。

究其原因，是因为早期中文成果发表（包括期刊或书籍）的不规范，从而导致低质量的成果充斥着很多期刊和出版物。相对而言，相当部分英文期刊和出版社的审稿程序更为规范和严格，所以成果质量相对而言更高些。这是这一导向有利的一面。

但是，当下这一导向开始出现一系列问题。其中最关键的是，学术议题的设置权力被外国学术刊物和出版机构占有。西方绝大多数人文社会科学期刊根本上关心的是以西方为中心的历史与社会文明问题，对中国的了解与理解相当有限。西方的中国研究是在西方学界区域研究的战略规划下得到支持和鼓励的。理解中国经验，仅仅以西方经验、规范与理论为参照是不够的。如果国内学者只能按照外国期刊或出版机构选定的或者喜欢的研究方向开展研究，那些与中国当下实际情况更为相关问题的研究，很可能会被抑制。绝大多数在英文 SCI 和 AHCI 期刊上的发表，也都以中国材料和中国数据为支撑、为对象，有时候，很多针对中国的研究就成了为外国学术机构收集中国情况的廉价（甚至是免费）劳动力。

就中国人文与社会科学的教育与科研发展而言，如果以中国学者能否在西方主导的 SCI、AHCI 系列杂志上发表更多数量的论文为指导标准，到底与中国增强自己人文社会科学原创能力和中国文明影响力的根本目标相合还是相悖呢？

人文社会科学与自然科学不同，它们不仅仅关心服务社会生活的手段，更重要的是把社会生活的手段和人伦的目的联系起来进行反思。人文社会科学的根本任务是培养对中国国家社稷与中国文明有担当精神和担当能力的人，这样的任务完成得如何，应当以贡献于立德树人、修齐治平的实践效果为考察重点，而不应以论文产量，尤其不应以英文 SCI 和 AHCI 发表数量作为主要的考察标准。

西方在军事政治经济层面相对衰落的背景下，其强势日益表现为思想文化领域的议程设置能力。这种思想文化上的霸权，甚至使那些政治上已经独立的民族患上了"文化失语症"——不仅越来越不能用自己的文化概念来解释外部世界和自我身份，而且甚至开始怀疑，自己是否具有独立构造一种有效文化语言的能力。如果紧随着英语世界 SCI、

AHCI 的指引从事人文社会科学的研究，对西方的文化霸权很难有批判意识，对中国人文社会科学的文明担当也难有自觉。

由于使用非母语进行研究和成果表达，且研究方法和写作套路也都必须要符合外国的一套标准，这也会限制研究问题的广泛性。

高校评估体系的话语权问题

人文与社会科学领域过于看重英文 SCI 和 AHCI 发表数量，说到底关系到高校评估体系的话语权问题。除了英文论文发表之外，话语权问题还表现在如下几个方面。

其一，在职称晋升方面，有些高校除了规定评职称必须要有外文 SCI，还要求必须有国际同行评审。这对中国古代人文研究等学科来说，是匪夷所思的规定。此外，诸如哲学这类体现一国文明之核心思想的领域，最难奉行所谓国际标准，最不可能通约。现在如果按照理工科的做法，寻求同国际一致，会在制度上自我矮化。

其二，在成果考评与奖励方面，不少大学都有规定，国外发论文一篇等于多篇国内发的论文，这不仅将学术话语权拱手于外，也会在论文市场化潮流中助长跨国产业链的形成。时间一长，还会形成"国外比国内厉害"的观念，逐渐丧失观念和话语的主体性。

其三，在人才引进方面，国内一流大学日益倾向于只引进国外大学博士，博士生求职也都要求有海外交流经历，如此等等。现在的整体趋向是非要拿个洋文凭、洋履历，否则人文与社会科学博士很难在一流大学里谋职。这使得整个大学的师资力量成为国外高等教育的附庸。就理工科而言，国际上很多大学的研究的确比我们领先，人文与社会科学当然也需要引进国外大学毕业的、熟悉外国思想的博士，但这不能一刀切地成为约定俗成的规矩或者硬性规定。中国建设一流大学，要信任自己培养的博士生，特别是人文基础学科的博士，政策上要矫正唯洋是举的做法。

其四，国家资助学生出国，目前存在注重资助但缺乏管理的问题，导致很多学生其实就是去刷简历。特别是各种两三个月的访问项目，花国家的钱走马观花，容易过于简单地理解西方，不做深入思考和比较。国家资助留学，宜多倾向于拿学位的、长期性的实质项目，而对于短期访问的，需要规定在出国前提交研究计划、回国时提交相应的研究成果。

高校教师考核的分流管理与周期延长

近年来，高校教师晋升与考核颇有争议，重点在于如下几个方面。

其一，高校教师晋升标准的确立。现在的高校，大多数以数量化的方式来确立晋升标准和排列优先顺序，也有部分高校开始实施所谓代表作制晋升。但是，从上海某高校的实施情况来看，倘若按照代表作制来考核晋升的话，那么对评审委员会委员的要求就很高，必须要做到公平、公开和公正。如果无法具备这一条件，那么，以计数的方式来考核晋升，可能是一个相对比较公平的方式。不过，何种形式的研究成果纳入计数范围，并且如何确立不同的成果等级，都可以根据实际情况进行调整。

其中，人文学科的论文发表不宜过于强调数量。目前，高校不仅有各种评比，而且评比指标化，且倾向于以论文为核心指标。相关主管部门对各高校的评比以论文和技术创新为核心，各高校也就将指标分配到每一个教师和研究生。这主要借鉴的是工科的管理模式，法学、经济学、政治学、管理学等社会科学更加应用和具体化，论文生产平均数量相对较高，相对适应这种模式。但人文学科的论文发表数量很难与应用型学科相比，这种考核方式便有些拔苗助长。

目前存在论文生产产业化的现象。为了完成论文指标，从研究生到青年教师都在想方设法发表论文，于是学术刊物的版面本身成了稀缺性资源，版面编辑人员暗中要价，论文发表代理、论文写作代理成为生财手段，整个造假和腐败产业链已经形成。由于国外 SCI 等期刊在评比晋升中价值更高，也已形成代发国外刊物论文的隐形操作链条，明码标价。与此相关，甚至中文核心期刊的"目录"本身都成为资源垄断和权力寻租的领域。在高校任职的学者阎真的长篇小说《活着之上》便描述了这种状况。

拿钱去购买版面发表论文，回来之后教师又以此评比晋升，研究生以此获取奖学金，带来更多回报；而学术刊物以此创收，相关人员增加收入。总之，拿国家的钱兜了一圈，最后所有环节和人员的指标都上去了，学术研究水平实际上却未必有多少发展。

其二，教师的岗位分流管理模式。现在大学教师对科研和教学的兴趣、投入程度各有不同。倘若以一种统一的考核标准来考核所有教师，那么一套标准对不同的教师会产生不同的压力。进而，这种压力产生的牢骚和不满，会转而指向整个考核制度。假如将教师划分为教学类、科研类、教学科研并重类、技术转化服务类等几种岗位，分不同岗位制定不同的考核制度，可能更为合理。这两年，国内已经有一些学校如浙江大学、上海交通大学等开始实行这种考核方式。这种考核方式中的部分即便会引发不满而做出修改，也可以使得任何一部分人的不满只是指向其中一种考核制度，而非整个考核体制。

其三，关于教学考核的权重。目前不少高校存在各种变相的"轻教学重科研"倾向，教学糊弄一下即可，只要不迟到、早退、缺席，不出现所谓"教学事故"，符合各项指标，上课多说点幽默段子，少给点挂科分数，让学生"评教"打分高，便皆大欢喜。在这种情况下，教师真要给学生好好上课，那就得凭良心。

人文学科特别是哲学，主要是通过课堂教学和著作影响人，课堂话语是教师思想创新的一种方式。课堂一旦从制度上不受尊重，教师无论是思想失落感还是对体制的不满都会大增，学生也会对大学失望，形成对"中国大学"的负面印象，造成恶性循环。

其四，高校教师考核周期的调整。当下，大多数高校对教师的考核周期都是一年，只是有的以自然年度，有的以教学年度为准。但是，人文社会科学类的研究可能并非一年内就可以完成，且刚毕业的博士生在前两年需要花费大量时间在教学上。或可借鉴一些国家的做法，以三年为一个周期来考核老师，只是将每年的考核指标乘以相应的倍数即可。而相应的，相关主管部门对高校的考核，也需要变换为三年或五年一个周期轮次。

其五，翻译著作与论文发表的权重。目前的常见情况是，翻译著作不算成果，出版著作也不重要，只有发表论文才算成果。对于人文学科来说，翻译本身意味着中文话语与概念的再创造，著作则是思想的集中呈现，一般来说，这两者所花的时间与努力并不比写作一篇论文少。现在的考评指挥棒过于偏向于论文指标。宜对这三个方面有综合性的关注，那些获得同行好评的翻译作品应纳入考核范围。

另一重要问题是项目制及相关问题，以下做专门讨论。

项目申请与经费使用的管理宜更为灵活

以往工科管理注重项目制，但现在已经成了整个大学管理的基本方法。教师必须做各种项目，不做不行，评职称和考核都和项目挂钩，且重数量。高校人文与社会科学的项目管理、经费管理都存在广受争议的问题。

其一，不是不可以用项目来要求人文研究，但不可能同其他学科在数量上比较。工科的技术发明与创新是与工业生产体系的发展同步的，国家和市场需求旺盛，效果明显。但人文基础学科不可能一年几个创新发明，思想的创造需要长时间积累。而且，在现代市场化社会，人文研究本来就是边缘性的，项目制的管理方式对于文史哲这样的学科来说，可能产生的项目需求很少。

其二，当下的项目申请，要求以对策性研究为主（特别是社科类的），而实际上相当部分研究是为了解释社会政治现象，以掌握对某种现象的解释权（话语权），而这种研究的社会价值并不是当下立刻就能显现的。并且，假如直接把争夺话语权这种话语写在申请书里，那么碰到持不同政治立场的匿名评审人的话，就可能会立刻被毙掉。在申请书要求上，可以适当淡化对社会价值和应用价值的追求。

其三，增加项目评审的透明度，减少项目申请流程中的利益团体化现象。由于牵扯利益，加上专业化壁垒或者门户之见，在项目申请等过程中形成了一些利益团体，优先照顾和推荐师生门第。人文学科的成果评价本就无统一技术标准，如果按工科模式强化指标来统一评价，最后往往会形成以一个个"封建"利益团体主导的格局。要有效避免这种情况，需要尽量增加项目评审的透明度。

其四，在项目经费的使用上，现在的项目经费几乎全部要以发票的形式报销，即便少量的劳务费也不能直接惠及项目主持人。而事实上，很多人文社会科学的研究大都难以以发票的方式支出研究花费，于是就出现了各种莫名其妙的发票市场。或许可以在项目经费里，单列一部分（20%~40%）直接用于项目主持人和主要参与者的消费支出，而不需要以发票的形式报销。在我国港台或西方，便是以类似的方法运作的。

其五，以精减表格、信息共享、按学科分类优化为目标，提高项目申报管理的质量。现在项目申请有形形色色的表格要填，且必须符合表格所要求的项目内容。人文、理工、社科的项目申报表格往往不做区分，例如人文学科经常被逼要填写"实验器材"等内容，只能胡编乱造以满足申报要求。

以多层次企业民主建设改造
新型工人"政治飞地"

邱运华[*]

无长期固定工作的流动性工人日益增多（主要是农民工），是改革开放进程中出现的重大社会政治现象，目前这一阶层人数达到了三亿人左右。这一社会阶层的流动性大，也非常缺乏组织性，党团组织尚未在其中"扎根"，流动工人中的党团员比例很小（即使身份上存在，但也消失在群体中）；工会和妇联等群众组织也尚未形成"扎根"到每个企业乃至车间基层的组织网络。流动工人这一数量巨大、政治潜力很大的社会阶层处于一种大面积无组织的"散沙"状态，使得这一部分基层社会不再是执政党和国家的坚实地基。中国的社会空间中事实上出现了一块"悬空"的"政治飞地"。在一个占全国人口1/5左右的社会阶层中形成了缺乏组织的"政治飞地"，是新中国成立以来从未有过的社会政治现象。

改革开放以来，这一"政治飞地"一直在扩张之中，但其存在及严峻的政治含义，尚未引起充分注意。随着全球经济危机和金融危机进一步向纵深发展，国内经济进入中高速增长的"新常态"，社会就业等问题会逐渐显性化，近年来工人群体性维权事件已呈现逐渐增多的态势，流动性新型工人阶层这一"政治飞地"现象亟须引起充分关注，并需要及时拿出系统性的应对之策，改变这一"政治飞地"的无组织状况。

---

[*] 邱运华，首都师范大学副校长，文化研究院常务副院长。

新型工人"政治飞地"根源于处理劳资关系的两难困境

本文将这些新兴的产业工人称为"新型工人",而非一般所言的农民工,一是因为这些流动工人并非全部来自农村,也有一小部分来自城镇甚至城市。二是因为即使就农民工而言,他们中的大多数也未必最终会回到农村,更可能大部分时间在城市或城镇流动,用"农民工"已经很难准确描述他们的状态。来自农村的流动工人,在理论上拥有一定的土地,他们如果想回农村,仍然能够回去,但这一前景随着土地经营权流转的展开而越来越不确定。而且,与20世纪70年代及之前出生的第一代打工者不同,80年代以后出身的第二代打工者大多没有务农为生的历史,90年代出生的第三代打工者在城市出生和长大,大多没有种过地。第二代和第三代流动工人更可能一直处于城乡边缘的状态。三是因为他们的工作稳定性大都较低,经常会换公司或换城市;进入21世纪以来,在存在大量过剩劳动力的条件下,他们也将打工短期化作为一种博弈形式。四是因为这个群体从业面广,既有传统的建筑、矿山、搬运、环卫、运输等行业,也有信息、快递、媒体、出版、家电维修等新型行业,有技术低端行业,也有技术高端行业,还有跨行业就业现象。2013年,有的省市人大代表倡议,把"农民工"更名为"新工人",认为是对这一群体的尊重之举。有的全国人大代表及全国政协委员还建议各级政府将农民工工作办公室更名为"新工人工作办公室",人社部门的农民工工作机构更名为"新工人工作机构"。① 本文径直把这个群体称为"流动性新型工人",突出产业之新旧区别,以避免"新工人""旧工人"之间的简单区别所造成的误解,并强调其流动性质。

当前,以户籍管理等社会管理制度为基础,农村和城镇居民的管理仍然有一整套党和政府"扎根"基层的组织建制,包括乡村党支部、

---

① 丁炜娜、李杨:《代表、委员建议:将农民工更名为"新工人"》,见《西部商报》2013年2月28日。相关讨论见吕途《中国新工人:迷失与崛起》(法律出版社,2013);黄宗智《重新认识中国劳动人民——劳动法规的历史演变与当前的非正规经济》(《开放时代》2013年第5期);汪晖《两种新穷人及其未来》(《开放时代》2014年第6期)等。

村委会以及城镇居委会及党支部的全面覆盖。尽管城市和城镇的党组织建设并不以社区为单位展开，市场化的社区居民一般通过业主委员会等架构建立松散联系，但由于社区居民大部分有相对长期稳定的工作，党和政府仍然可以通过企业或事业部门的组织网络与他们建立联系。这些领域仍然可以是政治性的"基层"，党和政府有着系统性的渠道，有着日常性的深入"基层"的机制。在20世纪长期的革命和建设过程中，中国共产党曾经探索出一套深入和融入基层社会的方法，今天在上述领域，党仍然基本保留着深入基层的组织系统和机制。

而市场化进程中大规模流动性新型工人的出现，脱离了上述基层组织网络的覆盖。有研究指出，今天中国绝大多数的劳动人民既非传统意义的产业工人，也非传统意义的农民，而是半工半农、亦工亦农的农村户籍人员。他们大多处于劳动法律保护的范围之外，被认作为临时性的"劳务"人员。据统计，包含中产阶级在内受到劳动法保护的正规经济只占总就业人员中的16.8%，而半工半农不受劳动法保护的非正规经济的劳动人民则占到83.2%。①

地方党委和政府缺乏深入流动工人阶层的日常网络和机制，对其中状况也相对缺乏了解。新型工人"政治飞地"的形成有比较复杂的机制，其中的关键是，那些新型工人聚集的企业资方和管理者并不愿意工人组织起来跟自己谈判，无论工人是通过党团组织的网络联系，还是通过工会组织的网络联系。而地方党委和政府为了经济增长和吸引投资，一般也会避免在流动性新型工人中发展党团和工会组织，避免以此团结工人，与资方协商。近年来，随着工资协商等制度的推行，在一些外企和民营企业，工会活动日趋积极，在广东等工人集体维权事件高发地区，工会介入事件处理要更为积极。不过，从总体来看，工会往往在突发事件发生之后才介入，介入的基本模式则主要是"说服群众"适应既有的企业劳资结构和基本关系；在新型工人的日常组织和沟通方面，工会由于人手不够等原因，一般很少介入。

---

① 黄宗智：《重新认识中国劳动人民——劳动法规的历史演变与当前的非正规经济》，见《开放时代》2013年第5期。

从思想认识层面说，地方党委和政府对劳资之间的冲突状况都有了解，在认识上也知道工会应该在处理企业劳资关系方面发挥关键作用，但毕竟地方经济发展需要照顾投资者和企业管理者的诉求，一般情况下都是出了问题再处理，处理时则很难较多地倾向流动工人群体。至于流动工人的日常组织问题，则基本不在考虑的范围之内。基于这一逻辑，新型工人阶层的"政治飞地"的形成，便不可避免了。

新型工人"政治飞地"潜藏较大社会风险

从历史经验来看，在占人口 1/5 左右的流动性新型工人阶层中，既缺乏党团组织的凝聚，工会在其中的存在感和组织的介入也不够，这意味着这一社会阶层对执政党和国家的认同会相对比较低，在工人维权过程中自然会"抱团取暖"，形成以维护流动性新型工人阶层利益为凝聚动力的群众性组织或团体。如果执政党及其领导的工会，不主动积极地介入这一工人阶层自我保护的社会组织或社会运动，如果不能将执政党组织建设、社会建设与工人自我保护行动三者融为一体，便无法真正将这一阶层凝聚为党的执政基础，甚至在一定条件下可能会为国外势力的介入提供可乘之机。流动性新型工人阶层的"政治飞地"状况如果长期延续下去，无疑会有较大社会风险。

从近年来社会经济发展现状来看，在流动性新型工人阶层中开展执政党组织建设与社会建设，也日益显示出紧迫性。一是随着新生代流动工人的成长，工人维权经验的丰富，尤其是部分接受了高等教育的学生不断加入产业工人队伍，工人维权的自觉意识、动员能力与表达诉求的能力都在不断增强。流动性新型工人群体表达诉求和维护权益有其合理性和合法性，已经不可能也没有必要一味通过压制的方式来避免劳资之间的矛盾和冲突，而需要正视这一趋势：不仅加以引导，而且需要通过工会等组织形式更深程度地介入这一进程。二是近年来全球经济危机和金融危机仍在持续进展，全球经济状况不佳，中国经济成长速度也稍有放缓。在这一过程中，特别是出口导向型企业容易出现经营困境，工人群体性事件相对较多。如果全球经济状况持续低迷，社会就业压力进一步加大，那么，对工人集体维权之类事件就需要有更为积极正面的应对。三是需要避免出现流动性新型工人阶层工作生活状况普遍下降、不满情绪普遍增强的状况。在这类状况下，社会情绪的"燃点"比较低，有时一两例小的突发事件便会演变成大范围社会群体事件。正因为如此，需要未雨绸缪，及时推进流动性新型工人阶层的社会建设，加强社会向心力和凝聚力，这样抵御社会风险的能力才会大为增强。

21世纪以来，在市场化加速的进程中，主要有两个方面出现了这种"政治飞地"的现象——流动性新型工人阶层和民族地区的部分区域。在一些民族区域，出现了地方党组织难以深入部分少数民族社区的状况，对一些社区的动态缺乏足够深入的了解，这是近年来这些民族地区出现社会治理困局的一个重要成因。其中的教训值得吸取。

目前流动性新型工人领域尚未出现大面积问题，但近年来部分沿海地区工人集体维权事件频发提示我们，需要提前着手应对"政治飞地"的问题，以避免出现类似民族地区的部分区域失序的社会危机。

以多层次企业组织建设构筑流动工人的"新基层"

由于流动性新型工人阶层有较高的流动性，这一阶层的社会建设和组织建设，很难再采用传统乡村基层建设与城市基层建设的方法，即党组织建立在基层的传统方式；"新基层"难以构筑在流动性新型工人阶层的基本组织上。需要因时因地制宜，采用多层次的、由下至上与由上至下相结合的灵活互动的组织结构，探索基层建设的新形式。

其一，需要更为明确地将企业民主建设作为社会主义民主建设的主要基础之一和核心内容之一。无论何种所有制的企业，都不能让社会主义民主建设止步，企业不能成为反社会主义民主或非社会主义民主的"封建堡垒"。各级党委和政府在尊重和保护投资者、企业管理者的合法权利和诉求的同时，需要平等地尊重和保护流动性新型工人群体的合法权利和合理诉求，尤其是工人成立企业工会（由各级工会提供指导）的权利。工会积极介入企业工会运转，是企业民主顺利发展的一个关键基础。

其二，选择试点地区和试点行业，鼓励工人以企业为单位自主成立工会，给予工人更多的自主权利，加快探索适宜的推进企业工会发展的制度设计。可选择流动性高、工人权利保护比较欠缺的行业，例如欠薪等侵犯工人权利的现象高发的建筑业，开展鼓励工人自主成立企业工会的试点。在试点成熟的基础上，及时推广工人自主成立企业工会的经验。之所以需要鼓励工人自主成立企业工会，乃是因为，对于流动频繁的流动工人聚集的企业而言，很难建立长期稳定的工会机构；而由工人自主推选的工会领导，不仅具备可行性，而且更具凝聚力，也有更高的认可度。

其三，党组织与工会应当在工人自主成立企业工会的过程中发挥指导（甚至积极主导）的作用。工人自主成立企业工会，与党的领导与上级工会的积极介入并不矛盾。只有在党与上级工会提供领导的基础上，工人才可能平衡资方的压力，顺利建立自己的企业工会，并与资方及企业管理者建立起具有中国特色的企业内合作协商规范；那种试图脱离党的领导与上级工会指导的企业工会建设，不可能走得太远。这种由下而上与由上而下的工会建设的创新，可以给中国工会建设带来新的气象，使中国工会发展更适应时代变化的需要，为社会协调发展提供特别的贡献。

其四，以工人自主成立企业工会为基础，党组织可以在流动工人积极分子中发展党员，探索新型党组织建设模式，加强流动工人阶层的党组织建设。执政党亟须重视这一占人口 1/5 左右、高流动性的社会阶层的党组织建设。这一领域的党建工作，也是执政党巩固执政基础不能回避也无法回避的挑战。

其五，加强共青团、妇联等组织在流动工人阶层中的工作，与工会及党建工作形成良好互动，为企业内劳资关系的和谐与协作提供更全面的指导。

总之，无论从党的组织建设角度来说，还是从社会建设的角度来说，当前流动性新型工人阶层的"政治飞地"状况都需要引起充分重视，并尽快通过多层次、多途径的组织建设与企业民主建设，化解这一问题，将这一"政治飞地"转变为具有凝聚力的执政"新基层"。

中国新工人的文化状态与文化自觉

吕　途[*]

中国工人的未来决定着中国的未来，工人的状况及其文化心态需要深入了解和把握。新工人未来的重要性，从今天人们已经熟知的现实中可见大概：当约 3 亿名打工者处于"待不下的城市，回不去的农村"的迷失状态时，我们也同时看到每年上百万名大学毕业生成为"蚁族"；当打工者一个月工资乃至一年的工资都不够购买城市 1 平方米的商品房的时候，城市白领们也都成了房奴；当打工者在车间厂房里被当作机器一样对待的时候，出入"高、大、上"写字楼、从事看起来很体面工作的各个领域的雇员们，其实同样只把工作当作挣钱的手段。"新工人"是指工作和生活在城市而户籍在农村的打工群体，人们也称之为"农民工"或者务工者。在这里不使用"农民工"称呼，因为我们认为，从事农业就是农民，在城市工作生活就是工人或者市民，新工人、打工者与工友是可以互换的概念。

社会是个有机体，人们共享社会文化。劳动者需要把自己的日常生活和工作，与个人幸福、群体出路、社会的进步和发展连接起来，只有建立了这种联系，个体和社会才有出路。任何变化都不是自然而然发生的，而是人与人共同合作承担社会责任的结果。

---

[*] 吕途，荷兰瓦赫宁根大学发展社会学博士，著名新工人研究专家。

工人文化研究需要"接地气"

人们往往会带着想象去判断新工人的文化思想状态。一种想象是，一提到工人，就带着"我们工人有力量"的想象。这不一定代表新工人的真实状态，太多的工人在车间里如同机器一样劳作，下了班以后泡在网吧和韩剧中麻木自己。另一种想象是，新生代的打工者比第一代打工者有了更强烈的权利意识和公民意识，会积极争取在城市生活的各种权利。这样的想象也不一定能反映新工人的状态。很多20岁左右的工友，面对打工生活与工作的心酸和无望，用一句"我总不能一辈子打工吧"来表达自己的"过客"心态，呈现了前途未卜的迷失。

在研究和撰写《中国新工人：迷失与崛起》（法律出版社，2013）时，笔者发现打工者对自己的现状处于非常迷茫的状态，而且因为找不到方向，于是把现实建立在臆想之上：在城市打工，却很少去争取做工人的待遇，把"老了回老家"当作最终的出路，结果花费和预支一生的血汗钱在农村老家盖起一座座"空房"。如果新工人们老了真的可以安心回家养老，可以另当别论，但是，可以想象得到，真的等到老了以后回去，不仅房子破败了，农村和农业大概也早就衰败了，而且面临缺乏生活来源和子女照顾的局面。从旁观者的角度很容易这样想：如果想拥有未来，必须对现状有清醒的判断，如果把未来建筑于臆想之上，在失去了现在的同时，也难以拥有未来。

2011年我们曾与苏州的20位工友进行过交流。在我的想象中，需要和应该讨论的是如何认识和改变现状。但是，这个座谈会最后变成了对"社会到底公平不公平"的辩论会。20位工友中，有10位的主要观点是，社会是不公平的，但这是正常的；有5位工友认为没有什么不公平，而且认为社会不公平是合理的，就应该这样；只有5位工友认为社会不公平，而且这很不合理。

在研究中，给我触动最大的是两次进厂在流水线上做工人。2012年5月期间，我在一家台资厂打工；还有2013年3月期间，我在一家德资厂打工。直接在生产线上的观察和经验，让我有一定的资格对工厂文化发言。但是，我认为长期在生产线上劳作的工人最有发言权来评价我的发现。于是，我在工友中间进行了两次分享和讨论，一次是 2013 年 6 月，在"工人大学"[①]与近 20 名学员分享；另一次是在 2013 年 10 月，与 10 位草根劳工机构的代表分享，他们多数是一线工人出身。分享中，有肯定的看法，更有对我的研究发现的否定和质疑。

有一位"工人大学"学员说："我打工 10 多年了，每天在厂里工作，都麻木了，听了你的分析，我觉得非常畅快，比我 10 年的观察和思考都到位！"

一位过去的生产线女工，后来在劳工机构工作的代表说："你讲的那些现象在我眼里都很正常，你觉得很受震动，但是对我来讲没有什么。我不认为我没有感觉和麻木，我不认为那些是对工人的故意伤害。我以前一直在工厂打工，听你讲的时候，我就在回顾各种工作场景，我觉得对我一点点触动都没有。"

另一位过去的生产线女工，现在在劳工机构工作的代表说："你讲的这些都是现象，但是我很着急地想知道'结果'和'出路'。还有，你这些讨论到底有多大的说服力？我觉得这样的叙述力度不够，不能去影响什么！"

这些意见分歧提示我们，需要重新认识工人文化研究及其意义。如雷蒙·威廉斯所指出，文化是一种日常的、整体的生活方式，既是个体的更是社会的，是只有生活在那个时代和那个地方的人才能有的体验，其内容包括"生产组织、家庭结构、表现或制约社会关系的制度的结构、社会成员借以交流的独特形式"，最关键的是这些要素之间的相互作用。"这种感觉的结构是一个时期的文化"，它明确却难以触摸，它细微却影响重大，它是一种感受却可以决定个体和社会抉择。[②] 与此相应，工人文化研究应该是"接地气的"的实践性研究，其目的是深入认识工人群体的状况（包括帮助工人认识自身），并在此基础上思考改

[①] "工人大学"是北京同心创业培训中心的简称，于 2009 年由北京工友之家创办。每期学制半年，不收学费。招收 16 岁以上的年轻打工者。

[②] 〔英〕雷蒙·威廉斯：《文化分析》，载罗钢、刘象愚主编《文化研究读本》，中国社会科学出版社，2000 年 1 月第一版，2011 年 1 月第 2 次印刷，第 134 页。

善群体状况的出路,而这样的改善只有通过工人自身的思想文化自觉与社会的思想文化建设来实现。

新工人的常见文化心态与思想分歧

通过多年的调研,笔者认为,下面几种新工人中流行的文化心态,是新工人文化建设需要面对的基本状况。

其一,普遍认为活着只为了养家糊口。人活着,迟早总会问自己一个问题:活着为了什么?这既是一个深奥的哲学问题,也是一个平常普通的提问。而对这个问题的回答,颇能反映一个人与一个社会的现状和思想文化状态。根据此前的采访与社区调研,基本的情况是:首先,年轻的打工群体非常迷茫,找不到生活的方向;其次,大多数结了婚、有了孩子的工友回答,打工只是为了养家糊口①。

上班工作是现代人生活方式的重要内容,工作与人类生命意义的断裂甚至相悖是现代人迷茫的重要原因。具体地说,工作的动力在很大程度上在于拿到工资而不是工作过程本身的乐趣和意义;工作是消费时间的方式,而不是享受生命的过程。

当人们的思想仅仅停留在自己可以养家糊口这个层次的时候,首先想到的是:只要使劲干、拼命干,命运就会改变,也许不会想到其他人和社会对改变每个人命运的关系。综观整个社会,其实工友对待工作的态度并不是孤立的,现在,大多数人对待工作的态度都是如此,只不过工资层次不同、工作内容不同而已。工作只是为了挣钱,这是现代社会人生哲学的重要特点。

其二,"过客心态"是打工群体最显著的文化状态。这种状态表现在生活和工作的方方面面。一个重要的方面是打工者对居住环境的态度。打工者生活在南方的工厂宿舍和北方的打工者聚居区,生活条件往往都比较差,但是,因为大家都认为打工生活只是暂时的,可以将就和

---

① 《"为什么打工"调查报告》,载 http://www.xingongren21.com/show_15590.htm,访问日期:2013 年 12 月 11 日。

忍受。

生活中的过客心态，让人们选择不去争取很多现实需求的满足，也倾向于选择不去争取工人应得的权利，比如，对居住权的要求，对居住条件和环境的要求，对子女在城市义务教育权的要求，等等。更重要的是，这样的过客心态让打工群体难以形成争取权益和谈判的合力，最后只能被各种势力和利益群体牵着鼻子走。

很多人都会认为，打工者本来就是过客呀！但这并不完全符合事实。从居住地的稳定性来说，打工者倾向于在一个地方落脚的趋势是明显的。笔者在北京皮村的调查就发现，在皮村居住了5年以上的工友并不在少数，很多在深圳和广州打工的工友也已经在那里"暂住"十多年，甚至20多年了。

综观今天的社会现状，打工者的"过客"心态符合资本扩张的需要。在一些工业园区，工人只被当作廉价劳动力对待，投资者和管理者不考虑工人的家庭、居住、子女教育方面的问题，也不考虑这个地区的社区发展问题。这些工业园区主要为了满足资本生产和盈利的需要，当这个目的无法满足的时候，资本就会撤离，而不会考虑这个地方的未来。打工者的"过客心态"看似是一种无奈选择，其实本质上是"过客"的资本的胜利。

其三，成功学和"直销"大行其道，"道德"让位于"钱"。我所接触的工友中，曾经被骗入过传销的不在少数，还有一些人正在做直销。这类工友大致分三种状况：一是被亲友骗去传销地点然后奋力逃脱的工友；二是被骗去做传销后，半信半疑，从行动上加入传销，由于种种原因脱离以后，这段经历成为挥之不去的噩梦，经常处于自责之中难以自拔；三是加入传销，自欺欺人、利欲熏心、不择手段，成为传销主力。直销有些不同，但是本质是相近的。

直销和传销用来吸引人的办法很简单，就是满足人们快速致富的欲望。它的手段之一是励志和成功学，通过一些成功人士坚持不懈、充满勇气和热情、遇到挫折不屈不挠的事例，鼓动起参与者的热情和信心。其实这些精神本身并不是错的，关键是把这些精神用到什么目的上。如果是一个错误的方向和错误的目的，那么越有热情越坚持，会造成越严重的后果。做直销和传销的牵头人非常清楚这一切，这些人要的不是更多的人成功，而是更多的人相信可以成功，而维持大家相信成功的办法就是励志和成功学。最后肯定是绝大多数人无法成功，那么树倒猢狲散的时候，牵头人已经赢得盆满钵满，没有丝毫的损失。直销和传销的其他手段还有"无其他出路之说"、利用从众心态、自欺欺人的心理战术等。

其四，工人认同资本的价值观。在工厂里，工人的数量占大多数，资本所有者和管理人员必须依靠工人的劳动，他/她们对工人的领导权是通过获得工人的"同意"而实现的。

价值观上同意。管理者和工人似乎都认同这样一个道理，老板花钱雇人，那么受雇佣者就必须接受一切。受雇佣者往往不受尊重，因为能用钱买到的就只是"东西"。我曾觉得德资厂工作的车间有椅子有踏板非常好，但是我被告知，下个月就必须站着工作了。当我提出疑问的时候，线长和老员工都说："生产需要，那有什么办法！"在台资厂的时候，当我和一位在同一条线上的学生工抱怨站 12 个小时太累的时候，她说："上班就得这样，回宿舍才能休息。"也就是说，从雇主到受雇佣者都认同：因为雇主购买了雇佣劳动，因而购买了在工作期间处置工人的权力；就如同购买了商品，从而有权处置这件东西差不多。

行动上代理。工人中常见的一种值得思考的状态是，自己会将工厂主或管理者与自己的等级关系模式，复制到自己与其他工人的关系中。这种状态有不同的形式。一是正式的"代理人"，其中主要是底层管理人员，如班组长和线长。二是虽然自己也是普通的底层员工，但自觉不自觉地把等级和控制的思想体现在日常的行为中，包括老员工欺负新员工、本地员工欺负外地员工、一个岗位的员工欺负另一个岗位的员工，等等。这样的等级关系复制大大节省了资本所有者和管理者的成本。并且，由于员工的分化和疏离，使得投资者的控制力量非常强大，员工虽然人数众多却如一盘散沙。

价值观内化。工人"同意"资本逻辑的状况，曾让为打工者争取权益的人们深感悲观和失望。一些工人在受到不公正对待或压迫之后，往往不仅不与压迫者博弈，反而去压迫其他工人，这让人看不到希望。

这种认可不公平压迫的文化的形成，是不平等状况最深重的表现，工人在这种文化下被程序化了。

上述文化心态在新工人群体中流行的同时，他们的思想分歧也在逐渐形成。

近年来在多个场合，笔者曾听到大学生或新工人关于剥削问题的争论：现在还有资本家和剥削吗？相当部分大学生都觉得不存在剥削了，他们认为，只有企业家，没有资本家。一些大学生认为，工资低是因为自己没有本事，与社会制度没有关系；也有一些大学生认为，本来就存在阶级的对立；多数大学生则觉得，阶级和对立非常刺耳，认为不至于要闹到这种程度。

这种充满分歧的思想状态在工人中也是普遍的。例如，在苏州工友家园的一次读书会上，一些工人讨论了"我们打工群体的未来是什么、为什么"的问题。一种看法是目前有不少机会，打工者可以提高自身技术，或者回到农村包一大片地、搞机械化，或者自己创业，卖早餐一年也有赚十几万元的。另一种看法是，无论有多少人学习技术，都必然有人做普通工人，而且更多的人只能做普工，这是现实。还有一种看法是，家里的地很多被征收了，回去已经没有什么地种了，创业成功的是少数，这很难成为整个群体的方向。

分歧也存在不同阶层之间。2014年5月23日晚上，北京皮村的工友文艺小组登上了《中国梦想秀》的舞台。当18岁的姑娘赵晨把"为工友服务的人"归类为好人，把"剥削"工人的人归类为坏人的时候，周立波立刻跳了起来，并说："工人应该感恩有机会被剥削！"接着，周立波运用明星主持人的各种才能，试图让在场的各位工友亲口说出对老板的感恩。而从现场的情况看，工友们并不知道自己为什么应该对老板感恩。

新工人文化建设有赖于新工人的创造

"新工人"群体展现的总体现实状况是"待不下的城市""回不去的农村"，与"迷失在城乡之间"。三亿名打工者，他们的孩子一亿人，再加上他们的父母，五亿多人，这部分人没有出路，中国也就没有出路。全社会大概都不愿被动地接受这样的状况。那么出路在哪里？这个群体能否有出路，在根本上由每个个体的想法和状态所决定。

如果普通人的思想状态是普遍消极的，那么社会将面临危机；如果普通人的思想状态整体上是趋向积极的，就会比较有希望。我在工厂所观察、体验到的，是普通工人中弥漫的迷茫、断裂、心浮气躁、急于求成、麻木逃避的思想状态，这种状况持续下去，就很难有出路。从当前社会层面看，不乏批判的声音，看到不好的现象发出不满和批判非常重要，但太多的人在面对问题的时候，第一反应同样是：没有办法！我们对出路的讨论，首先需要尊重现实，不是指点江山式的、外来者指引式的，而是探讨内生性的、主体性的一种思考过程，因而需要发现目前新工人群体已经存在的积极的、有希望的文化创造。

打工者的工作体验是作为劳动者和底层民众的体验，这些体验是这个群体文化形成的物质基础。代表劳动者的基于劳动者生活和工作体验的积极文化，是我们所说的"新工人文化"。新工人文化不是某种现成的东西，而是一种创造的过程。这个创造过程基于打工者的日常生活和工作，造就了一个个新工人个体和新工人群体。

要建设积极的新工人的文化，那么中心问题是：做什么样的人，谋求什么样的现实出路。如果面对既有状况别无选择，那么所谓文化就只能是文艺形式上的，比如，"摇滚一下"，或者"杀马特一下"。在这个意义上，需要明确地反对使用"农民工"这个称谓。"农民工"这个词在今天的社会语境里包含着很多歧视，例如，"农民工"就意味着日常生活的脏乱差，更严重的歧视体现为认为"农民工"招之即来、挥之即去。"新工人"的命名，包含了一种劳动价值观的倡导，倡导或者促进工人群体去思考"我是谁，我到底想成为什么样的人"这一至关重要的问题。这是一种关于主体性的思考。

新工人个人和群体的主体性的建立是在劳动和生活过程中建立的。劳动者需要形成一种自觉，把自己的日常生活和工作，与个人幸福、群体出路和社会的进步与发展连接起来，只有建立了这种联系，个体和社会才有出路。文化中积极的东西的沉淀是一个相对漫长的过程，积极的文化面对来势凶猛的资本文化好似失去了招架的能力。反抗资本对人的控制的可能性在于，人们会不同程度地感受到痛苦，这种感觉痛苦的能力就成为希望所在。用朴素的感觉访问和叙述工友的故事之后，我认识到，一个人如果想建立主体性进而参与建设一个健康的社会，必须首先争取做一个精神健康的人。实现精神健康，无法通过去看心理医生来实现，只能在真实的生活实践中去实现。其中的关键是，普通人不能失去自信和认识现实的能力，也的确具备这样的潜力。不失去这样的能力，才能拥有未来。

目前新工人群体中的一些创造实践值得注意，例如，在企业内部通过集体谈判协调与改善劳资关系，保护劳动者的权益；在企业外部发展以社区活动、教育培训、合作社等形式为载体的团结经济；等等。

近年来形成的一个重要现象是，不少地方成立了各种为打工者服务的民间机构，包括社会企业。社会企业的工作人员和一般商业企业的工作人员差别不大，也是拿工资的雇员。只不过，社会企业会自觉主动组织员工进行学习和交流。其中相当一部分社会企业希望以后转化成合作社，合作社对社员的要求比社会企业对工作人员的要求高很多，社员共同拥有合作社的财产，对合作社的事物有决策权。

这些民间机构的名字往往与"家"有关。全国有多个以"工友之家"命名的机构，如：打工妹之家、北京工友之家、厦门国仁工友之家、天津工友之家、苏州星星家园（原苏州工友家园）、长沙工之友家园、福州工友之家、西安工友之家，等等。这一命名包含了对组织的向往与对归属感的强烈渴望。

推动联合国设立"世界太极日"的建议

李焕喜　孙占卿[*]

随着国家实力的增强,中国已经在事实上重新回到世界舞台的中心。但与高速发展的政治、经济和军事实力相比,中国在文化影响力和国家文化形象塑造上的进展已经滞后于国家实力水平。这种局面影响了海外尤其是西方民众对中国的了解,制约了中国在全球的综合影响力的扩大。

在全方位的对外文化交流中,考虑到打破西方价值垄断、传递中国声音的紧迫性,为破解信仰和价值危机的世界难题提出中国思路,为中国增强全球影响力打好文化基础,为丰富世界文化,我国应该准确选择重点文化项目和文化符号,科学设计传播路径,为世界文化发展注入中国要素。

本文建议选择太极拳作为中国海外文化的重点推广项目,积极推广现有的"世界太极日"活动,推动在联合国等更高层面确认"世界太极日",积极探索中国文化海外传播的规律和路径,探寻破除文化传播障碍的方法。

"国际瑜伽日"创设对中国文化传播的启发

西方社会既有了解、接触中国文化的强烈需求,同时又对中国文化

---

[*] 李焕喜,民进北京市委常务副主委;孙占卿,广州社会科学院法学所副研究员。

的传播极为敏感。中国的强势崛起已经使了解中国成为西方的必然需求，但由于部分西方国家舆论对中国的崛起抱有敌视态度或"酸葡萄"心理，中国文化的官方传播很容易被解读为文化侵略，因此在项目选择和推广路径上应该比较慎重，综合统筹。从时间节点判断，最近几年中国文化在世界范围的传播仍然处于从边缘走向中心的开拓阶段，因此节奏上不宜高歌猛进，而应该采取先缓后疾、先边缘后中心的小步快走战略。

中国和印度是两个崛起中的东方大国，在文化输出和扩大全球影响力方面有颇多类似和可以相互借鉴的地方，既是竞争者，也是合作者。观察和分析印度推广瑜伽文化与中国推广孔子学院建设的得失经验，可以发现项目的定位会直接影响到文化输出的成效。

印度近年来大力推动瑜伽在世界的传播，民间交流和传播在其中起到非常重要的作用。瑜伽文化主要表现为强身健体、修身养性的体育文化形式，形象比较单一，在全球也有一定的知名度和文化历史基础，属于世界人民喜闻乐见的活动，一般不会成为被泛政治化攻击的对象。

2014年12月11日，联合国正式确定每年6月21日为"国际瑜伽日"。2015年的第一个"国际瑜伽日"，不仅印度总理带领政府官员一起练瑜伽，联合国秘书长潘基文也发表了练习瑜伽的照片，来自美国和世界各地的众多瑜伽爱好者在纽约时报广场进行瑜伽表演。从欧美到中国各大城市的广场、公园、大学都有大量瑜伽爱好者自发组织开展练习瑜伽活动，瑜伽已经成为广受城市中产阶级、白领喜爱的体育锻炼形式，据估计全球每年瑜伽产业规模已超过300亿元。

"国际瑜伽日"固然有印度的推动因素，更为根本的是国际社会对瑜伽传播成绩的认可。瑜伽在欧美国家的传播，更多依靠民间的自发传播，同时由国家顺势而为推动联合国设立"国际瑜伽日"，既明确了瑜伽的印度文化身份，又进一步提升了瑜伽作为超越体育锻炼的文化内涵。

考察瑜伽的推广传播模式，具有以下特点。

内容上，文化传播和体育运动相结合，在降低受众抵触心理的同时,也为传导影响开拓了较为广阔的出路。具有明显文化特征的体育形式在传播时以体育的面目出现,而其锻炼仪式和锻炼理论则不断引导受众回溯到文化体认,促使受众在潜移默化中自觉地学习和深化对相关文化的认知。

层次上,高端的东方神秘文化和下里巴人的日常健身结合。瑜伽的基础传播形式主要是具有东方色彩的身体锻炼方法,如冥想和瑜伽术,通过呼吸锻炼和身体拉伸达到较好的锻炼效果,其柔和易行的锻炼形式吸引了大量中产阶级女性参与。

形式上,静中寓动的运动方式填补了西方流行体育锻炼形式的空白。冥想和瑜伽的锻炼往往在静室中进行,既适合集体活动也适合个人居家锻炼,具有古老神秘色彩的精神修炼与激烈的西方体育形式形成强烈对比,满足了都市人摆脱快速的生活节奏获得心灵安静的锻炼需求。

综上所述,瑜伽在世界各地的传播是一次较为成功的由国家和民间合力完成的体育文化推广活动,瑜伽为练习者提供了涵盖身体锻炼、文化学习和生命体验等多层次的满足;对输出国文化在世界各地的传播和国家文化形象提升起到了积极作用;对增强输出国软实力和民族文化自信起到了反哺作用。

中国在全球设立孔子学院的情况有所不同。近年来中国在欧美国家大力推动孔子学院的建设,截至 2014 年底,全球已经建立 475 所孔子学院和 851 个孔子课堂。不过,近年来,具有一定官方色彩的孔子学院的推广遭遇了困境和挑战,尤其是在欧美地区受到一些质疑,出现了一些事端。例如,已有多所大学宣布停止与其合作,多位美国学者撰文要求本国政府取消孔子学院,呼吁各高校终止与孔子学院的合作。

孔子学院与瑜伽传播是不同类型的项目,不具有完全的可比性,不过,如果以瑜伽传播为参照,可以看出项目定位对文化传播的重要影响。

孔子学院最初并非为在全球传播儒学文化而设,而是以对外汉语教学为主要内容,比较接近于德国的歌德学院。在对外汉语教学过程中，中国文化的学习自然也会成为其中的核心内容之一。由于孔子在全球的广泛影响力和具有文明深度的历史文化形象，应该说，以"孔子学院"命名这一推广汉语学习和中国文化的项目，大大增加了可接受度，在项目推广初期收到了较好的效果。

但是，在孔子学院的影响力达到较高程度以后，孔子学院在教育内容、传播路径和目标群体的设置上缺乏明晰定位的弱点，便逐渐成为其在西方进一步发展的软肋（在非西方地区相对好一些）。由于儒家义理自身的深奥和师资水平的不足，孔子学院的办学长期以对外汉语教学为主，便不可避免会给人一种名实分离甚至名不副实的印象。从孔子学院融入西方教育文化体系的角度说，对接西方精英文化学术领域有难度，又难以让接受其教育的普通人感受到东方文化的魅力，因此受到批评和遭遇争议，也不奇怪。至于孔子学院被一些西方政客和文化学者视为中国的文化入侵，在建设和办学发展上遇到一些怀疑和纠葛，背后更多的是政治矛盾在文化领域的反映。这些冲突和矛盾，是孔子学院这类项目必然要面对的挑战，无可回避，只能在发展过程中通过各种方法加以缓冲和解决。

也就是说，由于孔子学院本身的定位特点，它不可能像瑜伽文化那样推广。但印度推广和传播瑜伽文化的经验提示我们，中国在向国外传播和推广中国文化的时候，除了孔子学院这种综合性、政府资助支持的项目之外，也需要类似于瑜伽这种形象比较简洁易懂、名实比较一致的项目，形成多元化、多层次的中国文化国际传播系统。

"世界太极日"可成为中国文化国际传播体系的重要环节

事实上，与印度瑜伽一样，我国的太极拳项目也具有较大的文化优势。2015年5月15日，李克强总理在北京天坛公园与印度总理莫迪共同出席"太极瑜伽相会"中印文化交流活动，勉励中印太极、瑜伽爱好者继续为促进东方传统文化的交流和传播多做努力。这一活动，呈现出太极与瑜伽在两国文化中的地位相近，两者在国际上的影响力也在伯仲之间。

如果中国能够推动在联合国设立"世界太极日",进一步提升太极拳的知名度和推广传播空间,太极拳在欧美遍地开花的概率非常大。设立"世界太极日"对全面推动以太极拳为代表的中国文化项目走向世界,进一步形塑中国文化大国形象具有积极意义。

项目选择和路径设计是一国文化向世界传播或输出的核心要素。一般来说,文化项目的传播效果主要受到内外两方面原因的影响,内因是项目的文化内涵和代表性;外因是接受国的思想文化界和一般民众对该文化符号的接受度。

综合考虑,太极拳可谓中国文化对外传播的一个完美选择。

第一,从内涵和形式上看,太极拳柔和大气的和谐之道符合中国世界文明大国的形象,有助于提升海外文化界和民众对中国的国家印象。"易有太极,是生两仪"代表了中华文化"天行健,君子以自强不息"的世界观和生命观,适合作为国家文化战略推广项目。

第二,作为文化载体,太极拳既是明显的中国文化符号,又相对远离意识形态,有利于传播推广。舒缓的运动方式,受众广泛方便推广;阴阳互生、四两拨千斤的神奇东方身体艺术,对西方民众具有独特的吸引力,传播推广容易落地生根。

第三,从文化的传导能力上看,太极拳兼具日常锻炼和精神性特征,影响广泛,传导和整合效应突出。太极拳的动作轻柔,理论深奥,下有利于街头、社区的推广传播,上有利于精英阶层的研究、体悟,有利于进一步打造影响广泛的,涵盖体育、文化、学术的立体太极文化节、文化周等活动。

第四,从现有群众基础来看,太极拳已经基本具备广泛开展的条件。经过几代民间拳师的拓展,太极拳在美国、法国、加拿大、澳大利亚等西方国家,尤其是华人社区已经有较为广泛的群众基础。据估计,目前太极拳已传播到150多个国家和地区,全球练习太极拳的人数超过3亿人。太极这一发源于中国的古老体育运动,凭借其蕴含的深厚文化、养生理念以及防身健体效果,得到了世界民众的认可。2002年美国职业篮球联盟(NBA)推出姚明打太极拳的宣传视频,表明太极拳在美国早已成为具有较高知名度和文化辨识度的中国体育形式。

当然,更为重要的是,"世界太极日"是一个已有国际民间基础的概念,同时还有"世界太极拳月"的设置。这既意味着良好基础的存在,也显示太极拳的国际传播尚缺乏必要的统筹和规划。

应以"世界太极日"为中心在全球推广太极拳

从2001年开始,国际武术联合会把每年5月确定为"世界太极拳月",世界各地的体育、武术及太极拳组织会在此月内举行丰富多彩的相关活动。多年来,在"世界太极拳月"期间,海外中国文化中心等中国驻外文化机构通过各种方式,持续推动太极在世界各地的发展与传播。

同时,每年四月的最后一个周六,是全世界太极爱好者自发庆贺的"世界太极日"。近年来,在这个约定俗成的"世界太极日",一些中国驻外使馆、海外中国文化中心等机构也会组织太极拳练习活动。例如,"马耳他世界太极日"从2007年便开始举办,影响越来越大。根据媒体报道,美国一些城市、埃及、玻利维亚等不少国家和地区近年来都会在"世界太极日"组织活动。这点充分说明,"世界太极日"已经有一定的影响力和接受度,在此基础上推动它成为联合国正式承认的世界性节日是完全有可能的。

从整体上看,目前"世界太极日"与"世界太极拳月"之间的距离很近、概念也接近,给人以重复设置的感觉。从有效推广的角度来说,集中力量比兵分两路要好,应该有所侧重甚至取舍。由于现代人生活和工作繁忙,"太极日"比"太极拳月"要更能引起人们的兴趣。其实,即使设置"太极拳月",从仪式安排的角度上说,一般也是在启动日当天会比较吸引人们的注意,从宣传和传播的角度说,这样也已足够。

我们认为,在现有的基础上,较优的选择是,只突出和强调"世界太极日",将以往组织"世界太极拳月"的资源和力量都集中于推广"世界太极日"。

目前的关键是，推动联合国承认目前已经存在的"世界太极日"，让联合国成为在全球推广太极拳健身活动的重要机构。这样既可以极大提高太极拳的推广层次，拓展文化项目的运作空间，还可以为后续太极文化活动和项目的开展集聚群众基础和舆论基础。

政府、国际武术联合会等机构，现有各种民间太极拳推广机构，在这一进程中都有其作用，需要各尽所能，推动联合国早日设立"世界太极日"。政府有关部门需要说服国际武术联合会将重心转移到"世界太极日"的推广，积极借助国际武术联合会等机构的作用，共同协调和谋划，将组织"世界太极拳月"的经验用于扩大"世界太极日"的影响。

此前，需要加强推广太极拳的日常协调，主要有如下几个方面。

第一，确立太极文化战略。建议决策部门把太极事业列为国家软实力重点支持项目，设计太极作为中国提升国际文化影响力和软实力的长期战略规划。

第二，加强太极资源的组织协调。整合太极资源，形成多品牌，多渠道，统一组织协调的中国太极学术、人员组织体系，在支持百花齐放的同时，尽快确立并扶持太极主要传承流派的品牌建设，完善教学体系。

第三，推动太极培训体系资质认证。组织国家级太极行业协会，组织可以统筹不同流派的太极运动水平认证和教练员认证体系，为人才组织和输出提供支持。

第四，推动太极产业规模化有序发展。及早推动太极产业规划，鼓励连锁经营、支持太极馆舍、培训行业的产业化有序发展。

第五，建立推动联合国设置"世界太极日"的有关组织，大力推广和普及太极文化，培养和发现太极人才，鼓励和发展太极文化经济活动。

第六，科学设计对外推广路径。走民间为主，官方协调的传播路线。官方需要避免大包大揽直接配置资源的做法，应该以服务和提升为主，推进以民间人士为主要力量，以市场为主要手段的资源配置模式。

第七，由于现在韩国将"太极"作为国家主要象征符号之一，太极拳在该国也有一定影响，加上现任联合国秘书长为韩国人，必须要考虑设立"世界太极日"的韩国因素。一方面要团结韩国的力量，推动此一进程；另一方面，也需要预先全面了解韩国社会和相关人士对设立"世界太极日"的态度和看法。如果中国推动设立"世界太极日"有较大阻力，则可考虑使用"世界太极拳日"的概念。

为广场舞发展提供更好的公共服务

蒋　璐[*]

近年来，各地广泛兴起广场舞活动的热潮。同时，广场舞引起的社会矛盾也受到广泛关注。广场舞治理考验政府智慧，也是创新治理模式、提升治理能力的重要契机。

广场舞普及的社会背景

十多年来，广场舞从兴起到普及，获得空前发展，其影响范围之大、参与人数之众，都让人始料未及。综合来看，广场舞的发展与我国当前的社会、经济、文化背景密不可分。

其一，伴随社会经济的发展，人民生活水平显著提高，居民休闲需求与日俱增。

近年来，我国经济迅速发展，城市化进程加快，居民生活水平显著提高，农村居民的生活水平也有显著提高。经济和社会发展改变了居民的生活方式，很多人从"日出而作日落而息"的传统农耕生活中解放出来，拥有更多可支配的闲暇时间。收入水平的提高，可以支撑人们从事休闲消费。因此，人们对休闲生活有了更多的需求。这种需求不仅在于休闲次数的增多和时间的延长，也体现在对休闲的健康内涵、文化享

---

[*] 蒋璐，首都师范大学文化研究院研究人员。

受、情感满足的要求。

广场舞就是在这种社会背景下诞生的休闲模式。它集中体现了我国中老年人群在生活质量有一定保障的情况下所萌发的休闲需求。

其二，人口老龄化进程加快，老年人休闲资源匮乏。

目前，我国人口已呈现老龄化的趋势。老年群体的特殊需求在短时间内集中爆发。与此同时，我国的社会养老资源却相对匮乏。如果休闲对于年轻人来说是他们在紧张的工作后恢复身体、调整状态、寻找快乐的一种手段，那么对于富有自由时间的老年人而言休闲更多的意义在于它能成为老年人追求生活意义、生命价值和与社会融合的一种活动。①

在现代社会，城市化进程加快，人们的活动空间，特别是室外活动空间在减少。日常休闲正走向产业化，投资者的目光聚焦于消费力强的年轻一族，包括资本、地产乃至城市规划的休闲资源均向年轻人倾斜。与此同时，公益性休闲基础设施和服务还没有完善起来。老年人作为"多闲暇、低消费"群体，可选择的产品相对较少，尤其在经济欠发达的农村地区，这种情况更加明显。

在这种情况下，广场舞可谓应运而生。广场舞简单易学、场地限制小、消费低、集体参与感强，同时兼具健身和审美功能，愉悦身心，非常符合老年人的休闲需求。广场舞受到老年人的追捧，既由他们的主观偏好决定，也是社会客观条件造成的。

其三，城市广场在各地普遍修建，成为居民休闲中心。

20世纪90年代开始，我国城市兴起休闲广场的建设热潮。各地政府出于经济发展和改善城市形象的需要，大力进行市容市貌和城市文化建设。各种形式的休闲广场如雨后春笋，成为城市建设的标志性设施。

城市广场无疑对闲暇老年群体有明显的行为导向作用。在其他公共文化设施贫乏的情况下，无处不在的城市广场自然成为他们的聚集地，发展成健身中心、娱乐中心、交往中心。广场舞的发展，正是依托

---

① 皮湘林：《老年闲暇的伦理关怀》，《伦理学研究》2010年第5期。

于城市休闲广场设施条件，可谓是休闲活动"因地制宜"的结果。广场舞也因此得名。

值得注意的是，城市广场在规划中也存在种种问题。一些广场建设虽然吸取了西方城市建设的经验，却没有结合中国城市发展的具体现实。如，城市人口数量多、老年人口比重大，大型城市休闲广场必然导致人群过度聚集，加重公共文化资源负担。又如，广场建设中整体规划意识薄弱，只考虑表面形象，而忽略了功能分析[①]，在广场选址、设施建设上对人员流动、活动影响缺乏预期，导致某些广场高度集中在市中心或过于临近居民区，客观上加重了广场舞等活动的负面影响。

其四，互联网技术普及，媒介传播方便快捷。

互联网改变了媒介的传播方式，老年群体使用互联网的比例也在直线上升。这为广场舞的传播、教学和展示提供了良好的技术支撑。几乎所有的广场舞组织者都表示，他们受益于互联网。互联网的广场舞教学视频是他们最主要的舞蹈学习来源。他们从互联网下载音乐，用于舞蹈伴奏。广场舞组织者建立 QQ 群、微信群交流舞蹈动作、组织经验、遇到的困难，这使得各地广场舞队伍之间有良好的交流和沟通。

广场舞的积极意义

我们的调研结果显示，广场舞受到基层群众的普遍欢迎，在一定程度上满足了群众的休闲需要，体现了群众的精神文化需求，对社会产生了积极作用。

其一，广场舞有助老年人身心健康，利于缓解老龄化带来的社会压力。

受各种条件制约，我国老年人休闲种类单一，内容上也缺乏健康科学的规划，这种情况在农村地区更为明显。很多老年人通过看电视、散步、晒太阳打发时间，有些老人频繁参加宗教活动，一些地区老年赌博成风，最近甚至出现退休妇女聚众吸毒现象，真正有益身心的文体休闲

---

① 刘士林：《市民广场与城市空间的文化生产》，《甘肃社会科学》2008 年第 3 期。

活动普及率很低。老年人的休闲生活远没有达到强身健体、陶冶身心的目标。

广场舞的流行,彻底改变了这一面貌。越来越多的老年人加入这项健康活动中来。在活动中,他们的健康状况得以改善,心理压力得以排解、交往需求得以满足。在活动过程中,老年人与组织成员互动,获得参与感,重新找到社会价值。他们积极参与集体事务,学习互联网知识和音频技术,不断提升舞蹈技巧,在享受生活的同时,实现自我价值。他们自发或受邀进行演出,向社会义务贡献才艺,展示精神面貌,获得极大的成就感。在广场舞队伍中,随处可见健康、乐观、自信的老年人,他们集体中找到归属感,热情而忙碌。老年人这种集体参与、健康休闲的模式,变被动养老为主动保养,可以减轻国家和社会的负担,具有良好的社会效益。

其二,广场舞满足了群众文化需求,是基层公共文化服务的有效资源。

广场舞是群众自发形成的民间文化活动。从形式上看,广场舞轻松欢快,简单易学,符合群众口味,实现了真正的"喜闻乐见";在内容上说,广场舞积极健康,且不乏艺术元素,陶冶身心,整体上是一项有益的活动;从组织上讲,广场舞参与度高,主动性强,活动有规律,极大地动员了群众参与文化活动的积极性。广场舞这种群众自发组织、自我提供公共文化产品的模式,对我国基层公共文化服务具有重要的辅助作用。

事实证明,广场舞已经成为基层公共文化服务的有生力量。广场舞激发了居民参与公共文化活动的主体性意识,掀起人人参与、自我管理、自我服务的热潮。越来越多的人参与到广场舞的创作、传播、锻炼队伍中来,强身健体、陶冶身心。广场舞帮助实现了公共文化服务体系与居民的有效衔接。调研结果显示,广场舞队伍与基层文化机构之间存在多渠道的联系,包括培训、比赛、交流等。广场舞队伍还积极参加"送文化下乡"等公益演出,是一支活跃的文化力量。

从以上角度看,广场舞是一项针对性强、提供机制高效的公共文化产品。它所带来的社会问题暂且不论,单就满足群众公共文化需求来说，其社会效益是明显的。事实证明，群众自发组织、因地制宜，辅以政府的引导和一定的支持，也可以提供很好的公共文化产品。广场舞是基层公共文化服务的宝贵资源，应该在政府的引导下有序发展，趋利避害，进一步发挥积极作用。

其三，广场舞引领休闲风尚，提升了社会活力和民间文化的创造力。

广场舞受到热捧，从一个侧面反映了我国大众休闲理念的变化。他们已经不再满足于聊天、散步、看电视等单调的日常消遣，同时，开始摒弃赌博等不健康的娱乐活动，转而向健身、艺术、文化类的休闲模式靠拢。尽管广场舞与高品质的休闲生活还有一定距离，但是，我国现阶段，在居民收入水平有限、休闲设施尚不完善的情况下，广场舞能够得到广泛的认同，意味着大众休闲生活正朝着健康化、多元化的方向迈进，具有一定的进步意义。当然，也体现出休闲产品供给的紧迫性，对相关公共设施的建设提出了挑战。

现代休闲文化正受到消费化、娱乐化等市场因素的严重侵蚀。当年轻人追求奢侈、沉迷于网络等不健康的休闲方式，中老年人的养生文化独树一帜。他们积极向上、倡导健康的休闲理念给浮躁的社会注入一股新风。随处可见的广场舞，展示着这一代人热爱生活、乐观自信、生生不息的精神面貌。老年人接地气、有生活、规律而自制的休闲方式，无形中影响着整个社会。很多年轻人也加入广场舞的队伍当中。

群众在参与广场舞的过程中，可以相互沟通和交流，共享文化生活带来的乐趣。通过这项集体活动，原本相互隔离、陌生的人际关系被打通。人们不再局限于城市家庭的小空间，而是在集体休闲娱乐、陶冶身心的同时，加强彼此之间的了解，共同合作，参与社区建设。通过公共文化活动的自我管理、自我服务，群众形成社会主体责任感，建立紧密而和谐的社群关系，从而有助于社会整合、加强社会融入、焕发社会活力。

群众是民间文化创造力的源泉。群众文化生活多姿多彩，民间文化就有绵延不绝的创造力。广场舞熔音乐、舞蹈、健身操于一炉，普通群众积极参与舞蹈编排，吸取地方和民族的传统元素，创造了全新的舞蹈形式，有的已经具备一定艺术水准。伴随传播范围的扩大，广场舞不断推陈出新，已然成为民间文化的时代标志。

其四，广场舞别具一格，展示了我国的文化软实力，有助于树立国际形象。

广场舞可视可感，无论是舞者还是观众，都可以体会到舞蹈的幸福感和愉悦感。在高雅文化与流行文化的包围中，广场舞另辟蹊径，以普通民众为艺术主体，以自创动作为活动主题，展现了一代人的独特个性，凸显了热情自信的精神风貌。广场舞改变了日常生活单调、严肃的刻板印象，营造了社会多元、开放、活力的形象，彰显了我国经济和社会建设成就。

老年人作为一般意义上的弱势群体，其生活质量反映了国家的社会保障水平和制度公平性。如果一个国家老年人生活无忧、精神文化生活丰富、身心状态健康，则说明老年人的幸福指数较高，国家在保障公民福利、维护社会公平方面卓有成效。广场舞集中展示了我国老年人的精神面貌，欢快的舞步，跳出了他们对美好生活的热爱，体现了社会主义制度的优越性。

近年来，广场舞经常出现在国际媒体的报道中，作为中国人日常文化生活的生动写照。广场舞也传播到各国，被当地居民尤其是华人争相效仿。广场舞还作为流行文化元素，被街头艺术家、影视制作者进行再创造。广场舞这一具有中国特色的群众文化活动正展现其生命力和吸引力。其所内含的自我意识、集体观念、生活理念正成为新时代中国人国际形象的注脚。

广场舞存在的问题

广场舞作为一项新生事物，有它的积极意义，但确实存在一些不容回避的问题。近年来，广场舞引发的社会矛盾一度成为舆论的焦点，引起广泛争论。

其一，场地空间拥挤。

广场舞场地的共同特色是距离居民区比较近。跳舞者对场地距离有一定要求,而在大多数城市建设中,临近居民区的广场面积非常有限,难以承载众多的广场舞队伍。

场地空间不足是目前广场舞面临的首要问题,具体表现在:有的广场舞人群密度过大,场地拥挤,存在安全隐患;多数广场舞场地存在争抢地盘的冲突,严重者发生过民事纠纷甚至刑事案件;由于场地有限,广场舞占用居民区、交通用地等不具备休闲功能的场所,造成居民矛盾、交通拥堵;一些优质场地被过度使用,全天都有不同队伍轮流跳舞,造成广场其他功能被挤占,并引起持续的噪声污染。

其二,场地秩序问题频发。广场舞人数众多,又是在公共场合活动,面临的场地秩序问题非常复杂。

首先就是场地争夺问题。条件好的广场一般有若干个广场舞队伍同时活动,这就难免产生场地划分的矛盾。场地纠纷不仅围绕队伍占地大小,还因为音乐的互相干扰、攀比音量发生。多数场地都发生过此类冲突。跳舞人员干扰活动、谩骂、打架斗殴时有发生。除了广场舞之外,普通居民对广场也有空间需求,这样便会出现矛盾。

广场舞的秩序维持包括时间安排、场地划分和突发事件管理等方面,基本上是自主管理。领舞者协商解决不了的问题,往往遵循弱肉强食的原则,态度强硬的队伍容易争得制定规则的权利。如果冲突升级,就报警处理。但由于缺乏相关政策法规依据,秩序管理以临时行政行为居多,缺乏常态化、制度化的管理。

其三,噪声扰民现象普遍。

广场舞产生噪声的原因是距离居民区过近,并且音量过大。噪声问题在人口密集的大中型城市更为明显,在人口较少、居住分散的小城市和农村有所弱化。在条件比较好的广场,噪声的持续时间很长,除了睡觉时间,几乎全天都有音乐播放。这导致了居民和广场舞队伍之间的矛盾,也是媒体最关注的问题,见诸报端的有居民投石、放狗、购买高音喇叭对峙等各种情形。

到目前为止,这一问题呈现总体平稳、偶尔激化的局面。在我们走访的场地,广场舞群体比较强势,居民表现出抱怨、忍耐并尝试理解的状态。在发生激烈冲突的场地,一般有政府部门出面采取措施,噪声问题有所缓解。

其四，广场舞健康发展欠缺扶持和指导。

跳广场舞是个人行为，但是广场舞的健康发展却是社会问题。目前的问题，一是有盲目锻炼的现象，缺乏科学指导，存在健康隐患。二是编创力量有限，欠缺培训。三是设备短缺，影响运转。四是表演机会少，哗众取宠。

需要指出，以上广场舞问题在各地表现存在差异。总的来看，多数问题与广场舞管理中的政府缺位有一定关系，需要政府出台相应政策，采取必要措施，对资源分配和社会关系加以协调。

引导广场舞良好发展的政策建议

明确的政策目标为具体措施提供基础。简而言之，政府管理广场舞的政策可以包括，满足广场舞群体的正当需求，减轻广场舞的负面社会影响，引导广场舞健康发展。

具体措施可以侧重如下几个方面。

第一，加大投入，提供公共服务。政府应进行财政投入，帮助解决场地紧缺、设施不足和服务不到位的问题，可以适当鼓励社会力量参与。

扩大场地来源。适当开放体育场馆、文化场馆（学校场馆在调查中争议很大，应考虑可行性问题）等室内外公共活动场地，共建共享，增强容纳能力。提供服务设施。在充电地点、饮用水、公共厕所建设等方面给予帮助。有条件的地区可根据实际情况对音乐、舞蹈设备给予支持。完善配套保障。加强急救、安保、治安等方面的制度建设，提高应急事件的处理能力，做好安全预案。

第二，制订规则，规范广场舞发展。要改变广场舞管理政府缺位的现状，出台政策，明确权责，维持广场舞的正常秩序，控制负面社会影响。

纵向上明确地方政府职责（如区县级政府），横向上加强文化、体育、公安、环保等部门的分工协作。建立问题响应制度。群众有问题有地方投诉，出现问题及时解决。建立社会自我管理机制。鼓励成立各级广场舞协会，发挥行业组织、广场舞团队负责人、领导和志愿者的作用，引导群众自我服务、自我教育、自我管理，营造社区文化。创新工作方法。采用先进的技术手段和适当的管理手段，妥善协调噪声、场地秩序、空间占用等问题。

第三，积极引导，倡导"文明广场舞、健康广场舞、活力广场舞"，充分发挥广场舞对社会主义文化建设的正面作用。

加强宣传，提倡文明行为，提升公德意识，引导广场舞群体主动树立积极的社会形象。提供科学指导和培训，鼓励内容健康向上、群众喜闻乐见的舞蹈编创和推广。尊重和鼓励民间自我创作，搭建表演和交流平台，提供展示机会，调动群众积极性，发挥群众创造力。

广场舞是老年群体利用公共空间释放需求的方式，既不是唯一方式，也未必是最理想的方式。出台广场舞政策是"治标"，而"治本"则是要提供更多符合这一群体需要的基础设施和服务，疏导他们的需求，化解资源拥挤危机，缓解利益冲突。

广场舞在审美品位、休闲习惯、公共理念上体现了一代人的特色，这种特色是否具有传承性很难轻易下结论。在现实中，既有年轻人对广场舞嗤之以鼻，也有年轻人积极参加广场舞。何况，流行文化变幻莫测，其产生和普及虽然有一定规律可循，但又充满了偶然性。我们很难预测广场舞能"红"多久，只知道这部分群体的需求在相当长一段时期都会存在。广场舞政策的长远意义在于，政府关注这部分群体、关注他们的文化需求，这既是改善民生、以人为本的体现，也是维护社会稳定的需要。

为什么广场舞这一文化现象如此值得关注？老百姓茶余饭后，唱唱跳跳，为什么要有相应的广场舞政策？广场舞有如此庞大数量的、同质性的群体参与，广场舞使用的是公共空间，产生了明显的外部性。这些都决定了广场舞不仅仅是个文化活动的问题，更是个社会问题。广场舞问题的背后，是不同群体的文化习惯在现代社会的冲突。伴随经济发展到一定程度，生活水平提高，人们越来越重视文化生活的权利。文化生活是多元的，在代与代之间、不同收入水平和教育水平的人之间是有差别的。就广场舞而言，社会已经自发形成了一些机制，就跳舞时间、地点、音量等达成理解和共识。但仍然存在很多矛盾，各地广场舞的冲突事件时有发生，对公共环境、公共秩序造成负面影响，不利于公共文化资源的有效利用，这些都要求政府有所作为。

中国社会正在经历快速发展和转型，围绕文化需求、文化利益的冲突可能会增多，而我们在处理这些问题上还缺乏经验，在政策上也没有先例可循。广场舞政策是运用公共文化政策工具解决当代文化矛盾的新探索。

需要指出的是，目前媒体在广场舞的报道上存在一些偏颇。一是过分强调冲突，渲染群体间的对立；二是娱乐"大妈"，用夸张形象包装广场舞，哗众取宠；三是对相关政策断章取义，以讹传讹。广场舞政策的出台，需要做好充分的媒体沟通，对政策进行正确解读，避免社会产生误解。在文化结构日益复杂的中国社会，我们需要一种宽容、友善的舆论氛围，鼓励彼此尊重和包容不同的文化习惯，共同营造多姿多彩的文化生活。我们需要的是相互理解、凝聚共识的社会文化，不需要彼此分化、割裂、冲突的文化群体。政府与社会应共同营造健康、和谐的文化氛围，整合社会文化关系，为繁荣社会主义文化而努力。

纯净世界，激情共舞

——2022年北京冬奥会的理念设计建议

陶东风　陈国战[*]

2015年7月31日，北京携手张家口成功获得2022年冬季奥林匹克运动会的主办权，举国上下为之欢腾。然而，正像王安顺市长在接受采访时所说："北京申奥成功了，我们的确有喜悦，也开始觉得这副担子沉甸甸的！"可以预见，在未来的七年时间里，为了履行《申办报告》提出的各项承诺，我们将有大量的工作要做，其中当务之急就是冬奥会的理念设计。

自1984年洛杉矶奥运会开始，理念和口号作为一届奥运会的重要标志，越来越受到国际奥委会和主办城市的重视。这是因为，现代奥运会的意义已经远远超出了体育竞技本身，它既是不同国家、不同文明相互交流的平台，也是主办国和主办城市展示自我形象和价值追求的窗口。一届奥运会的理念和口号，既体现了主办方对奥林匹克精神的理解和尊重，也展示了主办方的精神面貌和价值追求。借助于奥运会的强大影响力，这些理念和口号可以得到广泛传播，从而达到塑造良好国家和城市形象、寻求国际社会理解和支持的作用。

---

[*] 陶东风，首都师范大学文化研究院常务副院长；陈国战，首都师范大学文化研究院研究人员。

设计原则

作为一个崛起中的大国，中国亟须得到国际社会的理解。因此，2022年冬奥会就成为继2008年北京奥运会、2010年上海世博会后的又一个重要契机，其理念和口号的设计需要精心斟酌。在我们看来，2022年北京冬奥会的理念设计应把握以下四个原则。

第一，与奥林匹克精神及其改革精神保持一致，让冬奥会回归体育运动的本质。《奥林匹克宪章》提出，奥林匹克精神就是相互了解、友谊、团结和公平竞争的精神。它强调的是广泛参与，以及在参与过程中达成的不同人群之间的相互理解和团结，而不是比赛的输赢或国家的荣誉。2014年12月，国际奥委会第127次全会通过了《奥林匹克2020议程》。这一文件被看作是未来15年奥林匹克运动发展的"路线图"，对奥运会的发展具有重要的指导意义。其中的改革涉及很多方面，主要体现为降低办赛成本、可持续发展、提高公信力、吸引全球民众关注等。不难看出，这其实是对奥林匹克精神的重申，意在纠正奥运会被过度商业化和政治化的趋势，使其回归体育运动本身。作为《奥林匹克2020议程》颁布后评选出的第一个奥运会主办地，2022年北京冬奥会的理念设计应充分体现奥林匹克精神及其改革精神，淡化冬奥会的商业色彩和政治色彩，让冬奥会回归体育运动的本质。

第二，在与中国传统文化保持一致的同时，着力挖掘其中的普遍价值和体育元素。如今，奥运会已成为主办国对外展示本国历史和文化的重要舞台，综观历届奥运会，无不打上了鲜明的本土文化色彩，这体现在奥运会的方方面面，如比赛场馆的建设、开闭幕式表演、奥运火炬和吉祥物的设计、礼仪人员的服装等。在这方面，2008年北京奥运会留下了很多宝贵经验，但也存在一些明显不足，需要我们注意。

（1）我们不应该把奥运会单纯当成民族文化的集中展演，还应该着力挖掘其中具有普遍意义的价值和内涵，以寻求与世界各国文明的对话。正像习近平总书记所说："2022年冬奥会在中国举办，将有利于推动中华文明和世界各国文明交流互鉴。"这也就是说，通过奥运会展示民族文化本身并非最终目的，展示不是为了炫耀，而是为了相互交流、增进理解。

（2）奥运会毕竟是一场体育盛会，在呈现民族文化时，我们不能撇开体育不顾，而应该突出其中的体育传统和运动元素。在这一点上，2008年北京奥运会做得也不够充分。

第三，在与2008年北京奥运会保持一致的同时，也要有所超越。在历史上，北京是首个既主办过夏季奥运会，又将主办冬季奥运会的城市，前后相差仅14年。《申办报告》提出，我们将充分利用2008年奥运遗产。显然，这份遗产不仅包括大量的场馆资源，以及主办大型赛事的经验，还应该包括2008年奥运会留下的宝贵精神财富。在2008年奥运会上，我们提出了"绿色奥运、科技奥运、人文奥运"的理念，以及"同一个世界、同一个梦想"的口号，表达了中国开放、包容、现代的国家形象；广为传唱的奥运歌曲《我和你》《北京欢迎你》等呈现出中国人民热情、好客、自信的精神面貌，给世界留下了良好印象。开幕式表演更是大气恢宏，将现代科技手段和古典艺术精神完美融合，全面展现了中华优秀传统文化，让世界惊艳。在设计2022年冬奥会的理念和口号时，我们要充分考虑与2008年北京奥运会的一致性和连贯性。

同时，对于2008年北京奥运会的一些不足，我们也应该有所超越。其中最为重要的是，不管是我们提出的理念和口号，还是开幕式表演，都缺少一些娱乐精神和体育元素，显得过于严肃和凝重。体育的本质不是你死我活的争夺，而是一种轻松的娱乐，因此，奥运会的理念和口号不应该是一本正经的宣教，而应该有一些活泼的成分。而在2008年北京奥运会开幕式上，每个人的动作都整齐划一、高度一致，完全听从于导演的指挥，没有任何自由发挥的空间。在这里，每个个体都成为营造宏大场面的工具，每个动作都是机械地完成导演的意图，这种集体操式的表演虽然营造了恢宏的气势，却忽视了个体的价值，不能体现对个体的充分尊重，也有悖于奥林匹克精神对个体价值的强调。在这一点上，2012年伦敦奥运会开幕式就截然不同，从场面上看，它显得不够规整，甚至有些混乱，每个人都各行其是、自得其乐，但是，每个人都在享受自己的表演，每个人的表演都有独立的价值，这体现了对个体的充分尊重。在这背后，其实是两种完全不同的价值观——集体主义和个人主义，在主办 2022 年冬奥会时，我们应该对两者都有所超越——在集体与个体之间、规整与自由之间寻找平衡。

第四，与《申办报告》保持一致，做到言必信、行必果。2015 年 1 月 6 日，北京冬奥申委向国际奥委会提交了《申办报告》，提出了"以运动员为中心、可持续发展、节俭办奥"三大理念，获得国际奥委会的高度认可。国务院副总理刘延东在申办陈述中说："作为负责任的国家，我们言必信、行必果，我们将兑现所有的承诺。"因此，在冬奥会的筹办过程中，包括在提炼和设计冬奥会的理念和口号时，我们一定要与当初的《申办报告》保持一致，体现"以运动员为中心、可持续发展、节俭办奥"三大理念。

基于这些原则，我们建议将"纯净世界、激情共舞"作为 2022 年冬奥会的理念，将"走进一个纯净的世界"或"与世界同行、与冰雪共舞"作为 2022 年冬奥会的口号。理由如下。

"纯净世界"：中国追求的价值目标

与夏季奥运会不同，冬奥会是在冬天举行的，包括冰上项目和雪地项目，可以说是在冰雪世界里举行的体育盛会。不管是在中国传统文化里，还是在世界其他文明里，冰雪都是纯净的象征——汉语里的"冰雪聪明""冰清玉洁""冰魂雪魄"等词语，表达的都是一种纯洁无瑕的品质；在西方文化里，人们也常常用冰雪来象征一种纤尘不染的美好品质，如《白雪公主》《冰雪奇缘》等。因此，冰雪世界就是一个纯净的世界，在这一点上，中华文明与世界其他文明具有相通之处。

进而言之，"纯净世界"也是一个透明的世界、一个阳光的世界、一个远离雾霾，同时也远离暴力、强权和阴谋诡计的世界。因此，"纯净世界"既可以指纯净的自然环境，也可以引申为一种社会发展理想、一种国际关系愿景，与中国传统文化中所描述的"大同世界"具有相同的内涵。选择"纯净世界"作为北京冬奥会的核心理念，可以完整表达中国政府和人民追求的价值目标，具有三层相互关联的含义——

纯净的自然环境、纯净的社会生活、纯净的国际关系。

第一，纯净的自然环境。自然界中最纯洁、最干净之物莫过于冰雪，冰雪世界晶莹剔透、雪白无瑕，没有尘土，更没有雾霾。选择"纯净世界"作为2022年冬奥会的核心理念，不仅与冬奥会的举办环境高度契合，而且可以表达我们治理环境问题的目标和决心。

近些年来，随着中国经济的高速发展，生态环境问题越来越凸显，不管是在国际上，还是在国内，环境问题都引起了不少人的忧虑，给中国的国家形象造成了严重的负面影响。特别是作为首都的北京，空气污染、交通拥堵等问题更为突出。面对这种形势，2015年3月24日，中共中央政治局会议审议通过了《关于加快推进生态文明建设的意见》，将"绿色化"确立为一项"政治任务"。在申办冬奥会的过程中，北京及周边城市的大气污染治理也在加快进行。2014年，北京通过了修订的《北京市大气污染防治条例》，使大气污染防治工作有了强有力的法制保证。同时，北京还实施了《2013—2017年清洁空气行动计划》，采取了一系列治理措施。截至2014年底，北京的大气污染排放量大幅下降，2014年空气质量为优的天数是93天，同比增幅达31%；北京空气中细颗粒物PM2.5导致的重污染天数为45天，同比降幅为22%。

在这样的背景下，将"纯净世界"作为冬奥会的理念，有利于国内民众和国际社会了解中国政府在环境治理方面的决心和努力，并以筹办冬奥会为契机，进一步向公众普及环境保护意识和生态文明观念，激发公众参与环境保护和生态文明建设的热情。

第二，纯净的社会生活。许多童话故事都借助于冰雪世界象征纯洁美好、充满阳光、没有阴谋诡计的社会生活和人际关系。将"纯净世界"的理想投射到社会生活中，就是要建设一种公平、正义的社会秩序。在政治领域，"纯净世界"就是一个透明的世界，远离各种各样的"暗箱操作"和"潜规则"，让权力在阳光下运行。这与习近平总书记对党员干部提出的要求——"堂堂正正做人、老老实实干事、清清白白为官"，是高度一致的。在经济领域，"纯净世界"意味着经济活动的规则化，恪守公平竞争、尊重市场规律、减少人为的行政干预，让市场在资源配置中起决定作用。在人际关系领域，"纯净世界"就是社会主义核心价值观倡导的"诚信""友善"的日常生活世界。总之，将"纯净世界"作为冬奥会的理念，可以概括和传达我们在国内社会建设方面的价值追求。

同时，这种价值追求也体现了奥林匹克精神的深层内涵。奥林匹克精神与法制精神是内在相通的，它们共享的价值理念就是公平、公正，规则面前人人平等。奥林匹克思想体系用体育的公平竞赛和一视同仁的裁决，确立了它公正、公平、诚信的价值观。现代奥林匹克之父顾拜旦在《体育颂》中就表达了这样的思想："哦，体育，你就是正义！你体现了社会生活中追求不到的公平合理。任何人不得超过速度一分一秒，逾越高度一分一厘。取得成功的关键，只能是体力与精神融为一体。"因此，我们可以将举办冬奥会与践行社会主义核心价值观结合起来，让公正、法治、诚信等价值观念深入人心，建立一个纯净的社会生活世界。

第三，纯净的国际关系。在国际关系领域，"纯净世界"就是一个远离纷争、没有硝烟、刀枪入库、马放南山的世界。当前，世界局势在总体和平稳定的同时，也纷争不断、战火四起。在这种背景下，将"纯净世界"作为冬奥会的理念，可以表达中国人民追求世界和平的美好愿望和坚定信念；体现中国政府在解决国际争端问题上的一贯主张，即通过和平对话方式解决争端，而不是诉诸武力；同时，也有利于消除外界对"中国崛起"及"一带一路"建设的误解和疑虑。

奥运会是最具影响力的世界体育盛会，借助于电视转播，能够吸引数十亿人关注。有数据显示，2008年8月8日，全球共有超过40亿名观众收看了北京奥运会开幕式。因此，奥运会是我们对外传达自己的国际关系理念的重要契机。在2008年北京奥运会上，我们提出了"同一个世界、同一个梦想"的口号，展现了中国政府宽广的国际胸怀，以及追求世界和平的真诚愿望，赢得了普遍认同和好感。"纯净世界"与此一脉相承，借助于这次冬奥会，我们还可以在"和谐世界"理念的基础上，提出建立"纯净世界"的理念，将生态文明建设、国内社会建设和国际关系建设统筹协调起来。

"激情共舞":中国对奥林匹克精神的诠释

奥运会是一场体育盛会,追求"更快、更高、更强",激励运动员不断超越自我,挑战极限,展现人类的拼搏和奋斗精神。因此,奥运会的理念设计除了要体现主办方的价值追求外,还应该体现奥林匹克精神,以使其与其他盛会区别开来。如果说"纯净世界"既象征着开展冬奥会的自然环境,又传达了中国对未来世界的美好构想,那么"激情共舞"则可传达中国对奥林匹克精神的理解和尊重,这与《奥林匹克2020议程》所体现的"让体育回归体育"的精神,是高度吻合的。将"激情共舞"作为冬奥会理念的理由如下。

第一,"激情共舞"体现了奥林匹克运动的特点。不管是对于运动员来说,还是对于现场和电视机前的观众来说,奥运会带给人的最直观感受就是激情。参与和观看体育运动的意义也正在于,它能使人从日常生活的节奏中摆脱出来,在一个特定的时段和情境中,尽情体验激情的宣泄和挥发。

将"激情共舞"作为2022年冬奥会的核心理念,体现了我们对奥林匹克精神的精准诠释。与此相比,2008年北京奥运会提出的"绿色奥运、科技奥运、人文奥运"的理念,以及"同一个世界、同一个梦想"的口号,虽然也很好地表达了我们的价值追求,但却没有照顾到奥林匹克运动的特点,显得严肃有余而活泼不足。在2008年北京奥运会开幕式过后,就有学者提出,开幕式表演呈现出整齐划一的集体主义美学风格,与奥运会充满活力、动感和激情的特点颇不协调。就此而言,在2022年冬奥会的理念中引入"激情"元素,能够充分照顾奥林匹克运动的特点,弥补2008年北京奥运会的缺憾。

第二,"激情共舞"契合冬奥会项目的特点。与夏季奥运会相比,冬奥会项目一般速度更快、难度更高,也更惊险和刺激,如速度滑冰、高山滑雪、跳台滑雪等。正是由于这种原因,历届冬奥会的口号都更加突出"激情"元素,比如,2002年盐湖城冬奥会的口号是"点燃心中之火"(Light the Fire within)、2006年都灵冬奥会的口号是"永不熄灭的火焰"（An Ever Burning Flame）、2010年温哥华冬奥会的口号是"用炽热的心"（With Glowing Hearts）、2014年索契冬奥会的口号是"激情冰火属于你"（Hot. Cool. Yours）。或许正是为了表达对冬奥会特点和传统的尊重，北京冬奥申委确立的申办理念是"纯洁的冰雪、激情的约会"；在获得冬奥会主办权后，又在声明中提出："在2022年中国的传统节日春节期间，在万里长城脚下，用'纯洁的冰雪'，邀约全世界的朋友们共赴一场'激情的约会'。"可见，在2022年冬奥会理念中突出"激情"元素，既契合我们当初确立的申办理念，又与冬奥会的特点和传统保持了一致性和连贯性。

冬奥会项目的另一个特点是突出的艺术性，如花样滑冰、自由式滑雪等。特别是花样滑冰，因其技巧性和艺术性的完美融合，早有"冰上芭蕾"的美誉。因此，在冬奥会理念中突出"舞"的元素，不仅更加名副其实，还能够淡化竞技体育的输赢争夺，使其回归运动的本质。

第三，"激情共舞"更能吸引年轻人参与冰雪项目。毋庸讳言，由于自然环境的限制，目前我国冰雪运动的基础依然较为薄弱，它不像夏季奥运会项目一样广为人知，参与冰雪运动的人就更少了。只是到了最近一些年，随着申雪、赵宏博、杨扬、王濛等运动员取得佳绩，冰雪运动才逐渐为国人所了解。王安顺市长提出："2008年北京奥运会推动了中国夏季体育运动的普及，如果成功申办冬奥会，也将加快中国冬季运动的推广，提升人民的健康水平，影响一代甚至几代人的成长和生活方式。"据统计，目前我国有13.6亿人口，其中约4亿人是青少年，冰雪运动发展潜力巨大。在申办过程中，北京冬奥申委一直强调：如果北京申办冬奥会成功，将可以带动3亿人参与冰雪运动。这既是我们申办冬奥会的优势之一，同时也可看作是对国际奥委会的承诺。鉴于冰雪运动的特点，年轻人无疑是参与冰雪运动的主力军，如果我们在冰雪运动与"激情"之间建立关联，将冰雪运动打造成一种时尚、刺激、充满激情的运动方式，显然更有利于激发年轻人的参与热情，加快冰雪运动的开展，完成我们对国际奥委会的庄严承诺。

第四，"激情共舞"与2008年北京奥运会的精神一脉相承。2008年，我们提出了"同一个世界、同一个梦想"的口号。奥运会主题曲

《我和你》表达了"同住地球村"的"居民"相聚北京、共襄盛会的理念。与此相一致,"激情共舞"中的"共"字也体现了对世界各国朋友的热情邀约,一如既往地表达了中国人民热情、好客、自信的精神面貌。同时,"激情共舞"既指同场竞技,也喻示了不同文明和价值观念在同一平台上的共处和交流。费孝通先生曾提出不同文明对话和交往的原则,即"各美其美,美人之美,美美与共,天下大同"。显然,"激情共舞"也表达了相同的文明观。因此,与"纯净世界"一样,"激情共舞"也能够传达我们的国际交往原则,以及对不同文明在未来和平共处的期待。

结　语

基于以上考虑,我们认为应该将"纯净"作为2022年北京冬奥会理念和口号的关键词,它可以涵盖我们在自然环境、社会生活、国际关系三个层面的价值追求。同时,冬奥会毕竟是一场体育盛会,为了契合奥林匹克精神,体现冬奥会的特点和传统,我们应该在理念中凸显体育精神和激情元素。为此,我们提出以下理念和口号以供参考——"纯净世界、激情共舞""走进一个纯净的世界""与世界同行、与冰雪共舞"。

冰雪激情，生生不息

——2022年北京冬奥会定位与中国文化传统的融合

魏　军　范　喆[*]

北京与张家口联袂获得2022年冬季奥运会举办权，开创了现代奥运史的新纪录：北京成为第一个既举办过夏季奥运会又将举办冬季奥运会的城市，也是第一个在14年内连续举办奥运会的城市。这是世界对中国和北京承办大型体育赛事的综合能力的认可。

这一前无古人的成就，对2022年冬奥会的举办也是一个挑战：北京不仅要在冬奥会的历史行列中办出自己的特色，也需要进一步超越2008年已经取得的不凡成就。其中的一大课题是，相对于以往冬奥会和2008年北京奥运，要提出另辟新境界的定位。

在申办期间，北京冬奥申委提出了"纯洁的冰雪，激情的约会"的申办主题，并举办了征集申办口号的活动。这一征集活动的遴选结果未见公布，广为人知的仍然是"纯洁的冰雪，激情的约会"这句话。按照惯例，北京冬奥组委会还将集思广益，推出2022年冬奥会的会徽、口号和理念，这些口号与申办的口号会有所区别。例如，北京申办2008年奥运会时的口号是"新北京，新奥运"，2005年发布的2008年奥运会的口号则是"同一个世界，同一个梦想"。

根据北京冬奥会的规划，2022年冬奥会将在中国的传统春节期间举行。可以预想，届时，参加冬奥会的各国代表团成员会对中国春节隆

---

[*] 魏军，清华大学国情研究院研究人员；范喆，北京修远基金会研究员。

重热烈的氛围产生强烈的兴趣，中国社会各界也会将春节和传统文化作为推广和参与北京冬奥会的重要"触发点"。我们认为，2022年冬奥会的定位最好能够有机地融入中国传统（尤其是春节传统）的要素，提出在全球有普遍性意义、可以被广泛认知的概念；2022年冬奥会的理念和口号，最好能够为阐释中国春节和传统文化留有空间，由此展示北京冬奥会的人文深度。

基于这一考虑，我们提出"冰雪激情，生生不息"的定位设想，以期抛砖引玉。

冰雪与激情（火）：21世纪冬奥会的两个核心要素

在1984年洛杉矶夏季奥运会之前，口号并不是奥运会很重要的一个元素。由于传播及其媒介的快速发展，口号、理念、会徽等在奥运会举办、举办国文化传播、全球文化交流中的作用越来越被强调。

冬奥会口号设计的风格倾向在21世纪有所变化。1998年长野冬奥会的口号是"让世界凝聚成一朵花"（From around the world to flower as one），这一口号的设计思路与夏季奥运会口号的设计思路比较接近，并不强调冬季奥运会相对于夏季奥运会的独特性。进入21世纪，从2002年盐湖城冬奥会到2014年索契冬奥会，历届的口号都从"火"或者"冰"的角度强调了冬奥会的独特性。

2002年盐湖城冬奥会的口号"点燃心中之火"（Light the Fire within）、2006年都灵冬奥会的口号"永不熄灭的火焰"（An Ever Burning Flame）、2010年温哥华冬奥会的口号"用炽热的心"（With Glowing Hearts），核心的概念都是"火"或者"热"。强调"火""热"的潜台词是，冬季冰雪世界的寒冷，需要"火"、热情与能量。2014年索契冬奥会的口号"激情冰火属于你"（Hot. Cool. Yours），将hot与cool的对比直接呈现出来：虽然天气很冷，但有火热的心，有你我的激情。

2022年北京冬奥会的口号设计，可以有多种思路。例如，可以与

21世纪以来强调"火"与"冰"的潮流相区别，不一定再强调"冰"（及其对照物"火"）这一冬奥会的独特性，重新回到夏季奥运会口号设计的思路，只需表达奥运会的理念，可不管是寒还是暑。也可以仍然沿着21世纪的潮流做文章，强调"火"与"冰"这些特殊要素，同时结合中国的特点加以变化。还可以综合前两种思路，不以"冰"（"火"）为主要要素，但略有顾及。

我们提出"冰雪激情，生生不息"的定位设想，尝试的是在21世纪冬奥会潮流的基础上继续推进的思路。"冰"与"火"、冰雪与激情的对比和结合，跟寒与暑、阴与阳等中国文化的核心意象高度相关。而且，春节正处于寒暑交替的关键节点，中国传统文化对于这种对立意象的变化融合，有着丰富的深入洞察和论述，为我们思考冬奥会的定位和口号，提供了丰厚的文化土壤。

春节的文化含义与"生生不息"的理念

从联系中国春节的角度切入，为2022年北京冬奥会寻找定位，也可以有多种思路。其一，从最广为人知的春节特点汲取灵感，例如祥和、欢乐、团聚等概念，尤其是"团聚"。这一角度切入，跟冬奥会自身的独特性的关联并不大，这样的思路更接近于夏季奥运会的定位设计思路。这里暂不讨论。

其二，从春节辞旧迎新、春秋代序的节日特点及生生不息等节日文化蕴涵切入，寻找可以描叙冬奥会独特性的概念。"生生不息"便是一个容易理解、很有阐释空间的概念。将"冰雪激情"（或"冰雪之火"）意象与"生生不息"合并，最浅表的含义即是寒冷的冰雪，与人们的激情，相互激荡、相互交融、生生不息、绵延持久。"生生不息"，在指出冰雪竞赛热情的"持久性"之外，更指出了这种持久性的动力与源泉，即"冰雪"的客观情境与"激情"的主观介入之间的"化学反应"。

古代中国人创立"春节"，将其作为一年的开端，包含和呈现了阴阳调和、生生不息的观念。中国传统历法并重太阳和月亮，不像西方历法以太阳为唯一依据。古代历法根据月亮圆缺，把每半个月称为一个"朔望"，"朔日"为各月之始，又称"元日"，"望日"为月圆之日。"年"或"岁"的观念，则是先民观察地球围绕太阳运行所产生的现象，基于春夏秋冬四季周期变化和农业劳作周期的规律，逐渐形成。春节是新年的开端，也是新季节的开端、新月份的开端。汉代《尚书大传》说："正月一日为岁之朝，月之朝，日之朝，故曰：'三朝'，亦曰：'三始'。"隋代杜台卿《玉烛宝典》说："正月一日为元日，亦云'三元'：岁之元，时之元，月之元。"

春节意味着一年过去了，冬天过去，春天到来，新的一年开始，一元复始，万象更新，新陈代谢，生生不息。从历法看，春节是显现"刚柔相摩，八卦相荡"，"日月运行，一寒一暑"（《周易·系辞上》）的阴阳交感变化最为重要的时间节点。

古代中国将"生生不息"视为"易"的核心内涵。《周易·系辞上》"阴阳为道"章这样说：

> 一阴一阳之谓道，继之者善也，成之者性也。……富有之谓大业，日新之谓盛德，生生之谓易，成象之谓乾，效法之谓坤，极数知来之谓占，通变之谓事，阴阳不测之谓神。

其中说，"生生"就是"易"，所谓"易有太极，是生两仪，两仪生四象，四象生八卦，八卦定吉凶，吉凶生大业"，可以看作"生生"的机理。晋代韩康伯注释"生生之谓易"，意思是"阴阳转易，以成化生"，"生生"就是阴阳两仪交感产生的变化。北宋大儒周敦颐的《太极图说》发挥阐释"生生之谓易"，"二气交感，化生万物，万物生生而变化无穷焉"。主要的意思，也是阴阳交感从而有万物生生不息的变化。

"生生不息"一词，即出自对易学思想的阐释。例如，曾师从周敦颐的程颢、程颐明确地指出，天地自然之道在于化生不已，"道则自然生生不息"（《河南程氏遗书》卷十五）。南宋杨万里在《诚斋易传》中说："易者，何物也？生生无息之理也。"清代戴震在《孟子字义疏证·道》中说:"人道,人伦日用身之所行皆是也。在天地,则气化流行,生生不息,是谓道;在人物,则凡生生所有事,亦如气化之不可已,是谓道。"戴震的论述延续了周敦颐"二气交感,化生万物"的思想,并认为,无论天与地交感的自然,还是人与物交感的人事,都有生生不息之道。

从意象上说,自然冰雪之"寒"与人伦激情之"火",一阴一阳,一寒一暑,对立交感,相反相成。冬奥会的冰雪自然与激情赛事之间的交感互动,也可以有"生生不息"的境界,成为"万物生生而变化无穷"的一个范例。在中国及周边一些国家,人们对于"生生不息"的共同祈望和祝愿,在春节期间表达得最为充沛和浓烈。2022年北京冬奥会在春节期间举行,奥运赛场冰雪与激情交感互动、"生生不息"的运动实践,与亿万公众对于"生生不息"的美好祝愿,融汇在一起,可以让"生生不息"这一中国文化理念为全球所共感共知,成为一种在全球得到广泛认可的价值概念。

"万物生生"可以成为具全球普遍意义的价值观

从中华文明发展历程来看,生生不息是它的一个基本特质。中华文明是全球唯一一个未曾断绝、延续至今的古老文明,可谓生生不息、绵延不绝。中华文明之所以能够生生不息,一个关键原因,便在于"生生不息"的文化观念的确立、延续与不断发展。

"天地之大德曰生"(《周易·系辞下》),"生生不息"本质上是中国先民建构的宇宙观。南宋理学家朱熹这样阐释:"天地别无所为,只是生物而已,亘古亘今,生生不穷。"(《朱子语类》卷五十三)中国这种有机的宇宙观与西方机械的宇宙观很不一样。在中国文化中,"宇宙"不是机械的、死寂的物理时空结构,而是生机勃勃的有机生命场所。中国的宇宙观不是机械的而是有机的,不是片面的而是整体的。正如英国著名科学史家李约瑟在《中国科学技术史》中所指出:"当希腊人和印度人很早就仔细地考虑形式逻辑的时候,中国人则一直倾向于发展辩证逻辑。与此相应,在希腊人和印度人发展机械原子论的时候,中国人则发展了有机宇宙的哲学。"①

在中国传统思想的视野中，天地之所以生生不息、化生不已，原因在于阴与阳的对立、调和与统一。阴与阳的交感、"生生"与变易，是中国古代思想的辩证法，一是将事物看作矛盾的统一体，在对立和矛盾中理解事物；二是强调把握时势，因时制宜。

阴阳调和、多元并存、生生不息的理念，放在冬奥会"冰雪"自然与"激情"参与这一对有着强烈反差的矛盾体和谐互动的语境中，比较容易得到理解。"冰雪"与如"火"的激情，看起来很矛盾，但可以并存互动，并促生让这种激情生生不息、绵延持久的动力和愿景。

"冰雪"与如"火"激情的交感互动，是更广泛的"生生不息"价值观的隐喻。"生生不息"，不仅指阴阳两仪的"生生"，也指世界万物的"生生"。在冬奥会的舞台上，"生生不息"和"万物生生"也意味着，异质的多元文明，同样可以交感互动、相互砥砺、共同进步。

更广泛地说，在现代世界，尤其需要"万物生生"的视野和价值观。需要认识到，异质多元文明的并存，是一种客观存在、是走向更美好的未来世界的基础。不要企图用一种文明去改变或统治其他文明，这种思想曾经并将继续给世界带来灾难，事实上永远不可能实现其目的。需要认识到多元异质文明并存的客观必然性，应当放弃建构一元世界的谵妄设想，自觉地以多元异质文明为基础，寻求异质互动、"万物生生"的美好未来。2022年北京冬奥会，正是使"万物生生"观念广为传播并广受认同的良好契机。

源自中国传统思想的"万物生生"观念，成为被普遍认同的全球普遍性价值，并非不切实际的幻想。中国传统观念的全球普遍化，早有先例可循。一个重要的例子是"仁"的观念成为联合国《世界人权宣言》的核心概念之一。

《世界人权宣言》的起草委员会主席是美国总统富兰克林·罗斯福的夫人艾琳诺·罗斯福，该委员会唯一的副主席是曾任清华大学第一任教务长、南开大学前校长张伯苓的弟弟张彭春。张彭春认为，《世界

---

① 〔英〕李约瑟：《中国科学技术史》第一卷，科学出版社、上海古籍出版社，1990。

人权宣言》初稿中的"人被赋予理性"的表述,太受西方的"上帝"和"自然法"观念的影响,他建议加上"仁",因为"仁"字里有"二",反映一种"Two Man Mindedness"(对他人的关心),联合国《世界人权宣言》的最终文本部分采纳了张彭春的观点,把"理性(reason)和良心(conscience)"并列为人的基本特征。①

这一范例提示我们,应当有自信和自觉,将2022年北京冬奥会作为彰扬"万物生生"价值观的契机和平台。

"贞下起元"与"生生不息"

从中国国内建设的角度说,强调"生生不息""万物生生"的理念也有重要意义。也就是说,"生生不息""万物生生"在北京冬奥会期间有着广阔的阐释空间。

例如,2022年冬奥会由北京与河北省的张家口市共同举办,这两个城市差距颇大,它们的合作便需要"万物生生"的视野。北京已经是全球性的大都市,资源雄厚,动员能力强大,而张家口市相对落后,相当部分地区仍然是贫困地区,经济文化发展水平都不高。这两个城市之间的合作,既需要以强补弱(中央和北京市都需要给予张家口更多的支持),也需要正视不同地区的差异和各自长处,张家口市需要发掘自身的优势和独特性,使得2022年冬奥会更具有多样性和丰富性。

又如,在环境保护方面,也需要有"万物生生"的视野。从冬奥会会场建设的角度说,可以充分全面调查区内地理资源,发掘和合理利用各地的资源优势,想方设法避免让个别环境保护的议题发展为在国际上备受非议的议题,更要避免出现一定规模的环境保护运动。从全国环保事业的发展而言,"万物生生"理念的重要性更是不言而喻。

再如,"生生不息""生生之谓易"包含"贞下起元"的观念,这一观念对于理解当前中国乃至世界的发展阶段有着重要意义。

"贞下起元"的意思是,天道人事循环往复、周流不息,可视为

---

① 参见崔之元《西柏坡与后现代》,《社会观察》2012年第2期。

"生生不息"的一种构成形式。"贞下起元"语出《易·乾》"元亨利贞"，尚秉和曾注："元亨利贞，即春夏秋冬，即东南西北，震元离亨兑利坎贞，往来循环，不忒不穷。""元亨利贞"对应春夏秋冬四季，"元"可理解为"春"，"贞"可理解为"冬"，"贞下起元"可理解为冬去春来。

从全球来看，2007年开始的全球金融危机与经济危机还在发展，全球经济萧条的局面尚未得到根本的化解，这一危机呈现了全球资本主义发展的深刻危机，全球不同国家和国际格局都需要相应变革来克服危机。

从中国来看，一方面，此前三十余年的高速发展为中国复兴积累了坚实的基础；另一方面，近年来中国经济也受到全球经济危机的影响，经济增长速度开始明显放缓，此前积累的一些问题（例如社会差距扩大问题、腐败问题等）逐渐暴露，中国复兴与"中国梦"的实现，需要有效应对这些挑战。

同时需要看到，目前遭遇的种种难题和挑战，都是发展中的问题。拉长历史的视野，2022年将是中国发展的一个重要节点。根据目前两个"一百年"的规划，2021年是第一个"一百年"（中国共产党建党一百周年），中国将实现全面小康；2049年"建国一百周年"，人均收入达到中等发达国家水平。2021年，以习近平同志为总书记的党中央的第二个任期也将进入"收官"阶段。实现全面小康，将是习近平同志为总书记的中央领导集体承担的历史使命；2022年北京冬奥会，则是展示全面小康成果的历史契机。实现这一历史使命，需要坚持有中国特色的社会主义道路，成功应对国际国内的各种难题和挑战。

从这个意义上说，2022年冬奥会是迎接全面小康时代到来、具有重要历史意义、令人充满期待的时间节点。北京冬奥会的举办，将提升整个社会实现全面小康的意志力和战略自觉性。面对全球经济危机和国内难题的挑战，需要有团结群众、克服困难、创造历史的自觉，也即"贞下起元"的历史自觉。真正具有历史性意义的成就，不是那种仅靠继承的成果，而是勇于克服困难、承担历史责任、经历艰苦奋斗而获得的胜利。这是中华民族在新的历史时期生生不息的基础所在。

应将故宫建设成为展示"国家文明"的爱国主义教育基地

王 彬[*]

北京故宫博物院（以下简称故宫）是世界五大博物馆之一。其他四家是：英国大英博物馆、法国卢浮宫、美国纽约大都会博物馆与俄罗斯的埃米塔什博物馆（冬宫）。在藏品的数量上，大英博物馆有600万余件、埃米塔什博物馆有270万件，故宫只有180万件。在藏品的种类上，其他四家博物馆均为世界级别，故宫的藏品基本以我国为主，相差甚远，以藏品的世界性为标准，故宫处于其他四个博物馆之后。

国家级别的博物馆既是民族的文化高地，也是国家强有力的文化符号，如何更好地发挥故宫的作用，使其既作为赓续、展示与宣传我国优秀文化的载体，展示国家形象，又作为我国社会主义文化事业建设的有力抓手，促进中国梦实现，是一个应该从国家战略高度认真思索与亟待解决的问题。

紫禁城建筑群的构成

故宫的前身是明清两朝皇帝居住的紫禁城。1924年，冯玉祥发动

---

[*] 王彬，鲁迅文学院副院长、研究员。

北京政变，将逊帝溥仪逐出①，次年成立北京故宫博物院。与紫禁城相配套的建筑群，尚有太庙（今劳动人民文化宫）、社稷坛（今中山公园）、皇史宬与景山（今景山公园）。

具体位置如下。

1. 太庙（北京市劳动人民文化宫）

位于紫禁城东侧，始建于明永乐十八年（1420），是明清两朝供奉祖先的处所。太庙的主体建筑有享殿、寝殿和祧殿。享殿是明清两朝皇帝举行祭祖大典的处所。寝殿供奉历代皇帝、皇后牌位。祧殿在寝殿之后，自成院落，始建于明弘治四年（1491），供奉皇帝的远祖牌位。太庙是中国现存最完整、规模最宏大的皇家祭祖建筑群，是古代最重要的宗庙建筑。

2. 社稷坛（中山公园）

位于紫禁城西侧，是国家祭祀谷神与土地神的场所，原为辽、金时期的兴国寺。明永乐十八年（1420）在此建社稷坛。社稷坛是汉白玉砌成的三层平台，最上层按照方位铺有五种颜色的土，即中黄、东青、南红、西白、北黑。坛之中央竖有一方形石柱，名曰"社主石"，又称"江山石"。石柱半埋土中，后来全部埋入土中，1950年被移走后下落不明。社稷坛之北是祭殿。

3. 皇史宬

位于紫禁城东侧，始建于明朝嘉靖十三年（1534），又称表章库，是保存明清两朝皇帝实录、圣训、玉谱——皇室家谱的处所。皇史宬的正殿为拱券无梁式建筑，称石室。室内筑有两米高的汉白玉须弥座，上面置放一百五十余个包有铜皮的樟木柜，称金匮，内置圣训、实录与玉牒等。

---

① 《关于大清皇帝辞位之后优待之条件》第一项，共八款，即（1）清帝尊号仍存不废，中华民国待以各外国君主之礼；（2）清帝岁用400万两由民国政府拨发；（3）清帝暂居宫禁，日后移居颐和园，侍卫人等照常留用；（4）清帝宗庙陵寝永远奉祀，民国政府酌设立卫兵保护；（5）光绪陵寝如制妥修，民国政府支付实用经费；（6）宫内各执事人员可照常留用，惟不得再招阉人；（7）清帝私产由民国政府特别保护；（8）原禁卫军归民国陆军部编制，额数、俸饷仍如其旧。

4. 景山（景山公园）

位于紫禁城北侧，明永乐十八年（1420），用拆除元朝宫殿的渣土和挖掘紫禁城护城河的泥土，在元代延春阁遗址上堆出一座土山，取名万岁山。清顺治十二年（1655），更名景山。《诗经》："陟彼景山，松柏丸丸。"又："望楚与堂，景山与京。"皆谓"景"为"高大"之意。乾隆在《御制白塔山总记》中写道："宫殿屏扆则曰景山"，把高耸的景山视为紫禁城北部的屏障。

《周礼》阐述规划王城（首都）时的一个重要原则是："左祖右社"，宫城居中，左侧营建宗庙，右侧营建社坛。明清两朝的太庙与社稷坛便是依据这个原则建立的。太庙是祖先意识，社稷坛是国家意识，二者作为"国家文明"的载体，是中华传统文化的核心部分①。

紫禁城以及在其周围的太庙、社稷坛、皇史宬与景山，既是皇权与国家的象征，也是世界唯一仅存、规模最大的古代宫殿群与具有中国特色的"国家文明"载体，而且至今保存完好，是历史馈赠今天的珍品，怎样保护都不为过。

紫禁城建筑群在 20 世纪的变化

1912 年建立民国。太庙、社稷坛、皇史宬、景山与紫禁城的名称与归属发生了变化②。

具体情况如下。

1. 紫禁城（故宫）

根据《关于大清皇帝辞位之后优待之条件》，紫禁城分为两部分，

---

① 《考工记》是春秋末期齐国的工艺官书。西汉时因为《周礼》六篇中散佚《冬官》一篇，遂将《考工记》补入，故而后世又称《考工记》为《周礼·冬官》。其中论述王城（首都）的规划是："方九里，旁三门。国中九经九纬，经涂九轨。左祖右社，面朝后市。市朝一夫。"意思是：王城有九平方里，每面城垣开辟三座城门。城内纵横各有九条干道。每条道路的宽度是九轨（一轨为八尺）。王宫居中，左侧是宗庙，右侧是社坛，前面是朝会的处所，后面是市场。朝会的处所和市场的面积各为一夫（100 步×100 步）。

② 1947 年《国立北平故宫博物院组织条例》第一条规定："国立北平故宫博物院，直隶于行政院，掌理旧紫禁城全部所所属天安门以内及大高殿、清太庙、景山、皇史宬、清堂子等处之建筑物，及古物图书文献之整理保管展览流传事宜。"

乾清门以南的太和殿、中和殿、保和殿等"前朝"由民国管理，逊帝溥仪被允许暂居乾清门以北的"后寝"部分。1925 年成立故宫博物院后，紫禁城遂称故宫。1961 年，故宫被国务院公布为第一批全国重点文物保护单位，1988 年被联合国教科文组织列为世界文化遗产。

2. 太庙（北京市劳动人民文化宫）

1912 年至 1924 年，太庙仍归逊清内务府管理。1924 年，改称"和平公园"向社会开放，1931 年由故宫博物院接管作为分院。新中国成立后，1950 年 1 月 6 日政务院决定将太庙拨给北京市作为劳动人民的文化活动场所。同年 4 月，故宫博物院将太庙正式移交给北京市总工会，开辟为北京市劳动人民文化宫，1950 年 5 月 1 日正式对外开放①。

3. 社稷坛（中山公园）

1913 年，由民国政府接管，次年对民众开放，称中央公园。1925 年孙中山先生逝世后，其灵柩停放在拜殿，供公众祭拜。1928 改称中山公园。1937 年日本占领北平后，改称北平公园，后又改称中央公园。1945 年抗战胜利后恢复中山公园之称而沿用至今。1988 年国务院公布为全国重点文物保护单位②。

4. 皇史宬

根据《关于大清皇帝辞位之后优待之条件》，皇史宬一度仍归逊清内务府管理，1925 年由故宫博物院接管。1955 年，国家档案局成立，皇史宬移交给国家档案局管理，后由中国第一历史档案馆管辖，原存明清皇家档案，后移至中国第一历史档案馆存放③。

---

① 1914 年社稷坛辟为公园后，为了方便游人出入，在天安门西侧开辟南门，即今中山公园正门。为了保持皇城的对称格局，太庙在天安门东侧也开辟南门，即今劳动人民文化宫的正门。但是，当时逊清皇室尚未交出太庙，故久未使用。1926 年太庙改为"和平公园"后此门打开，始向公众开放。

② 1913 年，民国政府接管社稷坛，次年辟为中央公园，开辟南门与东门以方便游人出入，却将社稷坛与紫禁城区分开来。在历史上，社稷坛与太庙的正门位于天安门（明代称承天门）与端门之间。社稷坛称社稷街门，太庙称太庙街门。社稷街门的北侧尚有社左门与社稷东北门；太庙街门的北侧有庙右门与太庙西北门。这些门均位于天安门至午门之间，从而将紫禁城与这两组建筑联系在一起。

③ 皇史宬由中国第一历史档案馆接管后，原存的皇家档案，所谓圣训、玉牒等被移至第一历史档案馆存放，金匮则保存在故宫博物院。

5. 景山（景山公园）

根据《关于大清皇帝辞位之后优待之条件》，从 1912 年至 1924 年，景山仍由逊清皇室占用。1924 年，冯玉祥部占领景山，架设大炮，驱逐溥仪出宫。1928 年，景山开辟为公园，属故宫博物院管理。新中国成立后，景山成为华北军区防空司令部的防空阵地，设置雷达、探照灯等。1954 年 10 月 29 日中国新民主主义青年团中央致函中共中央，请求将华北军区防空司令部防空阵地从景山撤走，改建为北京市少年儿童文化公园，并在其中设立少年宫、儿童体育场等，由北京市教育局和团市委共同管理，或由教育部和团中央共同管理。1955 年 6 月 1 日，北京市少年宫正式投入使用。2003 年以后，景山由北京市公园管理中心管理[①]。

综上所述，由于归属与名称的变化，太庙、社稷坛、景山、皇史宬与紫禁城失去了联系，其使用方向也发生了重大变化，原本功能基本丧失，成为单纯的休憩与游乐场所了。而且，由于分头管理、政出多门，自然不利于以上宫殿群的整体保护与利用，不能完整体现我国营国（首都建设）思想与国家文明的象征，这对于无论是提升北京作为国家首都的文化内涵，还是全面展示我国优秀文明与国家形象，都是一个应该认真思索与亟待解决的大问题。

故宫整体保护的建议

北京的皇城位于长安街以北，地安门外大街以南；府右街以东，东黄城根与晨光街以西之间，而紫禁城等宫殿群则位于皇城的中心位置，即长安街以北，地安门内大街以南；南长街、北长街、景山西街以东，南池、北池子、景山东街以西，是皇城的核心区域，可以说是皇城里面的"皇城"，这其间还分布有众多与皇家有关的庙宇与内官衙署。

如果将这些宫殿群整合起来，以故宫为龙头，将其管理功能与管辖范

---

① 1966 年 8 月 "文化大革命" 开始，景山公园改称 "红卫兵公园"，北海公园称 "工农兵公园"。1971 年 2 月 21 日景山公园关闭，1978 年 3 月 1 日重新开放。

围适当延伸，对展示我国传统文化与国家形象，当是一件利国利民之事。

为此提出如下建议。

（一）对故宫进行整体保护，将其建设成为展示"国家文明"的载体与爱国主义教育基地

1. 应将太庙、景山回归故宫，与中山公园建立共建关系，从而进行整体保护，将这里建设成为展示"国家文明"的爱国主义教育基地

故宫是依据《周礼》"王城思想"建设的，其核心之一是"左祖右社"。祖，是太庙（今北京市劳动人民文化宫）；社，是社稷坛（今中山公园）。太庙与社稷坛是中国传统文化中的"祖先意识"与"国家意识"的完整体现，是中华传统文化的核心。景山是故宫北部凭依，是《易经》思想的集中体现。

如果通过收回与共建，使它们重新回归一体，将可以更好地对这世界唯一、规模最大的宫殿群进行保护，不仅会大大提高故宫在世界博物馆中的地位，而且将重现中华文明（自《周礼》以来）与多元民族国家的复合性质，体现了一种国家文明（有别于宗教文明与族群文明），这在世界上是独一无二的，是中国特色的历史渊源（西方文明与民族国家是分离的）。进而将这里建设成为展示"国家文明"的爱国主义教育基地。

2. 适当考虑故宫周围有关庙宇的管理、修缮、开放，扩大与充实故宫的文化内涵

故宫南北两侧有：宣仁庙、凝和庙、普度寺、真武庙、万寿兴隆寺、静默寺、福佑寺和昭显庙。这八座庙宇围绕紫禁城兴建，称紫禁城的"外八庙"，是历史上紫禁城的组成部分。真武庙近年被拆除，这是令人十分遗憾的。为此，应适当考虑对这些庙宇的管理与修缮，避免发生类似真武庙被拆除的事件，同时适当开放有关庙宇，说明这些庙宇与故宫的关系，从而扩大与充实故宫的文化内涵。

（二）增加故宫文化内涵，扩大藏品的保护面积

1. 抓紧第一历史档案馆搬迁，将皇史宬与明清档案回归故宫

"文革"末期，故宫西华门城楼左右修建了五座仿古建筑，作为国

家第一历史档案馆所在地,同时将皇史宬与故宫保存的明清档案划归第一历史档案馆。现在第一历史档案馆准备搬迁,原本属于故宫的明清档案与皇史宬也理应回归故宫。如果这些文献回归故宫,将极大充实故宫藏品,增加文化内涵,从而超过大英博物馆而位居世界首位。

2. 抓紧北区建设,使大量国宝级藏品尽早得到保护

多年来故宫拘束于宫墙之内而难有大作为。为此有关部门批复在海淀区建设北区,拟定于2015年内动工,但是进展迟缓。我们应从国家战略高度考虑,认真对待,抓紧施工,使大量国宝级藏品尽早得到妥善保护。

(三) 营造舒适的游览环境,将故宫建设为既展示古代也展示当代,不仅展示我国,也展示世界优秀文化的国家级窗口

1. 抓紧"群房"建设,将故宫内部的办公用房腾退出来,营造舒适的游览环境

历史上,在故宫城墙与筒子河之间有不少"群房",后来拆掉了。应该恢复这些群房原貌,从而将故宫的工作人员转移于此办公,这样既有利于消除安全隐患,也可以增大故宫的开放面积,为营造舒适的游览环境创造条件。

2. 借京、津、冀发展一体化之机,实现故宫与承德避暑山庄管理一体化

承德避暑山庄①是清王朝的第二个政治中心,是紫禁城之外的夏宫。民国以后,紫禁城改为故宫,与避暑山庄相分离。如果将故宫与避暑山庄建立共建的有机关系,使皇宫与夏宫再度合一,将会完整展示中国古代宫殿的建设思想与建筑实例。一方面是紫禁城的金碧辉煌,另一

---

① 避暑山庄修建于清康熙四十二年(1703),乾隆五十七年(1792)竣工,历经康、雍、乾三世,总计89年。避暑山庄是清王朝团结少数民族(主要是蒙古族),巩固北部边疆的场所,康熙与乾隆皇帝每年大约有半年时间在避暑山庄度过,处理政治、军事、民族和外交等国家大事。乾隆曾经在这里接见并宴赏厄鲁特蒙古杜尔伯特台吉三车凌、土尔扈特台吉渥巴锡,以及西藏政教首领六世班禅等重要人物,还接见过以特使马戛尔尼为首的第一个英国访华使团。清帝嘉庆、咸丰皆病逝于此。避暑山庄现在由承德市文物管理局避暑山庄管理处管理。

方面是避暑山庄的淡雅朴素。通过二者管理的一体化，对游人或会起到一定的分流作用，从而减轻故宫在高峰时期的压力。同时必然会大大延伸故宫的功能（不仅有皇宫而且有夏宫），增加故宫的展览面积，有利于将故宫建设为既展示古代也展示当代，不仅展示我国，也展示世界优秀文化的国家级窗口。

坚持建设历史文化与现代生活的"共生空间"

岳升阳[*]

保护历史风貌与实现城市现代化的矛盾，是世界上一切历史文化名城所面临的共同问题。要做到既保护又发展，需避免将城市现代化与历史风貌保护截然对立起来的思维方式，尽量寻找发展与保护之间的共同点，将局部的对立变成更大空间中的共存，共同构筑一个统一而和谐的整体，造就一个共生的空间。这也是保护城市历史文化风貌时所应提倡的基本理念。

这一理念，在北京建设进程中已经有越来越大的影响，但挑战与问题仍然存在。笔者认为，目前阶段，北京要建设历史文化与现代生活的"共生空间"，需要处理两个重点挑战，一是如何更好地保护和利用历史地名，二是如何规划好"三山五园"这一未来一段时间北京市最为重要的历史文化保护项目，它或许是北京市兼顾历史文化保护与现代化建设的最后一块大型的"试验田"。

一 加强历史地名的保护和利用

历史地名是指一定年限以前形成的地名，在中国大陆主要是指1949年以前形成的地名，就像人们把1949年以前的建筑物称为历史建

---

[*] 岳升阳，北京大学城市与环境学系教授。

筑一样。历史地名包括正在使用的地名和已经不使用的地名，历史地名保护的重点是正在使用的地名。

近年来，依据民政部的要求，各地正在开展地名规划工作，大规模的地名规划对于加强地名管理、理顺地名秩序起到了积极的作用，可以有效改变地名管理工作中地名命名滞后的被动局面。但是，历史地名在短时间内的大规模消失也令人担忧，似乎一夜之间满城尽是新地名，人们唯恐地名缺乏新意。当大量历史文化街区或历史文化村落被拆除的时候，历史地名往往成为当地历史文化的唯一标志。此时如果抹去历史地名，就等于抹去了当地最后一层文化标志物。

北京作为历史文化名城，历史地名的保护和利用有着特殊的意义。随着北京城市的快速发展，北京地区地名变化速度明显加快，大量历史地名已经消失或即将消失，直接影响当地历史文化的承传，给北京历史文化名城保护带来不利影响。北京在经历了历史建筑的大量消失之后，又会出现历史地名大量消失的问题，北京千百年来形成的古老地名文化将让位给"嘉园""经典"或"欧陆风情"等新的名称系统。

地名的重要功能是指位，它的寓意如何并不会妨碍当地的发展，过去人们没有给地名那么多的寄托，命名小区和道路名称时使用的也多是当地原有地名。事实表明，那些地名并没有影响到区域的发展和人们心态的改变，决定区域能否发展和发展好坏的因素，是国家政策和人们努力的程度，而不是地名。新中国成立之初，科学院入住海淀时，没有使用显示科学的伟大地名，而是使用了筹建处的一个不见经传的小地名——中关村，这是一个隶属于保福寺行政村的小自然村，二十几户人家分散在方圆四五百米的田地之中，它的名字来源于明代太监的"中官"，没有一点吉祥的寓意。然而就是这个名称，如今已是世界知名的地方，以它命名的开发区分布在北京的多个区中。又如天安门前的长安街，在20世纪50年代扩建之后仍然沿用了有几百年历史的老街名，并没有因为它地位重要而另起新名。所以保留历史地名不会影响城市的形象和未来的发展，关键在于摆正我们的心态，心态端正了，历史地名就会成为我们的财富。

地名作为指示空间位置的符号，除了它所具有的指位功能外，还有它的历史文化意义，而追求时尚的成分往往是次要的。如果地名总是追着时尚跑，将会使地名因变动不定而不便于使用。前些年，北京的某些开发区强调地名要体现区域功能，后来开发区的功能随着市场的变化而改变，体现原有城市功能的地名却无法跟着改变，成为长久的遗憾。短时间内大量更改地名，还会使使用者心中的地名坐标发生混乱，造成生活上和工作上的不便。因此保护和利用历史地名，符合国务院《地名管理条例》"保持地名的相对稳定"的原则。更为重要的是，地名联系着文化记忆，而文化记忆又是个体和群体身份认同的重要符号，它在文化意义上是有蕴含的，而不是空洞的。胡乱改变地名是对文化记忆的不尊重，也是对历史的不尊重。

近年来北京市配合北京新的城乡规划的实施，开展了地名规划工作。北京市地名管理部门经过多年总结，提出"尊重历史，照顾习惯，体现规划，好找好记，规范有序"的地名命名原则，其中位于首位的就是"尊重历史"，也就是要注重历史地名的保护和利用。北京市海淀区的地名管理部门提供了一些有益的借鉴。多年来他们在保护历史地名方面不遗余力，想尽一切办法说服开发商或者政府部门保留历史地名。例如蓝靛厂、火器营等是海淀地区具有深厚历史文化内涵的地名，在蓝靛厂地区开发过程中，他们与开发单位反复协商，做说服工作，终于使开发单位放弃用开发项目名称命名道路的计划，把当地的历史地名用在了新道路的命名上，使这些重要的历史地名得以保留下来。

保护历史地名应遵循如下原则。

其一，在新地名设计中优先使用历史地名。

其二，从严控制历史地名的更名与注销。具有历史文化价值的已注销地名可重新启用。前些年随着城市改造和城市扩展的加快，一些胡同和村落名称被当作土气和不合时宜的名称而被注销，影响到地名体系的承传，因此需要严格控制注销地名的做法，对已注销的地名应允许重新启用。

其三，难以直接使用的历史地名可以通过雅化或使用谐音的办法加以利用，以保持新地名与历史地名的内在联系。这样的做法近代以来多有使用，如驴市胡同改为礼士胡同、后坟改为厚俸等，这类改造有的成功有的并不成功。以坟为例，北京周边遍布坟名，减少坟名更符合今人的心理，但一些重要的坟地名则不应更改，如城东的八王坟和城西的公主坟等，所以此种做法需要特别慎重。

其四，在历史文化保护街区内，新建、改建道路应使用原有地名命名，原地名无法使用时，可由其派生命名，做好新老地名的有机衔接。

其五，在历史地名资源丰富的地区，应选择最具有代表性，最能反映当地历史、文化特点的名称用于新道路、小区的命名设计。在老城区和部分近郊区，原有历史地名分布密集，城市改造后不再需要那样多的地名，这时就需要认真取舍，以便把最重要的历史地名保留下来。

其六，对于重要的历史地名分布区域，不但要保留单个的历史地名，也要保持原有地名体系的相对稳定，实现地名的整体保护。北京老城区、历史文化遗产分布密集的郊区都应遵循整体保护的原则。对于一般区域，也应保留原有地名的总体框架，避免剃头式改名，使地名体系具有延续性。

需要特别注意的是，北京的历史地名中有相当一部分是片状地名，如果放弃片状地名，此类地名将会消失。为解决这一矛盾，人们将部分历史地名应用于道路命名，试图用道路名称挽救地名文化遗产，但是它的效果往往并不理想：利用道路名称承传片状或点状的历史地名，有可能使历史地名远离其原点，造成指位漂移，为了避免指位混乱，不得不缩短部分历史地名命名的道路长度，给行车指路带来不便，且还会造成片状地名缺失。解决这一问题的办法是，政府仍然要把握住片区地名的命名权，确定城市组团名称和一定规模的街区名称，至少要坚持重要历史地名区域的片区地名命名权。政府命名的街区，可保持在 1~2 平方公里或 2~4 平方公里的规模内，以城市干道或自然地物为界，划定其边界范围。开发小区的名称可依照现行做法不作为地名，由开发者命名。规划部门和区划部门之间做好协调，尽可能使同一名称的片区归属于一个行政辖区。

其七，对于历史地名的取舍必须从北京市域整体考虑，遇到相同名称时，保留影响最大、历史文化内涵最深厚的地名；需要保留相同名称时，可在原名前加方位词或区域名称加以区别。北京在历史上形成许多相同的地名,如北京东面和西面各有一个古城村,四面都有"小营",东西都有"八里庄",有两处"三里河"。它们都体现了北京城市发展的历史,不能轻易取消,于是需要采取变通办法加以解决,例如,古城可以称为"东古城""西古城",小营可以称为"清河小营""通州小营",以此避免重名。

二 "三山五园"历史文化景区的保护与发展

近年来,北京市政府将"三山五园"作为文化发展的重点之一〔三山:香山、万寿山、玉泉山。五园:清漪园(即颐和园)、静宜园、静明园、畅春园、圆明园〕。海淀区为此划出了三山五园历史文化景区,展开新的规划建设。这是一个有利于区域发展的举措,但其规划建设必须充分尊重当地的历史文化遗产和自然文化景观,以免带来开发性破坏。

从历史文化上看,属于清代"三山五园"的组成部分,大致东到镶白旗、正白旗清华校园、蓝旗营一线,南到海淀、泉宗庙址和蓝靛厂一线,西面到玉泉山,西北以西山为界,北面以圆明园八旗护军的正黄旗、镶黄旗、正白旗营房为界,是由皇家园林、皇家寺庙、八旗驻军、人工渠道以及其他众多文物古迹构成的区域。

清朝康熙年间三藩之乱平定后,北京郊外园林建设的重点由南苑转到海淀。经过一百多年的建设,形成以"三山五园"为主体的园林格局。东部低地、西部山地构成了当地最基本的山水格局,这个格局也影响到园林建设。东部玉泉山静明园及其以东地区,园林景观以水景为主。清朝皇帝在建设海淀园林的同时,也在海淀附近开辟了环绕御园的万亩稻田,田间小桥流水,土山环绕,御园之内也辟出多处稻田,用以观稼。御园内外景色合一,构成京城特有的水乡田园景色。西部以香山静宜园为中心,以山林景观为主。整个三山五园景区由此形成了以山、水、田、园为特征的景观格局。这一景观和其内在历史文化要素的结合,构成本区域最重要的自然和文化遗产。

嘉庆、道光年间,随着清朝国力的衰弱,海淀园林停止扩张,并渐趋萎缩。近代在被焚毁破坏的园林遗址上出现了清华大学和燕京大学。新中国成立后这里被规划为文教区和休闲旅游区，大学和科研机构云集于此，成为科研人员最集中的地区。改革开放后，科技人员下海，有了中关村电子一条街，到现在发展成为中关村自主创新园区的核心区。

这一区域的发展脉络是：由良好的生态环境到大规模园林建设，由皇家园林区到文教科技区，再到科技创新园区。这个区域内在的历史发展逻辑把历史文化保护区、高教区、旅游区、科技园区聚合在一起，构成多种城市功能的叠加。这些城市功能在一个空间里叠加时，就会发生冲突，这就给规划增加了难度，给我们带来了挑战，需发挥智慧加以解决。

三山五园地区是一个文化底蕴丰厚、景观特征鲜明、城市结构复杂多样的区域，其中文化遗产是本区域的核心内容，它包括历史文化遗产，也包括人文与自然结合的景观遗产。因而区域规划首先应该以遗产保护、生态保护和景观风貌保护为前提，这是最基本的原则。在发展中要追求经济效益，但思路上应该以社会效益带动经济效益，不能单纯的从经济效益到经济效益，这样可以避免走弯路。比如西苑营市街位于颐和园与圆明园之间，紧邻颐和园东宫门和西苑公交枢纽，从土地利用角度看，其土地资源应该用于旅游、休闲、商业等大众服务业。但在改造过程中却被开发者规划为山居小区，建了很多联排的高档别墅，形成一片封闭、拥挤的住宅区，不但占用了极其宝贵的土地资源，也破坏了当地景观，甚至还毁掉了圆明园阅武楼遗址，非常可惜。

三山五园是一个大的整体，内部分为东西两大部分，如果做不到大区域的整体规划，也应该在东部区域实现整体规划。我认为，在规划之前要研究好城市结构，把各种功能区结构好好研究一下，在规划过程中适当做调整，避免出现无序状态，以便充分发挥城市建设效益，更好地保护历史文化风貌。在这方面，西苑地区的规划建设是一个教训。前些年西苑在进行规划建设时，地铁搞一套、高档别墅搞一套、公路搞一套，就"巴掌大"的一块地方还各自为政，不能形成合力、不能形成城市整体区域优势，造成土地使用不合理、效益利用低下、市民生活不方便。最后文物没保护好，遗址也给挖了，圆明园最主要的进水河道也被废弃了，修成了道路。这样的教训应引以为鉴。

"三山五园"的规划与文化遗产保护，需要注意如下方面。

其一，首先最该做的，是对区域内历史文化遗产进行全面调查，收集整理资料。还有很多历史资料我们并不清楚。而要实现区域的合理规划，保护好文化遗产，必须事先对区域内的文化遗产进行全面调查，既包括地面现存文物的调查，也包括地下遗迹的调查，以及非物质文化的调查。最近我参加了一些规划设想的评议座谈，发现不少做规划的人对这个区域的文化遗产并不了解，提出的想法不利于文化遗产保护。当然他们也不可能有很多时间来收集资料，这就需要我们来收集，然后提供给负责规划的人来使用，这样会更好一些。

在全面调查的基础上，也可以建立文化标识系统和导引系统，提高区域的景观品质。城市建设的精致化是打造区域影响力、增强软实力的手段之一。文化标识系统、导引系统可以帮助人们把破碎的景观连缀起来。就像一堆陶片，我们把它收集起来、粘起来，用石膏补上缺失的部分，就可以做成一个完整的陶罐。我们现在应该做这样的工作，尽可能设立一些标志，东西已经消失了也可设立一个标志来说明它，比如说"样式雷"故居，可以用标识来表达。这样就可以把断裂的历史连接起来，使得人们走到那儿，就知道那里所具有的丰富而深厚的文化积淀。

其二，应该调整一下三山五园历史文化景区的范围，以适应发展的需要。从历史文化保护角度来看，景区强调了景观，但是有点忽略了历史文化，这样在推进文化景区建设的时候会比较麻烦。

海淀古镇旧址应纳入三山五园历史文化景区的范围。侯仁之先生说过，三山五园地区的起点是黄庄关帝庙，它前面的斜街就是当年京城与三山五园之间的御路。海淀镇是三山五园支持保障系统的核心地，如果说三山五园像一把大的扇子，海淀就是扇子的轴。海淀还保留了一些文物和一段御路，将来可以结合文化标识系统，把它的历史景观复原起来。把海淀镇纳入景区范围，还可以和中关村科技园建设很好地结合起来。海淀的中关村核心区也像一把打开的扇子，它的核心枢纽还是海淀。两个枢纽在海淀镇结合，便于我们今后的宣传和利用。因此建议把上述地区加进景区之中。

长河等河流也应纳入三山五园景区范围。过去的三山五园范围包括了万泉河、长河和清河上游的萧家河,而现在这三条最重要的河流丢了两条半,只留了半条万泉河,这不利于体现以水景著称的景区特点,也不便于今后的宣传和开发。尤其是长河,它就像三山五园这把扇子上的飘带,聚集了很多历史文化遗迹,丢掉了它,三山五园景区就不完整了。为了不使景区面积太大,可以把不太重要的森林公园去掉,省出的面积用于把海淀镇、长河、清河上游以及北部的树村等包括进来。

其三,海淀区也要下决心打造一些品牌区域,比如将六郎庄、青龙桥打造成历史名村、文化名镇,打造成一个旅游休闲产品或者是文化产品。应该整体来打造这样的产品,这样可以发挥更大的经济效益、文化效益和社会效益。围绕颐和园和圆明园,形成了为园林服务的村落体系,这一体系鼎盛于清代,它包括护园的营房和穿插期间的自然村落。它们曾是大量政府官员郊居之所,多有士人活动其间。这一切赋予本区域以深厚的文化底蕴,应在区域改造中加以注意。要加强村镇文物的修缮和利用,增加文物保护单位。制定文物和历史景观保护规划,同时保护好历史地名,并开展可移动历史文化遗物的征集工作,建立展示地域文化的博物馆、民俗馆,充分利用海淀区科技优势开展文物保护工作,使本区域的文化遗产保护走出一条新路。

在这方面,最为重要的区域是青龙桥地区,应该在该地区重塑一个符合历史风貌、同颐和园相协调的街道景观,从而更好地烘托起区域的历史感。

其四,还应该恢复和保护稻作文化景观。围绕在颐和园、圆明园等园林周围的万亩水田与皇家园林曾融为一体,你中有我,我中有你。处处杨柳低垂、荷香四溢、随处清泉涌现、流水潺潺。当年对于那些习惯了北京黄沙蔽日气候的人们来说,是最令人心旷神怡的景致,因而水乡景色很早就成为当地自然景观的标志。但近年来水乡田园景色大面积消失。2000年为了节水的需要,停种了所有的稻田和荷塘,而改为林木绿地或高尔夫球场,这不能不说是一个损失。今后应适当恢复一些水乡景色,以保护本地区历史景观结构的完整性。

其五,利用万柳广场绿地建设的时机,基本恢复西花园遗址,为一山两园地区增加一座历史风貌的园林，形成颐和园、圆明园、西花园三园并立的格局，使昔日宏大的西郊园林区得到某种程度的恢复。

可扩大水上旅游的范围，打通圆明园与颐和园之间的水上通道，开辟往来于两园之间的游船航线，开设清河通往颐和园、圆明园的水上旅游航线，远期还可恢复或建立西花园与颐和园、圆明园之间的水路联系。

开放玉泉山静明园，并做好玉泉山与颐和园之间地区的规划，使之能为休闲、旅游服务。

其六，在通盘规划时，可以通过土地置换来调整功能分区，优化土地利用结构。例如，可否用中央党校西墙外的区域与西苑、北宫门公交站做部分土地置换，将部分公交线终点移至中央党校西墙外，腾出土地用于景观建设和旅游开发；将青龙桥旁边的六一幼儿园与玉泉山西面的旅游休闲项目置换，实现旅游开发与幼儿园建设的双赢。还有就是绿化与文化遗产保护一再发生冲突，我们应该优先保护文化遗产，避免本区域千百年来形成的独特的自然与人文结合的历史风貌被千篇一律的树林草地代替。

其七，规划要在海淀北部建第二故宫，海淀区可以考虑在旁边建一个以保护和利用文化遗产为主题的文化科技园区，把全国的力量集中起来，用科技手段来对文化遗产进行保护、开发和利用。园区主题应明确有特色，避免办成普通的文化产业园区。

三山五园地区正在迎来新一轮的改造和建设高潮，对于区域内的历史文化遗产和文化景观保护来说，它可能是历史给我们的最后一次大的机遇，能否抓住这次机遇，在规划建设中保护好历史文化遗产和独特的景观风貌，将是景区规划建设成败的关键。应该深入调查研究，明确发展建设思路，充分酝酿，反复规划设计，避免走过去的弯路。同时要选择好投资者，以防千辛万苦得来的机遇再度失去。要保护和利用好景区内的历史文化遗产，不使其毁在我们手中。

知识创新需克服实用主义与政绩思维

刘新成　陶东风[*]

建设创新型国家的基础是知识创新。为激发创新热情，近年来国家各级行政主管部门出台不少政策，但效果并不理想，甚至有时适得其反。究其原因，与实用主义传统以及政绩思维造成的不利于创新的学术生态有关。

一　实用主义的知识论传统及其弊端

从传统渊源追溯，以政绩思维对待知识或许与中国文化中实用主义的知识观有关。中国文化在思维方式和价值取向方面与西方文化迥异。西方文化崇尚思辨理性，长于逻辑推理，穷究"真理"；而中国文化精于生存智慧，追求"实用"。譬如中国的数学，只重实用，属于有实际功用的"法"，却不深究"法"背后的原理，即"义"，也就是说，中国数学不重视逻辑推理的求证，因此比西方数学略逊一筹。今人朱国华先生指出："西学赖以发生和发展的引擎是爱智或求真意志，或'为知识而知识'的冲动，反观我国，对事实性的独特发现并不能引燃我们的激情，理论自身并无独立存在的价值，除非它可以作为工具之

---

[*] 刘新成，北京市人大常委会副主任、全国人大常委、全国人大教科文卫委员会委员、民进中央专职副主席、首都师范大学文化研究院院长；陶东风，首都师范大学文化研究院常务副院长、首席专家。

用。西学种种分析的、演绎的复杂思想系统，在中土并无丰厚肥沃的接受土壤。"① 所以说，由于中国文化缺少"求真"意识，科学认知的内驱力相对较弱，而这一点在一定程度上也先在地制约了我国科学管理的思维模式。

近代以来，现代科技伴随着我们民族的屈辱经历传入中国。特殊的历史背景注定了我国的科学及其进步与国家的振兴密不可分。从"师夷长技以制夷"到"科教兴国""科技创新"，一系列以"民富国强"为目的的科学发展导向，激励着几代满怀爱国热情的知识分子，推动着我国的科学发展，为今天国家的富强奠定了坚实的知识基础。但是也要看到，在这一过程中，中国文化的实用理性与近代中国的现实需要自然融合，"用"的意识仍主宰知识追求的全过程，西方那种超越实用的"求真精神"和"兴趣驱动"的知识探究模式并未在中国扎根。然而"求真"才是西方现代科学发展的本源、是健康学术文化的题中应有之义。

我们认为，过于强调科学研究的实用性，会导致以下弊端。

弊端之一：庸俗理解"学以致用"，颠倒了体用关系。

人类的科学研究源于对自然界、人类社会以及人性的好奇。在这种好奇的驱动下做超功利的探究，持之以恒，自然会有所发现。而这种发现当然会反过来促进或有益于对自然界和社会的改造，对优良人性的培育。也就是说，产生社会经济效益。但如果把科研和学术的实用功效作为追求的绝对价值和直接目标，就会把研究引向急功近利，导致科学知识本身的危机并最终使其使用价值也陷于枯竭。须知科学知识的使用价值不是无本之木，而是真理与知识的一种社会、经济效用，是一种衍生现象。施一公院士针对大学太过强调"学以致用"的现象指出："在大学学习，尤其是本科的学习，从来就不是为了用。但这并不意味着用不上，因为你无法预测将来，无论是科学发展还是技术革新，你都是无法预测的，这个无法预测永远先发生，你预测出来就不叫创新。"②

---

① 朱国华：《漫长的革命：西学的中国化与中国学术原创的未来》，《天津社会科学》2014年第3期。

② 施一公：《中国大学的导向出了大问题》，《民主与科学》2014年第6期。

一个自然科学家发出这样的劝告是令人深思的。

弊端之二：过分强调"成果转化"，终致没有成果可以转化。

与此相关的是如何看待科学知识的所谓"成果转化"问题。我国的各级政府和大学、研究机构，近年来非常强调成果转化。但转化从哪儿来？我们现在的情况不是有很多好的研究成果没有转化成生产力，而是严重缺少可以转化的好成果。原因之一就是过分强调实用功利而导致大学的基础研究能力降低、好的成果出不来、没有东西可以转化，而不是缺乏转化。施一公院士曾经结合自己的经验指出："当一个大学教授有了一个成果，无论是多么基础的发明，只要有应用前景和产业转化的可能，就会有跨国公司蜂拥而来，我就是个例子。我十四五年前，有个简单的、我自己都没意识到的发现，就被一家公司盯上了，主动来找我。这些公司就像那些缉毒的狗一样不停在闻、在看、在听，他们非常敏感，不可能漏掉一个有意义的发现。"另一个例子，美国分子数学家 Joseph Goldstein 因为发现了调控血液和细胞内胆固醇代谢的 LDL 受体，获得 1985 年的诺贝尔奖。他是美国很多大企业的幕后控制者，应该说是最强调转化的一个人。他两年之前在《科学》周刊上写了一篇文章，抨击特别强调成果转化。他说：转化是来自基础研究，如果没有强大的基础研究，如何能转化？他只是做基础研究，基础研究做好了，成果有了，转化是水到渠成的，不需要拔苗助长。[①]

二 实用主义传统与政绩思维的结合

实用主义传统与行政本位的体制结合，更导致扭曲的政绩观和畸形的"符号"管理方式，进一步毒化了学术研究的文化生态。

科学研究成果的发现者（即研究人员）与使用者之间应该存在一种良性互动的关系：研究人员应该潜心研究，不要过多考虑研究的实用价值；使用者则不要轻易、粗暴地干预、"指导"科学家的研究，或者整天催促其拿出具有重大实用价值的成果。过分强调实用价值的结果，

---

① 参见施一公《中国大学的导向出了大问题》，《民主与科学》2014 年第 6 期。

是使用方成为凌驾于科研和学术之上的"领导者"。特别是在目前国内科层制的行政体制下，掌握审批权力和人财物资源的各级政府部门，作为最大和最终的使用方或卖方，同时也是评价者和科研经费的管理者，身兼数职，权力高度集中，不仅主宰着科研和学术的方向，而且他们本身的绩效考评和宦途升迁也与科研和学术的"成果转化"密切相关。这样一来，政绩思维进一步强化了科学研究的急功近利，极大地扭曲了科研和学术管理的理念和机制。

这种扭曲的重要表现之一，就是畸形的"符号"式管理方式，其核心是把有所谓"显示度"的各种"符号"作为行政部门激励科研和学术的魔棒。所谓"符号"就是各种名目的嘉奖、头衔、项目、工程、中心、基地、平台等。"符号"式管理就是通过评授这些"符号"来激发科研活力。在这些符号中，项目和组织有"重点""一般""培育"之分，人才有"百""千""万"或"××学者"之别，并且各种名义都有国家级、省部级、院校级等不同层次，笔者没有认真统计过目前全国各种符号的总量，粗略估计应该不下千余种，中国大部分科研和学术行为都被覆盖在此类"符号"网中。

本来，学术方面的嘉奖应该是对杰出学者、优秀学术成果及学术机构的肯定，不能说它本身一定不好。但这里有两个前提。首先，它应该通过非行政化的学术评价机构、评价机制产生，而不应该受控制于行政权力；其次，它应该是对于优秀学术成果或优秀学者的水到渠成的、自然而然的奖励。一个学者专心致志地把学术做好了，自然应该获得各种符号、奖励和资源；获得了这种奖励和资源，则可以让他更加潜心学术，做出更杰出的学术成果。也就是说，它是形式不是内容，是手段不是目的。但一个学者如果整天眼睛盯着符号，心里想着符号，特别是符号带来的利益，就会走火入魔，甚至把精力放在歪门邪道上，挖空心思不择手段地获取符号与符号利益，忘记了学者的真正使命和学术研究的真正目的。这样，形式就会异化为内容，手段就会异化为目的。

很不幸的是，目前符号式管理体制就存在这种严重的异化现象，它不仅导致普遍的浮躁和急功近利，而且更可怕的是败坏了学术生态和学术文化，使有价值的研究成果失去了产生的土壤。

其具体表现如下。

第一，权力绑架学术。在当下行政权力主导的体制中，学术符号被权力绑架，失去了学术的自主性和独立性。符号级别的划分依据和标准本身就是高度行政化的，能否获得符号以及获得什么级别的符号，也极大地取决于行政权力，行政权力直接操控评价过程（所谓"匿名评审""专家评审"常常流于形式）。这样，由于"符号"由行政部门评授，各种人财物资源向行政权力集中，造成知识系统被迫依附于权力系统的局面。学术群体对学术领先和学术卓越的追求日趋淡化，而对权力与地位趋之若鹜，高校教授争当处长或沦为"填表专家"、学界和学者请托送礼"跑部钱进"，都还只是表象，对我国学术文化和学术道德造成的伤害乃是极其严重和深刻、久远的。

可能有人会说，各级评审虽由行政部门主持，但评审本身可都是请的专家。但这只是表面的事实。当"符号"与个人利益，与单位级别和领导"政绩"密切相关时，在中国这样的人情社会中，怎么能指望专家不"与人为善"？钱学森先生批评我国学界缺少正常的学术批评，"大家见面都是客客气气"，"别人说过的才说，没说过的就不敢说"，谁会做"砸人饭碗""碍人升迁"的恶人？

权力本位的体制加上人情社会的传统，使得很多本意在于防范学术腐败、学术不端的措施流于形式，比如各种各样的匿名评审制度、理工科类学术项目的"查新"制度，大多形同虚设，流于走过场和形式主义。

第二，行政权力与学术之间的边界不清，造成权力与学术同构、合谋，权力越大、职位越高者学术符号越多的赢家通吃的局面。目前很多高校普遍存在这样的现象：重要科研成果的获奖者、重大科研项目的首席专家等，同时是学校的领导或主要领导。这些人集学术权力与行政权力于一身，将其相互转化，"官大学问大，权大经费多"已经成为大家痛恨的普遍现象[①]。造成这种现象的一个重要原因，就是各种重要的（尤其是国家级的）学术项目、研究基地、荣誉学者、科研成果等的评

---

① 参见邓华宁等《"官大学问大，权大经费多" 科研霸权大行其道：科研经费七成按行政级别分配》，《经济参考报》2015年3月25日。

审专家，同时也是高校的各级在职或离休官员（这些人兼有所谓"专家"头衔），大家相互认识，官官相护，彼此提携。

第三，畸形烦琐的数字化管理导致数字工程，使学术研究内涵空心化。

符号化管理不仅是行政化的，通常也是严格量化的。行政管理部门通常依据级别（经常是变相的行政级别），为每个符号匹配了相应的、可以量化的人、财、物资源以及待遇，它们不但随"级别"而升高，而且随数量递增（比如在某级别的刊物发表一篇文章可以记多少分，得到多少奖金；获得某个级别的奖励可以记几分，得到多少钱；获得什么级别的项目可以配套多少经费；等等）。为凸显行政作为、"科学管理"，符号数量不断增多和扩大，政绩亦随符号的"体量"而提升。符号的授予者慷慨布施，符号的领受者孜孜以求，于是机械庸俗的数字化管理大行其道。级别和数量成为符号工程实施的两翼。

这种数字化管理的一个严重后果就是学术研究内涵的空心化，追求规模效应：项目务求重大（项目越大，显示度越高，政绩也越大），会议或论坛唯规模与新闻效应（所谓"影响力"）是求（为此挖空心思请与会议的学术内容无关的官员或所谓"学术大腕"出席）。学术会议的议题大而空，热闹有余，深入不足。凡此种种均极大地助长了华而不实的作风。目前高校之间、学科之间和学者之间的比拼，很大程度上已经成为数字的比拼，各类评审表格充斥数字，而不见内涵（比如某大学某学科到底有何特色、有哪些不可替代或不可越过的成果等，在表格上没有得到体现）。

第四，利益而不是学术成为大家一致追求的目标。

当符号被配以过多的非学术利益，而符号的获取又取决于行政权力、畸形的数量化标准的时候，就会出现这样的现象：利益而不是学术成为学者追求的目标。为了获得符号以及符号背后可观的资源和待遇，学术组织和个人会自觉、不自觉地按照符号的要求来安排研究内容，精心"打造"学术成果，其最终结果是，原来作为工具的符号反过来成为目的，而学术反而成为实现目的的工具，符号的价值——实际上是符号携带的利益——远远高于学术本身的价值。其极端表现就是研究者追名逐利,管理者急于求成,这是近年来学术贬值、学术浮躁普遍存在和学术造假屡见不鲜的重要原因。法国傅立叶大学拉贝教授在核查2008~2013年30多次学术会议的论文时发现,许多论文是用SCIgen软件自动生成的伪作,其中大部分出自在中国召开的学术会议,作者也大多数是中国人。[1] 在百度输入关键词"论文发表",立即会出现数不清的网页,提供各种类别和层次的"学术论文"从选题到发表的"一条龙服务"。据统计,我国财政2013年的科技投入已达5000亿元,是1978年的100倍,但据中国科学技术信息研究所发布,我国每篇科技论文平均被引用仅为6.92次,低于世界平均值10.69次。[2] 难怪曾任中国科技大学、南方科技大学校长的朱清时教授说,就世界一流而言,中国大学的物质条件已经接近,但质量和水平却越拉越远。[3]

总之,符号式管理方式对我国学术文化的消极影响令人担忧。做学问需要"心如止水","板凳坐得十年冷",这是古往今来为学者的共同体会。但在目前这种管理体制下,"符号"既与个人收入和荣誉、待遇挂钩,又关乎整个单位的"集体荣誉"乃至"层次"和"级别",所以学者们身不由己地陷于功名利禄的争夺之中,甚而出现恶性竞争,以至学术机构"只表现为一个熙熙攘攘的知识集市,而不再是一个相濡以沫的知识社群,充斥在这里的只是知识摊位之间的尖利叫卖声,而不再是研究过程中无功利的共享快乐"[4]。物质待遇的激励作用是不容否认的,但毕竟有限,正如北大中文系前主任陈平原所说:"我承认'重奖之下,必有勇夫',但不太相信评审之举能长学问。"[5]况且用物质待遇调动科研积极性还有副作用,其程度远远超过其正面激励作用。

---

[1] 张田勘:《科学论文到底有多真实》,《南方周末》2015年2月27日。
[2] 蒋寅:《过于庞大的科研队伍该"裁军"了》,《文汇报》2015年2月6日。
[3] 朱清时:《让大学去行政化,回归学术至上》,http://news.ifeng.com/special/2020/a/200912/1227_9039_1489474.shtml。
[4] 刘东:《众声喧哗的大学论说》,载《我们的学术生态:被污染与被损害的》,浙江大学出版社,2012,第58页。
[5] 陈平原:《学问不是评出来的》,《人民日报》2007年7月6日。

三 促进知识创新的四点建议

综上所述，要促进知识创新，实现创新发展，当务之急是转变管理方式，改善学术环境，树立正确的学术理念，建设健康的学术文化。为此提出以下四点建议。

第一，要在高校、科研机构乃至整个社会提倡"求知为本"和"求真至上"的学术理念，把"求知求真"本身作为最高价值追求。基于前述我国传统文化的特点与现行学术评价机制的弊端，当前提倡这一精神既必要又紧迫，应该让这种精神成为激励学人钻研学问的永不枯竭的动力。这里要特别强调学校教育的重要作用。在传统社会，正确的学术理念常常由师傅通过言传身教传给徒弟，但在现代社会，学术研究已经极大地体制化和规模化，正确的学术理念的培育主要依靠学校教育。中外历史上那些著名科学家为求知而求知的故事（比如牛顿、华罗庚、陈景润等），应该在小学开始就深入人心。在高校和科研院所的博士生答辩中则设置"反方诘难"程序，通过人才培养各阶段的程序设计培育对"真知"的敬畏。

第二，削减行政部门设计的"符号"，切忌频频变换符号名目，运动式地进行各种形式的 XX 高校、XX 学者、XX 学科、XX 平台评选，少些折腾，多做实事，让学者安心治学，也让科研院校的领导少些焦虑和奔走。如果某些符号确有必要保留，也应按国际惯例突出其"荣誉性"，淡化其功利性，减少其携带的非学术利益，淡化物质刺激。学者们的生活改善和学术资源分配应在法制框架内解决或给予基层单位自主权。

第三，大力推进学术的非行政化，把学术评价的权力还给学术共同体，建立独立的学术评价标准。事实上，一个学者的水平如何，在学术圈内自有"公论"，这种"公论"足以成为激励、鞭策学人进取并促其自觉自律的强大力量。培育和扶植学术共同体，支持其健康发展，这才是行政部门应该做的事。其中最核心的是行政权力应该逐步退出学术，特别是退出学术规则的制定。

第四，为严防行政权力与学术权力的相互转化，形成官员与学霸的共谋、同构关系，应该建立官员退出（学术）机制，也就是说，各级高校和学术研究机构的领导，尤其是高层领导，不应该同时担任学术领导职务，不应该参加各种学术资源和学术荣誉的追逐。可以出台政策，明文规定什么级别的领导干部不能同时参与何种级别的学术职务或荣誉（比如长江学者、院士）的竞争，不得申报何种级别的项目与学术成果奖，让管理者安心管理、研究者潜心研究。

"屠呦呦现象"提出的科研评价机制改革议题

鲁 白[*]

2015年10月5日,诺贝尔医学奖在瑞典卡罗琳医学院揭晓,中医科学研究院首席研究员屠呦呦与另外两名外国科学家分享了2015年的诺贝尔医学奖,屠呦呦获得一半奖金。屠呦呦成为中国大陆地区首位获得诺贝尔医学奖的科学家。

在此之前的2011年,屠呦呦获得有诺贝尔奖风向标之称的美国拉斯克奖临床研究奖。当时她的获奖曾引起中国舆论的深度关注和讨论。此次她获得诺贝尔医学奖,引发了更多的讨论。屠呦呦无博士学位也无海外留学背景,头顶上更无中国两院院士头衔,被很多人戏称为"三无"人员,她连续获得拉斯克奖与诺贝尔奖,无论对科学研究本身,还是对当前科研评价体制,都提出了令人深思的问题。由于人文社科研究与科学研究有所不同,本文主要讨论科学研究及其评价问题。

屠呦呦的原创性贡献是获奖的基础

诺贝尔奖评选委员会指出,由寄生虫引发的疾病困扰了人类几千年,构成重大的全球性健康问题,屠呦呦发现的青蒿素应用在治疗中,使疟疾患者的死亡率显著降低。超过十亿人受益于此次获奖的三位科

---

[*] 鲁白,清华大学医学院常务副院长。

学家的科学发现。

一般来说，诺贝尔医学奖颁给有重大影响力的科学发现。例如，发现某种方法或原理，改变了我们对细胞的认识，或者帮助我们加深认识生理过程；又如，能够大幅改变对疾病的治疗。世界上的科学标准应该是一样的，不应该有国籍的差别。如下两个方面的科学标准没有什么争议：一是原创，二是这个原创贡献有没有重大影响。

以屠呦呦的研究为例，其原创性贡献主要体现为如下两个研究步骤：在她之前，很多人都用各种传统的中草药提取，屠呦呦最后锁定在青蒿，这是第一个贡献；第二步是在同行普遍用煮的办法来提取的时候，屠呦呦采用了乙醚进行萃取。这两个发现和步骤奠定了她的得奖基础。她在30年前做出的成果，是在中国本土做出的具有世界一流水平的原创性工作，堪称中国近代新药研究中最重要的发现之一。

科学研究往往需要团队合作，科学家的原创性并不以工作量大小、是否亲手干，或者是否做完整个工作链条的事情为标准。其一，"亲手干"不是原创。屠呦呦当时是一个小组的领导、是团队的灵魂，重要的是她的原始想法。这个想法可以是由她的一个学生，或者技术员做出来，而不一定由她本人亲手操作。其二，工作量的大小也不重要。其三，"工作完整"也不是原创的必要条件。1972年屠呦呦在南京某次会议上讲了他们的研究想法，一些研究人员知道之后，用好的技术、人力和设备，取得了比屠呦呦更好的药物效果，这个也不算原创性的发现。

是否具有原创性的关键问题是，整个科学发现有一个很长的链条，哪个是最早的想法、哪一个是最重要的关节点，在这个关节点上，是谁先想出最原始的解决办法。最早提出突破最重要关节的思想和想法的人，才是最重要的原创者。

中国院士制度缺乏以原创性贡献为内核的荣誉感

屠呦呦无疑完全有资格进入院士行业，但她在国内没有拿到最高的科技大奖，也没有被评上两院院士。2011年屠呦呦荣获"拉斯克奖"之后，知识界和舆论界对我国科研评价体制做了反思，人们已对我国科研评价体制和院士遴选方式有所批评，遗憾的是，这些批评似乎并未获得相应的回应。四年之后，屠呦呦再获诺贝尔医学奖，可以更清晰地看到，目前院士遴选对有重大影响的原创性贡献不够重视。

并不只是屠呦呦在院士评选上有这种遭遇。袁隆平在院士评选过程中亦曾多次落选，直到设立工程院之后才当选院士。袁隆平在评选院士问题上的境遇，与他的研究的巨大贡献，形成了令人遗憾的反差。

院士遴选，不仅仅是对被遴选者的考验，也是对评审者的考验。屠呦呦作为诺奖得主未能当选两院院士，人们自然会问，为什么她没选上院士，难道选院士不应该是把做得最好的科学工作者选上去吗？难道不要对最好的科学成就有认可吗？

屠呦呦的落选并非偶然，目前院士制度出现这种尴尬局面有其内在原因、内在缺陷，使得容易出现这种严重的"遗珠之憾"。其中的关键原因是，目前院士目前还不是一个荣誉制度，主要是一个利益制度，于是，在院士选举过程中人际关系等方面往往成为举足轻重的因素。

目前当选两院院士意味着拥有可观的利益。当上院士，就会有大房子、有车，享受很多特殊待遇，还常常有官衔相随，院士常常会坐到大会主席台上。而在一些西方国家，院士该排队的还是要排队，学术会议上根本就没有主席台一说，听人宣讲时，无论多大牌的科学家都是规规矩矩坐在台下。即使得了诺贝尔奖，也不见得有这样的待遇。笔者有一次与一位诺贝尔奖得主一起逛街，想打一辆出租车，但他坚持要坐地铁，因为那更便宜。

由于目前院士连带有很多特权，于是有人不择手段地去把自己变成一个院士。这样的人评院士，争取的未必是学术的认同，而是背后的房子、车子、位子。他们根本没想过国家和民族的需要，或者一项科学发现是不是有趣。

由于两院院士的名额是有限的，一些不够条件的人为了把自己选进去，便需要把够格的候选者"比下去"，于是，这些人的相当一部分努力，放在了如何不让那些够格的人当选。在选院士的过程中，虽然院士是选举出来的，但投票者选院士已经不再完全依靠科学成就了，人际关系、运作能力、个人的社会位置，都变成了重要因素，造成了今天的一个很奇怪的状况，就是有些人明明够格的选不上，有些人明明不够格的却选上了。在这种评选机制之下，屠呦呦无法当选院士，一方面可以说是奇怪的事情，另一方面也并不奇怪。

两院院士制度的强烈利益化特征，很大程度上使得院士遴选制度无法将原创性贡献及其影响作为"生命线"，也无法围绕这一生命线确立院士制度本身的荣誉感。也就是说，如果院士身份不以做出原创性贡献的荣誉作为核心内涵，院士制度也不会形成自身的荣誉感，面对屠呦呦落选和公众舆论的批评可以长时间无动于衷。斯坦福大学教授、拉斯克奖评审委员会成员露西·夏皮罗，曾经这样评价将拉斯克奖授予青蒿素发现的重要意义："在人类的药物史上，我们如此庆祝一项能缓解数亿人疼痛和压力，并挽救上百个国家数百万人生命的发现的机会，并不常有。"这种评奖者自身的荣誉感，是奖项和评奖的公信力基础所在。

中国科研评价应以原创性贡献为核心

屠呦呦获诺贝尔奖与落选院士，对目前中国科研评价体制尤其是两院院士制度提出了深刻的挑战，也提供了丰富的启发。中国科学研究走向世界前列的进程，才刚起步，确立更为合理的、以原创性贡献为核心的科研评价体系和激励体系，对于未来中国科研发展具有重大意义。

院士制度是国家科研评价体系的"塔尖"，具有风向标的作用。应该将两院院士作为一项表彰重要原创性贡献的荣誉，不宜与太多利益挂钩。不能因为获得了院士身份，就享有了更多的研究基金、决定权和人事权。院士应该回归为一个荣誉，表彰一个阶段性的工作，荣誉的认可并不意味着有很多额外的利益，不意味着可以得到比人家更多的资源。特别是那些理应通过学术竞争才能得到的利益，申请各种基金，这个应该回归学术竞争，靠今天的本事去争取，把院士制度去利益化。

无论院士制度还是诺贝尔奖荣誉，都不宜与过多利益挂钩。例如，屠呦呦今天得了诺贝尔奖，只代表过去的贡献。让科学家把学术认可本身当成最大的奖励，可以引导科学家们不要让关心学术成就带来的利益超越了关注学术本身。

更一般的优秀科学研究的评价标准,也应将原创性贡献作为核心内容。如何评价一位科学家的学术成就?什么样的科学工作才是优秀的?如果将原创性贡献搁置起来,或者将之置于次要位置,科研评价很容易偏离方向。

评价一位科学家的学术成就,会有一些比较客观的标准,例如论文的数量、影响因子,等等。一位科学家做出一项有影响的工作后,往往会受到一些专业会议的邀请去做报告,应邀在有些大学相关的系科演讲。在做出一系列重要工作后,他/她常会被一些专业杂志邀请来写该领域的综述。当然,杂志的水平、学校的知名度、专业会议的级别,也能从一定程度上反映其学术水平。另外一个指标是申请到的科学基金的数量。但必须指出的是,我们不能过分地依赖于论文的数量、影响因子,更不能简单地以一个人的获得学位、职称、头衔或官职来衡量其科学成就。

生命科学领域来说,最为核心的评判标准应该是:有没有重要的原创性发现,有没有开创一个新的领域;有没有解决最基本的、最重要的生物学问题;有没有做出对本学科甚至对社会有巨大影响的科学思想、理论、技术、方法等方面的突破;有没有对人类的疾病提出新的认识、新的治疗方法;有没有做出对实际应用有巨大和明显意义的工作;等等。

优秀的科学工作是一个长期积累的过程,概括起来,好的研究工作大概可以分为以下几类。

第一,经典学科领域的重大突破。比如,大家都知道胆固醇太高会造成心血管系统的疾病。但在1999年至2001年,有学者连续在 *Science* 杂志上发表了三篇文章,认为胆固醇可以促进脑神经细胞突触的形成,给胆固醇生理功能的认识带来了一个突破性的进展。从一个完全不同的角度来看问题,一个经典的学科一下子有了突破。

第二,可以被广泛使用的新的研究方法和技术。例如获诺贝尔奖的 PCR 技术和 Patch Clamp 技术。但有时候被非常广泛引用的技术性文章,还不一定是发表在 *Science*、*Nature* 杂志上。比如 Patch Clamp 技术的文章就是发表在一个不起眼的杂志上。

第三，显而易见的实际应用。如发现了 AIDS virus 的受体，就可以想办法阻止它进入人类的免疫系统细胞，应用的前景显而易见。又比如找到老年痴呆症的基因，这样就有可能及早预防和治疗老年痴呆症，否则无从入手。

第四，提出全新的概念。例如神经营养因子一直是被认为起着促进神经细胞营养的作用，如发育、分化，但 1996 年发现神经营养因子可以调控脑内突触的可塑性，最终它也许可以调控学习记忆。这在当时是一个全新的概念。

第五，打破传统的理论体系。这与上面讲的是对应的，一个是能提出一个新的概念，另一个是打破一个旧的观念，就是说我要提出反对意见，原来的概念有问题，对它提出挑战，提出这样的问题，也是一个很好的创新。

第六，开创崭新的领域，例如已获得诺贝尔奖的发现细胞凋亡的工作就开创了一个新的领域。许多工作就在此基础上开展。

草偃风从，如果在优秀科研评价标准中能够以原创性贡献作为首要的考量对象，可以对科学界的研究工作和风气，尤其是对年轻科学家的研究目标的形成，起到良好的引导作用。

不可将发表数量作为首要评价标准

近年来，在一些国际著名的科学杂志上，越来越多地刊发来自中国科学界的论文，这说明中国科学在进步。但也不难看到，有些作者不惜一切代价来迎合评审者提出的要求，以致文章中会出现一些不合理或与主体无太大关系的段落和图片。一些作者编造篡改数据，弄虚作假，你要什么数据我就给什么数据，以求评审过关。

今年，《自然》杂志网站报道，英国 BMC 出版社撤回 43 篇学术论文，国际出版集团施普林格也撤回集团旗下 10 本学术周刊上发表的 64 篇科研论文。两次论文撤回事件的原因，都是同行评议过程中存在造假现象，涉事论文的作者绝大多数来自中国。一些第三方机构涉嫌参与造假,这些机构在作者提交论文前,提供论文格式优化、语言润色等服务,甚至可能协助或主导了同行评议的造假行为。

这些事件严重地损害了中国科学家的形象。这些现象的一个体制性原因,正是科研评价中过于重视论文发表数量和影响因子,并根据这些标准来确定如何分配利益,形成了过于急功近利的科研文化。将论文数量与影响因子作为首要评价标准,科学研究评价便会变成简单的数数,数有多少《科学》《自然》的文章,数论文的影响因子是多少。笔者在与一些国内科学家的接触中,常发现对方马上就会脱口而出,这篇文章的影响因子是几点几分。

追求新奇是科学家的一个基本特质。由于利益分配与这种"数数"的评价标准挂钩,科研工作容易迷失,只想着不断发表未必需要原创性贡献的论文和"成果",而无意进行科学研究的冒险,去探索别人没走过的路。从事科学研究,需要有"敢做"的精神,做科学技术上的重大问题、做对人类社会有深远意义的课题,科学工作者投入这些工作,需要自觉地突破"数数"的评价标准所形成的科研文化。

政府的科研资助应致力于扶持原创性思想和研究

当年屠呦呦发现和提取青蒿素、张亭栋将砒霜用于治疗白血病,这些成就都是在艰苦条件下取得的。如今科研投入越来越多,在重大成果产出方面却不尽如人意。这一现象说明,科学研究做出原创性贡献的主要基础并非大量的科研资金投入,而是敢于挑战重大难题的精神与努力。因而,科研评价体制的设计、科研资金投入制度的设计,都需要以给予挑战重大难题的原创性研究必要扶持为首要目标。

其实,投钱多、实验室大不一定是好事,往往在手头有点紧张时反而能够全身心投入研究的突破。有些研究项目投钱太多,反而害了科学家,手中一旦拿到一大笔钱,就得想很多题目来做,考虑如何公平地分配资金、如何平衡各方利益,反而分散了精力。近年来国内一些实验室日益庞大,不少实验室超过了20多人,很多是没有什么经验的学生。即使是一个很有经验的科学领导者,也很难指导这么多人。最终实验室的科研人员成了流水线上的员工，没有创造性思维可言。

一些世界顶尖的研究所规定，一个助理教授只能带3个人的团队，一个正教授的团队一般不超过6个人，这样可以鼓励大家去把自己最好的东西做出来，而不是横跨很多领域，不是做的东西多就是重要的。位于剑桥的英国医学研究委员会（MRC）分子生物学实验室，20世纪80年代初，固定研究人员只有69人，获诺贝尔奖却高达8人次，是全世界生物学实验室中获得诺贝尔奖密度最高的。这家实验室的核心定位是，"物色真正有原创思想的人，然后造成一种环境，使原创思想得以萌发而导致科学的突破"。

现在政府研究经费的投入近年来持续增长，但并未将扶持原创性思想和研究作为首要的目标。施一公和饶毅2010年在《自然》杂志、2012年在《科学》杂志上曾撰文批评中国科研基金的分配体制，他们指出，关键问题在于每年针对特定研究领域和项目颁发的申请指南。表面上，这些指南的目的是勾画"国家重大需求"；然而，人们基本上可以毫无悬念地意识到这些"需求"并非国家真正所需。政府官员任命的专家委员会负责编写年度申请指南，所谓"专家意见"不过反映了很小部分官员及其赏识的科学家之间的相互理解。这种自上而下的方式不仅压抑了创新，也让每个人都很清楚：与个别官员和少数强势科学家搞好关系才最重要，因为他们主宰了经费申请指南制定的全过程。在中国，为了获得重大项目，一个公开的秘密是：做好的研究不如与官员和他们赏识的专家拉关系重要。"屠呦呦现象"的重要性在于，再一次极为醒目地提示了，"拉关系"如何严重地妨碍了正常的科研评价。

中国科研基金分配的痼疾现在日益为社会所关注，决策者也逐渐意识到问题所在。科研基金分配体制改革的要害是，如何更有利于发现那些敢于挑战重大难题的课题、如何对那些原创性努力尤其是年轻学者的原创性努力，想方设法给予必要的扶持。首要的问题则是，如何让现行体制的既得利益者不再拒绝真正意义上的改革。

"十三五"时期我国文化发展的内外环境及重大问题

张晓明[*]

一 "十三五"是为"两个一百年"做好文化准备的关键时期

继党的十五大报告首次提出"两个一百年"奋斗目标之后,十八大报告再次重申:在中国共产党成立一百年时全面建成小康社会,在新中国成立一百年时建成富强民主文明和谐的社会主义现代化国家。"十三五"（2016~2020年）时期将是实现"两个一百年"战略目标的关键时期,文化发展的基本任务就是为"两个一百年"做好文化准备。

"十三五"时期,是我国实际经济总量将接近乃至最终超越美国从而成为全球第一大经济体的时期,由此将引发全球经济政治格局的新变动。中国正在进入一个在一系列重要经济、社会、政治指标上实现民族伟大复兴的关键时期。中华民族伟大复兴不能缺少文化内涵和文化发展目标。中华民族伟大复兴的标志,应该是向世界贡献一种"文明的典范"或"典范的文明",是再度成为一个"文明型国家"。从这一目标来看,文化对于实现中华民族伟大复兴和"中国梦",日益具有全面引领、境界提升的作用。

---

[*] 张晓明,中国社会科学院哲学所研究员,文化研究中心副主任。

二 我国"十三五"文化发展阶段的历史定位

中国的现代化是全球化的必然结果,也是全球化的组成部分,而且势必会在其中发挥越来越重大的作用。理解"十三五"的文化发展环境,首先要认识"十三五"的历史定位。

全球化经历了三个发展阶段:第一个阶段是殖民主义,终结于"二战"后的全球民族独立运动。第二个阶段被称为"经济全球化",终结于20世纪70年代后兴起的知识经济与创意经济。随后便是全球化的第三个阶段——文化全球化。目前经济全球化正在向文化全球化迈进。在这个新阶段,全球化的态势不主要表现在有形的物质产品的竞争,而表现在价值观和文化影响力之间的竞争。

我国的现代化是在全球化格局中发生的,目前正处在从全球化的第二阶段迈向第三阶段的转折期。这一历史转折期的特点决定了当前中国文化发展环境的种种特点与矛盾:在全球范围内,新兴工业化正在与文化创意产业合流,产业结构正在迅速调整;在国内,工业化尚未完成,市场决定资源配置的原则在经济领域刚刚确立,在文化领域建立健全现代市场体系的改革刚刚破题,以宪法和法律为基础的体制建设尚在探索之中,不得不依赖于出台各种临时性的政策打通市场通道和弥补制度性的缺陷。改革和发展依然是我们面临的双重任务。

从"十三五"开始,中国的现代化进程很大程度上将取决于如何主动参与新一轮文化全球化的规则制定,参与全球"普世价值"构建将成为参与全球化规则制定的题中应有之义。

三 "十三五"时期我国文化发展的国际环境

观察"十三五"时期我国文化发展的国际环境,必须考虑一个基本事实,即中国正快速崛起为新的全球性国家,由此将在全球经济格局和政治博弈引发一系列重要后果。中国问题日益具有世界性,世界经济政治态势分析越来越不能绕开中国话题,这个图景可以从以下三个方面来描绘。

第一，中长期态势。中国影响力的不断增强和"东升西降"的总体态势的形成。2010年，中国GDP超越日本成为世界第二大经济体，结束了日本1968年以来长期居于世界经济第二的局面。2013年，中国GDP总量超过了欧元区，并超越日本一倍。2014年4月底，世界银行"国际比较计划"更新了各国基于购买力平价（PPP）计算的GDP规模数据，并断言中国将在2014年9月超过美国成为世界第一大经济体，[①] 由此引发媒体关于中国实际经济规模的热议。

由于中国的影响，发达国家经济总量在全球经济所占比重日益下降，自1815年以来"西方上行，东方下行"的态势正面临历史性转折。一组来自世界银行的数据显示：2013年，西方发达国家的经济总量首次低于世界经济总量的50%，而这是自1815年以来的第一次。

第二，近期战略。中国布局全球战略，挑战"一超多极"世界格局。十八大以后，中国开始走出过去20年以"韬光养晦"为基调的"对外战略模糊期"，全球战略意识日益清晰。中国新一代领导集体推出"一带一路"战略，快速有序地实现其经济政治全球战略布局。总之，随着从区域性大国走向全球性国家，冷战结束后形成的美国一家独大，欧盟、中国、俄罗斯、日本、印度等区域大国多强竞争的所谓"一超多极"世界格局受到挑战。

第三，从难点看周边态势。中国周边国家进入摇摆期或抉择期。中国周边国家，包括冷战后新独立的中亚主要地区，覆盖中南半岛和沿中国南海形成的东南亚地区等，是人类文化多样性最复杂丰富的地区，也是历史上各大文明（包括儒家文明、印度文明、伊斯兰文明、西方文明、斯拉类文明）来回拉锯的地区，以及国家社会制度形态最为复杂的区域。第二次世界大战以后，这些国家普遍进入现代民族国家体系的建构进程。后来中国改革开放和现代化大规模起步，这些国家进入摇摆期和抉择期。人们常说"中国崛起强烈改变着世界的经济政治地理"，

---

① 这是自2005年以来世界银行对这类数据进行第一次更新。世界银行的权威评估被国际货币基金组织等大多数公共和私人部门机构采用。

这一效应无疑在中国周边地区表现得最为强烈。一方面，中国的市场、资金和技术优势对周边国家产生了强大吸附力量；但另一方面，由于中国快速拉开与周边多数国家的经济距离，以及中国与包括日本、南海周边国家在海洋领土方面陷入纷争，也使不少周边国家对中国产生强烈的离心倾向和排斥感，强化了其国内的民族主义氛围；此外，美国的"重返亚太"战略以及日本的"价值观外交"，更加剧了这一地区的紧张态势。近年来中国在这些地区的经济举措多次受挫，出现反复，就表现了周边国家的这种摇摆心态。

四 "十三五"时期我国文化发展的国内环境

"十三五"时期我国文化发展的国内环境可以这样来概括：中国已经站在全球化第三阶段的历史性起点上，经济社会的全面进步给文化发展提供的机会是多方面且潜力巨大的。但是，由于我国经济总体上还没有完成工业化，文化产业发展的起步阶段与工业化高峰期同步，文化体制改革与发展方式转型任务叠加，尽管发展机遇很大，但是发展环境的复杂性也大大增加。

第一，从中长期趋势看市场。我们正处在现代化第二阶段到第三阶段的转折期，文化发展具有重大市场机遇，将在全球文化市场中产生"中国主场效应"。

所谓全球文化市场的"中国主场效应"可以这样理解："十三五"时期我国国民经济发展进入"新常态"，经济发展方式转型和经济结构调整升级将实质性启动，文化产业将受到消费环境改善、创业环境改善、科技创新环境改善以及新型城镇化的推动，获得前所未有的发展动力，从而推动我国文化发展在全球文化市场中地位和态势的根本性转变：我国将从"创意进口""成品出口"时代走向"创意出口""成品进口"时代。在这个意义上说，中国的文化产业"全球化"进程，必会从主要"走进来"转向"走出去"和"走进来"并举，双向交流，甚至是"开发全球文化资源""购买全球文化产品"的新时期，全球文化发展将进入"中国主场"新时期。

第二，从短期趋势看政策：我国现代文化市场体系的建设仍将有一定阻力，已经出台的政策能否落地，甚至形成长效的体制机制，还有待观察。

对于"十三五"时期文化发展的政策环境可以有这样一个基本判断：由于宏观经济环境开始进入"新常态"，文化产业的发展速度也在不断下降，恢复到一个比较常态化的发展速度。"十一五""十二五"时期以"铺摊子"为主要特点的发展态势在转向以"上档次"为主要特点的新阶段。在政策取向方面，出现了从"特惠型政策"转向"普惠性政策"、从"小文化"转向"大文化"、从产业支持性政策转向环境建设性政策的趋势。所谓从"特惠型政策"转向"普惠性政策"是指，要从服务于改革、侧重财政补贴、辅之以税收优惠的政策组合调整为服务于创新发展、以税收优惠为主、辅之以财政补贴的政策组合。所谓从"小文化"政策转向"大文化"政策是指，从着眼于推动满足最终消费需求的生产活动，转向更多地推动满足生产性需求，发挥生产性服务功能方面的生产活动。所谓从产业支持性政策转向环境建设性政策是指，围绕建立健全现代文化市场体系、开放文化市场、支持小微企业，以及鼓励文化金融合作等。

第三，从难点看文化产业发展与文化市场体系建设的关系。在十八届三中全会报告中，关于文化发展最重要的政策表述变化是第一主题词从"文化产业"变成了"文化市场"。"十三五"时期构建一个良好国内文化发展环境的关键和难点是如何处理好"文化产业发展"与"现代文化市场体系建设"的关系。

产业与市场的一般关系是：市场经济有较长的自发演进历史，而产业政策作为国家对市场的干预，服务于后发国家赶超发达国家的发展战略。如果市场经济体系健全，产业政策能起到弥补短板、形成战略增长点、推动国民经济快速发展的作用。但是如果市场经济体系不健全，产业政策也会脱离市场需要、扭曲市场规律，造成资源错误配置，成为政府的自娱自乐。回顾"十五"以来文化发展过程，总体上来说，我国文化市场的开放程度一直落后于文化产业的政策干预强度，使得文化产业发展越来越脱离市场需求，依赖于财政的直接支持,成为政府政绩工程。"十三五"时期改革的核心任务,应是回归文化产业与文化市场关系合理关系,不断扩大市场在资源配置中的作用。

五 "十三五"时期我国文化发展急需解决的重大问题

根据上述对"十三五"时期国内外环境的总体分析,提出以下九个亟须解决的重大问题。

1. 制定"对外文化发展战略",与"一带一路战略"相配套,克服我国全球发展战略中的"文化短板"

中国并不是没有一个对外文化战略,21世纪初中国主动推出的"文化走出去",就是这一战略的雏形。该战略也取得了一定业绩。但毋庸讳言,我国"文化走出去"在实施层面有一个与国内文化建设类似的通病:将文化交流活动等同于"外宣",重视政府的直接推动作用,忽视对民间-民营主体的政策支持;只关心硬件建设,忽略效应评价;只问是否走出国门,不问是否入脑入心;一句话,只关心外延性增长指标,不关心其内涵性的真实影响力。因此,文化已经成为我国全球发展战略中的一块"短板"。

文化影响力的根本特性就在于"直指人心","文化走出去"如果不关系入脑入心,走出去的就肯定不是文化。因此,中国对外文化战略应以赢得域外民心为旨归,简单地说就是要赢得域外民众对中国的好感。

2. 提出"可分享价值",开展价值观对话,克服我国文化发展战略中的"价值缺位"

如何赢得域外民心,如何赢得域外各阶层人群的好感,这是构建中国对外文化战略时不能不认真思考的重大问题。而赢得人心的根本在于价值观的认同。克服我国对外发展战略中"文化短板"的关键在于克服我国文化发展战略中的"价值缺位"。

中国要想成为真正的全球性国家或"文明型国家",就要积极寻求与域外民众共同构建"可分享价值"（shareable value）。"可分享价值"可以形成最广泛的共识，为世界各国以历史资源为依托，通过渠道多样、内容广泛的国际交流而达成新的全球治理框架提供极大的可能性。这种"可分享价值"的提出可以视为是中国积极参与全球"普世价值"构建，从而成为新一轮全球化主导国家的关键性举措。

中国要成为有影响力的全球性大国或"文明型国家"，其区域或国际政治方面的意义就在于，要使"我的道路"成为"我们的道路"，使"我的理想"成为"我们的理想"，使"我的文化诉求"成为"我们的文化诉求"，简而言之，就是要使"我"成为"我们"。只有这样才能使我们国家的全球经济利益得到更好的实现。

3. 提出"文化治理体系"方案，开辟新的改革路径，克服文化体制改革中的"社会建设"瓶颈

十八届三中全会在提出发挥市场在资源配置上的决定作用的同时，提出要"推进国家文化治理体系和治理能力现代化"的目标，文化治理体系和治理能力的问题事实上已经成为深化文化体制改革的突破口和新途径。我国文化体制改革已经呈现出了一条从"办文化"到"管文化"，又从"管文化"到"治理文化"的路径。

我国传统的文化管理体制是文化行政管理部门自己办文化的体制，2003 年以来的文化体制改革启动了从"办文化"向"管文化"的转变。但是，管理文化意味着使用一种普遍去差异化的标准、以行政 – 中心化的系统来规范和管理文化领域的各种活动，显然这种做法很难有效应对文化领域复杂多变的现实问题。在这个意义上说，从文化管理走向文化治理应成为我国深化文化体制改革的一个必然趋势和方向。

从具体措施看，十八届三中全会《决定》中首次提出要"培育文化非营利组织"，这是推进文化治理体系和治理能力现代化的一项重要战略部署。我们认为，政府职能转变必须将政府职能转交作为配套政策，"十三五"时期应该将培育"文化非营利组织"作为承接政府职能转交的实体，以此作为推进国家文化治理体系的突破口和主要抓手。

4. 以"顶层设计"建立健全现代文化市场体系，开放思想市场，鼓励包容创新

如果说"建立健全现代文化市场体系"是"十三五"时期文化体制改革的一个总的指导方针的话，开放思想市场、鼓励包容创新，就是落实这一指导方针的关键环节。开放思想市场可以成为"十三五"时期深化文化体制改革的"顶层设计"的关键内容。

对"思想市场"一词不应该做狭义理解，"现代文化市场"本质上是个"思想市场"，因为文化产品和服务本质上是"精神文化产品"，内容创意是一切文化生产活动的源头和关键环节，只有思想的价值才是文化产品真正的内容。思想市场实际上是文化市场的另一种表述。很显然，没有思想观念的竞争，就没有文化市场竞争；不允许思想的自由交流，无异于不允许文化市场的存在。

既然思想市场只不过是文化市场的另一种表述，就可以为文化管理体制改革开辟出一条新路。2003年文化体制改革以来已经形成了这样一个共识：文化产业既有商业属性又有意识形态属性，商业属性是普遍的，意识形态属性是特殊的，因此要将文化管理体制纳入社会主义市场经济体制中去。现在我们进一步认识到文化产业的意识形态属性实际上是其文化属性的一部分，在文化产品普遍具有的"文化价值"中，只有很少的部分与"意识形态"有关，需要专门做出制度性安排加以管理。

5. 在统一的市场环境中进一步完善市场主体建设，特别是深化国有文化企业改革，全面推动创意、创新、创业

从2003年开始的文化体制改革，以打造市场主体为主要任务，到2013年十八届三中全会提出建立健全现代文化市场体系的改革方向，我国文化领域的体制机制改革和政策创新走过了从微观到宏观的发展道路。"十三五"时期我国将进入一个以文化市场环境建设进一步推动文化企业全面、快速、健康发展的新阶段，国有文化企业的发展与改革是一个关键的环节。

展望"十三五"时期我国文化企业发展前景，主要有如下三个方面：首先，随着政府职能的转变和文化管理体制改革的深化，特别是在

文化投资和文化创新领域政府审批制度的革新，文化企业发展的制度环境将有明显改善，大大提高我国文化企业的资源配置效率和盈利能力。其次，随着国有经营文化单位转制工作基本完成，在统一市场环境下的新一轮竞争必将展开，我国文化企业将出现全行业全方位的大规模兼并重组。最后，随着转企改制任务的基本完成以及相关体制机制改革的全面深化，国家将进一步加强对内容生产的扶持，我国文化企业将迎来一个新产品、新业态、新商业模式百花齐放，创意、创新、创业竞相迸发的时期。

这一时期特别需要关注以下几个问题：第一，在统一市场环境下梳理政府与企业的关系，严格界定公共文化政策和文化产业政策；第二，聚焦文化内容生产活动，以鼓励创新为重点，进一步完善政府文化产业政策体系；第三，进一步规范政府对国有文化企业的扶持。比如，要研究规范并改善对特许经营企业的政府管制；要研究规范和改变政府直接补贴国有文化企业的行为，运用政府采购、招标、公开资助等方式，在国有文化企业提供公益性文化产品和服务方面引进市场化机制；等等。

6. 鼓励"跨界融合"，推动文化创意产业与国民经济相关产业融合发展

2014年3月14日，国务院正式印发了《关于推进文化创意和设计服务与相关产业融合发展的若干意见》，标志着"跨界融合"政策正式推出，"十三五"时期将是文化创意产业与国民经济相关产业实现跨界融合发展的高峰期。

跨界融合首先是基于产业链各个环节的垂直融合，文化的资源、创意、生产、技术、资本、流通、消费等环节日益扁平化。其次是技术驱动下的行业融合，如传媒产业中的新闻出版、广播影视、新媒体业等媒体行业的融合，传媒业与歌舞演艺、艺术品业、会展业等不同文化行业的融合。再次是文化产业与外部传统行业的融合，如与零售、金融等传统产业纵深跨界融合，产业边界日渐模糊。最后是文化创意元素与第一、第二、第三产业的普遍融合。

7. 实施"带状发展"的区域融合战略，提升文化产业空间配置效率

2014年3月3日，文化部、财政部制定了《藏羌彝文化产业走廊总体规划》，8月8日，文化部和财政部又发布了《关于推动特色文化产业发展的指导意见》，这两个文件的发布标志着我国文化产业在发展趋势上出现了"空间转向"。"十三五"时期将是我国文化产业从地方本位和行业分立式的发展模式走向统一市场和空间分布式发展模式的关键时期，文化产业将从空间整合和效益提升中获得重大发展机遇。

实施"带状发展"的区域融合战略，应该成为规划实施全国合理空间布局的突破口。根据目前掌握的文化产业数据，可以规划出4到6个文化发展带，作为地方文化产业"十三五"规划的指导。如长江文化发展带、珠江文化发展带、丝绸之路文化发展带、环渤海文化发展带、东北文化发展带、西部文化发展带等。

8. 推动文化科技融合，提升文化产业的发展水平

随着《国家文化科技创新工程纲要》和《文化部"十二五"文化科技发展规划》的出台，"科技带动文化产业发展战略"正式成为我国大力发展文化产业的核心战略之一。"十三五"是中国文化产业与科技融合发展的关键时期，如何营造更加有利于文化科技融合发展的政策环境，是"十三五"时期文化发展的关键任务之一。

"十三五"规划需要重视以下趋势。首先，科技在文化产业内部对传统产业的冲击，其中纸媒出版首当其冲。其次，文化与科技融合推动了文化产业与许多原来毫无关联的行业融合。比如，通过创意设计与制造业融合，与农业融合，以及用动漫、影视技术带动传统的旅游产业，等等。最后，文化科技融合引发创新模式——众创空间的出现并被肯定。特别需要关注的是，"众创"模式的出现使得"内容为王"走向"平台为王"，出现了内容生产弱化的趋势，现在需要重新强调内容为王，至少应该实现内容为王和平台为王的统一。

9. 加强文化金融合作，适应"大众创业、万众创新"的文化产业发展新形势

资金仍然是制约文化产业进一步提升的核心因素之一。近年来若

干文化经济政策文件中,都将文化金融合作和投融资体系建设作为推动文化产业发展的核心工作之一。2015年3月11日,国务院办公厅发布《国务院办公厅关于发展众创空间推进大众创新创业的指导意见》,中国进入了一个以"大众创业、万众创新"为特点的发展新阶段。"十三五"时期文化金融合作发展的主要任务就是,适应"大众创业、万众创新"的新形势,多方面开展金融创新。

城乡一体化进程中的公共文化发展

杨永恒[*]

美国著名经济学家、诺贝尔奖获得者斯蒂格利茨曾指出："21世纪影响世界经济的主要有两件事：一是美国的新技术革命，二是中国的城镇化。"

随着我国经济社会的快速发展，城市化建设进程逐步加快，从1978年到2013年，城镇常住人口从1.7亿人增加到7.3亿人，城市化率从17.9%提升到53.7%。公共文化服务体系建设作为党的十八大确立的中国特色社会主义的重要组成部分，是城市化建设的推动力量和重要保障。城市化与公共文化服务建设具有内在契合性，城市化背景下的城乡公共文化一体化服务建设，为城市化建设提供了非常有利的条件，并以其独特的吸引力和凝聚力，丰富了广大人民群众的精神文化生活，促进了城市化过程中和谐社会的发展。

快速的城市化进程，也给城乡公共文化服务建设带来了巨大挑战，例如：人口从农村快速向城市集聚，导致城市公共文化服务供求失衡；农村人口的流出导致农村的"空心化"和既有文化设施的闲置；公共文化资源分布不均、配置失衡，导致优质文化资源越来越多地集中在城市和少数文化机构；农村留守家庭的文化权益缺乏保障等，严重影响了

---

[*] 杨永恒，清华大学公共管理学院副院长，文化部国家公共文化服务体系建设专家委员会副主任委员。

城乡公共文化服务的均等化目标的实现。

本文侧重于从城市建设的角度，分析城市化进程对公共文化服务带来的突出问题和挑战，提出"十三五"期间加强城乡基本公共文化服务工作的对策建议。

一 应致力于实现完整意义上的城市化

城市化是现代化的重要标志之一。从全球看，一国城市化水平与其现代化水平高度呈正相关。2011 年，世界各国城市化率的平均水平为 52%，高收入国家为 80.5%，中等收入国家为 49.6%，低收入国家仅有 28%[1]。虽然我们常常用一国城镇人口占总人口的比重，即城市化率来衡量其城市化水平[2]，但单一量化指标并不能反映城市化的全貌。比如，巴西、墨西哥等国的城市化率分别达到 85% 和 78%[3]，但大量城市贫民窟的存在表明他们并未实现完整意义上的城市化。城市化应实现逐步消除城乡二元结构，最终实现城乡发展一体化的目标。

首先，城市化是经济问题、是生产方式的重构。在经济意义上，城市化是工业化的伴生品，是生产要素由低生产率部门向高生产率部门流动，进而推动社会分工不断细化、生产力水平不断提高的过程。

其次，城市化是社会问题，是社会结构的重构。农村人口进入城市，是人们为了追求更好生活而进行的自由迁徙与重组，导致社会阶层重新划分，人们的生活方式也随之发生显著改变[4]。随着城市人口逐步成为社会主流，城市文明改变了整个社会生态，从而实现从农业社会、农业文明向城市社会、工业文明的转型[5]。

再次，城市化是环境问题，是人与自然关系的重构。工业化城市化让人们摆脱对自然过度依赖的同时，大幅增加了能源资源的消耗和对

---

[1] 世界银行统计数据，http://data.worldbank.org.cn/。
[2] C. Wilson. *The Dictionary of Demography*. Oxford, 1986, p. 225.
[3] 世界银行统计数据，http://data.worldbank.org.cn/。
[4] 崔功豪等：《城市地理学》，江苏教育出版社，1992，第 86 页。
[5] Louis Wirth. "Urbanism as a Way of Life," *American Journal of Sociology*, 1989, 49: 46 - 63.

自然生态的影响,并使资源环境压力在空间上更加集中于部分城市化地区。① 城市化是人口经济在国土空间上的重组,健康的城市化可以更加集约高效地利用土地等自然资源,更加有效地保护生态环境,在大幅提升经济社会发展水平的同时实现人与自然关系的和谐共生。

最后,城市化是政治问题,是社会治理结构的重构。社会结构调整会引发制度创新,城市社会分层更加明显、文化更加多元,在人口聚集和增长中进行着"陌生人"的再组织,血缘地缘纽带的丧失促使人们制定并遵循更为统一的游戏规则,法治建设、自由平等、多元包容等现代元素成为普遍的共识及必然选择,并促生新的社会治理模式。

总体来看,城市化是由乡村社会向城市社会的转型与变迁,会引发人与人之间的关系、人与自然的关系、人与社会的关系发生质的变化。

但是,从其他国家的实践看,城市化既有成功的经验,也不乏失败的教训。人口聚集速度超过工业化的过度城市化,会带来大量"贫民窟"及相应的社会问题②;人口城市化和农业现代化滞后于工业化,会拉大城乡差距,形成城乡二元社会;城市化过程中不能很好地尊重自然、保护生态环境,会付出巨大的环境代价甚至带来毁灭性的灾难;城市治理结构的调整不能适应社会转型的需要,可能引发社会不稳定甚至是更为严重的社会问题。城市化不是没有风险的"康庄大道",并不必然迈向成功。

二 我国城市化发展中的突出问题

第一,城市化滞后于工业化。多年以来,我国工业化发展只吸纳农村富余劳动力进城就业,2013年全国农民工总量26894万人,其中,外出农民工16610万人,但举家外出农民工3525万人,不足1/3③。目前,我国农村人口中留守儿童、留守老人、留守妇女分别达到5000万

---

① 〔日〕山鹿城次著《城市地理学》,朱德泽译,湖北教育出版社,1986,第160页。
② 王桂新等:《中国人口迁移与城市化研究》,中国人口出版社,2006,第125页。
③ 《2013年全国农民工监测调查报告》,国家统计局。

人、4000万人、4700万人①。家庭分居、人地分离、人户分离的现象十分严重。从整体上看，我国城市化、工业化、农业现代之间联动性方面，与目前世界发达国家相比依然偏弱。

第二，"半城市化"问题突出。根据2012年，我国城市化率为52.6%，而城镇户籍人口只占总人口的34.6%，二者相差18个百分点，形成了一个巨大的"剪刀差"，这意味着有2亿多城镇人口只是在城镇居住半年以上的"常住人口"。其中大部分为农民工及其家属，由于未能与城镇居民享受同等的公共服务和其他权利，并没有实现完整意义上的城市化。

第三，城乡建设用地浪费严重。长期以来特别是近十年来，城镇建设用地快速扩张。一些城市"摊大饼"式的无序蔓延，开发区、新城新区建设成风。

第四，空间发展不平衡问题突出。从大区域看，2013年我国东部地区城市化率已达63.1%，但中西部地区只有48%。从城市化形态看，不同地区城市化明显处于不同的发展阶段，城市群和超大城市主要集中在东部地区。从城市发展水平看，不同层级城市在产业发展、基础设施、公共服务等各方面都存在明显差距。大城市拓展的不断自我强化，导致城际差距越拉越大，不仅不利于缩小区域发展差距，而且已成为抑制城市自身健康发展的重要因素。

第五，"城市病"问题日益突出。虽然我国城市化率距离发达国家普遍70%以上的水平还有很大差距，但部分城市交通拥堵、环境恶化、房价高企、事故多发等问题已十分严重。长三角、京津冀、珠三角地区资源环境承载能力显著下降，东部、中部一些地区出现长时期的雾霾天气。许多中小城市和小城镇污水横流、垃圾围城现象十分突出。

综合可以发现，我国工业化不仅未对城市化发展产生应有的"联动效应"，即使在只转移农村劳动力的情况下，也未能让他们真正落户城镇，而只是实现了统计意义上的城市化。可在这一过程中，我们却占

---

① 国土资源部研究报告（2012）。

用了大量的耕地，对生态环境造成了相当程度的破坏，许多城市已经不堪重负，运行效率下降、人居环境恶化。

三 城市化进程对我国公共服务的挑战

目前，我国正在经历着快速、大规模、史无前例的城市化进程，人口在城乡和区域之间的转移，对我国公共服务的供给产生了巨大的影响和挑战。

其一，人口集聚对城市公共服务供给带来挑战。快速的城市化促进了产业聚集和人口集中，尤其是大量的人口迁移到城市，导致城市公共物品供给不足、供需矛盾日趋紧张。主要表现为：公共服务不能满足外来人口的需求、公共服务资源从结构上也不能适应外来人口的要求、公共服务财政支出压力日益严峻、城市管理难度日益增大。[①]

其二，人口向城市的集聚导致农村"空心化"，造成已建成公共服务设施的闲置和浪费。

其三，服务资源配置不均衡，优质资源过于集中，城乡、区域和群体之间的公共服务水平和质量差距较大。长期以来，受经济、自然和社会等诸多因素的综合影响，我国公共服务资源配置极度不平衡，尤其是在教育、医疗、文化等领域，优质资源越来越多地集中在城市和东部地区，在城市越来越多地集中在少数公共服务机构，越来越多地为少数群体服务，严重影响了公共服务均等化目标的实现。

其四，户籍制度改革进展缓慢，外来人口享受城市公共服务仍存在制度障碍。在我国城乡二元体制下，基本公共服务权利附着于户籍制度，城乡居民享受公共服务的差别不仅拉大，而且被户籍制度固化[②]。其中，农民工"半城镇化"问题尤其引起关注。据统计，2012年末全

---

① 张晓杰：《城市化、区域差距与基本公共服务均等化》，《经济体制改革》2010年第2期，第118~122页。
② 《中国力推基本公共服务均等化，专家称有利打破壁垒》，中国新闻网，2012年7月20日。

国农民工总量为 26261 万人，比上年增长 3.9%[①]。这个庞大的群体生活在城市，但在子女教育、医疗卫生、社会保障、就业服务等公共服务上存在很大的制度障碍，属于被边缘化的群体。目前，各地加大了吸纳农业转移人口的力度，2010～2012 年间全国农业人口落户城镇的数量达到 2505 万人[②]，但与 2.6 亿人的总量相比，总体进展仍然缓慢。

其五，失地农民进城后存在较大的公共服务障碍，难以真正融入城市。20 世纪 80 年代、1992 年前后和 2003 年前后，我国先后出现了三次大规模的"圈地浪潮"，大规模的征地造就了大批失地农民。随着征占农村土地规模的扩大，失地农民的数量也越来越多，其增长速度已远远超过了公共服务供给能力的增加速度。失地农民，其"农民"身份已经不复存在，他们虽然持有城市"绿卡"，但缺乏相应的社会、文化和生活基础，缺乏相应的谋生手段，缺乏社会认可度，在相当一段时间无法适应城市的文化环境和生活习惯，难以真正从心理和精神上融入城市。其中社会排斥又主要表现为五个方面：一是经济排斥，二是政治排斥，三是社会关系排斥，四是文化排斥，五是福利制度的排斥。总而言之，失地农民在城市化进程中身处被边缘化的境地。[③]

四 我国城乡公共文化服务一体化面临的突出问题

1. 公共文化资源配置不均衡，公共文化服务均等化水平不高

文化事业经费投入的城乡差距仍然较大，实现公共文化服务均等化的任务非常艰巨。农村一直是我国公共文化服务体系的薄弱环节。尽管近年来国家加大了对农村文化的投入力度，城乡差距有所缩小，但从整体上看，城乡公共文化服务体系发展不平衡的态势尚未根本改观。

在我国，公共文化资源配置还存在很大程度的不合理和不均衡，优

[①] 《中华人民共和国 2012 年国民经济和社会发展统计公报》，中华人民共和国国家统计局，2013 年 2 月 22 日。
[②] 《发改委：中小城市将放开落户限制》，《新京报》2013 年 6 月 27 日。
[③] 杨斌、张咏梅、王佳音：《我国城市化进程中失地农民问题研究述评》，《西部论坛》2010 年第 6 期，第 11～18 页。

质文化资源过多地集中在东部地区、城市和少数服务机构,拉大了城乡、区域和群体之间的公共服务水平和质量差距,严重影响了公共服务均等化目标的实现。把农民工纳入城市公共文化服务体系的政策要求在部分地方尚未落实。

2. 基层公共文化设施总量不足、质量不高、结构不优、运行不力现象依然突出

"十二五"以来,县乡两级公共文化设施建设取得了突破性进展,设备投入也不断加大,公共文化设施基本实现了按行政层级"全设置",但是由于配套资金和措施不到位,导致大量项目建设未能按要求完成,很多建成的设施也难以正常运行。全国地市级公共图书馆、文化馆面积达标率仅为55.1%和33%(截至2012年9月);36.7%的县级公共图书馆和43.1%的文化馆建于1990年之前;仅有47.7%的行政村有文化室。城乡基层文化资源总量不足与结构失衡的问题并存。

3. 基层公共文化设施建设缺乏统筹整合,布局缺乏科学性

城乡基层公共文化设施缺乏统筹,难以发挥综合效益。由于体制原因,我国公共文化服务实行的是以部门为主导的自上而下的"条条"建设模式,财政资金、设施建设项目和重大文化惠民工程分散在多个部门,造成公共文化资源分散,有限资源缺乏有效融合,难以统筹发挥综合效益,财政资金投入效益低下,重复建设和资源浪费现象严重。公共文化设施布局缺乏科学性,难以实现有效覆盖。我国公益性文化单位运行经费投入不足,公益性文化机构编制缺乏保障,基层文化机构队伍配置严重不足。

公共文化建设与现代科技融合度较低。公益性文化单位仍习惯于单一的传统服务方式,引入现代办公手段和条件进展缓慢,甚至存在一定程度的排斥。

五 实现基本公共文化服务的标准化、均等化与一体化

城市化进程加强公共文化建设的重中之重,是实现基本公共文化服务的标准化、均等化与一体化。

1. 基本公共文化服务标准化与均等化

(1) 基本公共文化服务标准化。目前，公共服务标准化还没有明确的概念，但在西方发达国家，公共服务领域的标准化工作从新公共管理运动时就已经开始。英国的"公民宪章"运动以宪章形式作为标准化的手段，以美国、日本为代表的国家以结果为本、绩效评估主导的方式实现公共服务标准化，而东亚一些国家和地区则融合不同的模式展开了丰富的公共服务标准化实践。

文化部办公厅在《关于开展公共文化服务标准化等试点工作的通知》中，曾将公共文化服务标准划分为保障标准、技术标准和评价标准，为基本公共文化服务标准化奠定了良好的基础。

在标准的制订上，重点要制订服务保障标准、服务技术标准和评价标准。服务保障标准是体现基本权益、政府责任、地域特色和发展水平的标准。按照"最低公益原则"，制定普适性的基本公共文化服务范围、内容种类、程度以及政府保障支出责任。服务技术标准，包括文化场所的用地、建筑面积、功能、设施、布局等硬件标准，也包括管理的制度、服务行为、操作流程等软件标准。评价标准主要是对文化行政部门、服务机构、重大惠民工程的服务质量、效率效能的考核，包括设施的使用率、利用率，活动的参与率、群众的满意度等指标体系。

值得注意的是，公共文化属于精神意识范畴，标准化的滞后主要在于文化相对其他系统更难量化，效益在短期内难于体现。但长期以来，我国公共文化服务体系不完善、不均衡、不协调、不可持续的矛盾仍很突出，还存在资源配置不均衡、设施利用率不高、公共文化机构骨干作用发挥不充分、公共文化服务针对性和实效性不强、社会力量参与不足等问题，导致公共文化服务效能难以发挥，还不能有效满足人民群众的基本文化需求。这些问题都亟须通过基本公共文化服务标准化的方式来破解。然而，公共文化服务标准化是一项系统复杂的工程，如何既借鉴运用标准化"刚性量化"的优势，又能兼顾公共文化服务"软性多元"的特殊性；既能体现"最低公益原则"，又能结合各地实际情况和特色，是公共文化服务标准化建设的难点及创新点。

基本公共文化服务标准化存在涵盖范围广、内容多、定量难等问题。标准的制定需要认真考量是"基本"的公共文化还是"非基本"的公共文化，是综合性的还是如图书馆行业性的，是对政府的设立的保障标准还是对文化系统的发展标准，是对阵地设施建设的硬件标准还是管理服务的软件标准，是全面推开的还是试点探索，并要厘清思路、明确界定。

在标准化保障体系建设上，注重将标准落到实地，融入基本公共文化服务的服务过程中，遵循策划、实施、检查、评价的过程管理方法，不断提高服务效能，主要体现在标准化管理体系和运行机制建设、标准实施及监督体系建设、人才培养体系建设、上级标准跟踪推进机制建设等方面。

（2）基本公共文化服务均等化。十八届三中全会明确提出了构建现代公共文化服务体系的目标任务，强调要"统筹服务设施网络建设，促进基本公共文化服务标准化、均等化"。促进公共文化服务标准化、均等化已经成为构建现代公共文化服务体系的重要内容，对于逐步消除城乡二元结构、缩小地区差异、提高文化治理能力、完善政府公共服务职能具有重要意义。

公共文化服务均等化，不是指绝对的平均主义和单纯的等额分配，而是在强调城乡、区域、居民之间对公共文化产品具有均等的享有机会的前提下，通过有效的制度安排，实现各地人民享有公共文化的基本权利和公共文化服务的帕累托改进。

制订国家层面的基本公共文化服务保障标准，是为了查遗补缺、补齐短板、兜好底线，保障好每一个公民的基本文化权益，让文化的阳光普照大众。通过制订基本服务内容、设施资源、人员编制、经费投入等一系列标准，使区域内大致按统一标准提供服务和保障。通过设定具体的标准，使各级政府明确与自身职责相应的服务，确定应提供何种内容、提供到何种程度、达到何种标准，从而建立制度化的约束，实现公共文化服务的最佳秩序和最佳效能[①]。

从这个意义上讲，基本公共文化服务的标准化与均等化并不是完全

---

① 清华大学公共管理院课题组：《国家基本公共文化服务保障标准研究报告》2014年9月1日。

割裂的,标准化是实现均等化的重要途径和手段。以标准化促进均等化,也是促进公共文化资源有效配置、提升公共文化服务效能的重要途径。

2. 城乡公共文化服务一体化

(1) 城市文化一体化发展的政策目标。十七届六中全会报告指出"要加快城乡文化一体化发展",国家"十二五"规划《纲要》、十八大报告对此都有论述。十八届三中全会提出,要健全城乡发展一体化体制机制,消除城乡二元结构障碍,形成以工促农、以城带乡、工农互惠、城乡一体的新型工农城乡关系,让广大农民平等参与现代化进程、共同分享现代化成果。

城乡一体化最终目的是要达到城乡公共物品的一体化供给。而所谓的均等化即要求每个人的基本文化权利得到平等保障,使每个人都能有均等之机会、都有平等之能力去消费公共文化服务。而政府的文化职能就是要从保障公民基本文化权利入手,以公平的态度提供公共文化服务——不因城乡有别而有差异,使公民普遍、平等地消费公共文化服务。

(2) 城乡公共文化服务资源的共建共享。目前由于顶层设计等多方面的缺陷与不足,我国大部分地区基层公共文化资源供给中普遍存在失衡状况:一方面是适合公众多样性需求的农村公共文化信息资源稀缺,求大于供;另一方面是来自不同系统不同渠道的类似资源重复,高耗低效[1]。伴随城乡一体化统筹发展、大数据、云计算和移动互联网时代的到来,信息化已经"升级"为国家战略。

(3) 城市反哺农村的帮扶机制。城市文化反哺农村是缩小城乡文化差距,实现城乡文化一体化新格局的重要途径。建设新农村文化仅仅依靠国家财政转移支付和农民自身建设,难以较快满足农民群众多方面、多层次的文化需求,因此,鼓励社会力量支援新农村文化建设,尤其是引导大量城市优势文化资源支持和帮助农村就成为新农村文化建设合力的重要组成部分。

---

[1] 杨阳:《"四位一体"格局下农村公共文化资源整合初探——以吴江区图书馆为例》,见《上海文化》2013年第12期。

促进北京的历史文化名城
保护与历史文化带建设

王 彬[*]

2016年到2020年,北京市的国民经济和社会发展将进入第十三个五年规划时期。北京市"十三五"规划建议中的目标之一是,将北京建设为全国的文化中心,"实施历史文化名城整体保护,统筹推动北部长城文化带、东部运河文化带、西部历史文化带建设"。

历史文化名城既是历史的也是现代的,同样,北部、东部与西部文化带既是历史的也是现代的。我们应该立足历史,规划现代城市建设,从全国文化中心的高度,对北京的城市形态进行审视,妥善解决历史与现实差距,从城市美学的角度打造良好的城市形态。

城市形态是一个复杂系统,包括空间、建筑、人文形态与自然环境。优美的自然环境是对城市形态的补充与提升,必然会激发人们对家乡的热爱与对真、善、美的向往。基于此,我们有必要对北京的城市形态进行审视、分析、研究,发现问题,找出解决问题的应对举措与可行之径。

当下历史文化名城保护存在的问题

目前,北京的历史文化名城整体保护存在的主要问题如下。

其一,旧城区内传统的与现代的城市形态相互交错,部分地区风貌

---

[*] 王彬,鲁迅文学院副院长、研究员。

怪异乃至审丑。主要的表现包括：故宫与周边高新建筑不协调；什刹海与南锣鼓巷一带酒吧蔓延，破坏了原本优美安谧的居住环境与历史风貌；历史文化保护区内新旧景观相互交错；旧城区内主要道路（长安街、两广路、平安大道、东单、西单、中轴线）景观亟待提升；原崇文区与宣武区留有大片拆迁的胡同，长期荒芜，没有进行任何建设，也没有任何防治措施，是北京城市中心的沙源，也是最肮脏、最丑陋的地方；传统的与现代的城市形态犬牙交错，相互审丑。

其二，东、西、北部文化带建设存在诸多问题，主要包括：西部"三山五园"与周围环境不协调，北部长城文化带的山村与服务设施亟须关注，东部运河文化带忽略了历史遗存支点。

其三，城市形态与自然环境严重脱离，主要表现是：山川河流受到了不同程度损坏，城市形态中的景观走廊受到阻碍。

其四，城市畸形外溢，主要问题是：随着人口急剧增加，北京郊区修建了大量与环境不协调的建筑，破坏了原本山清水秀的自然环境；毗邻北京的周边县市建设了大量的居民小区，以解决北京急剧增长的外来人口居住，但严重破坏了北京周边的生态环境。

历史文化名城保护的思路

解决上述问题，应从五个方面考虑。

其一，立足历史，根据现实状况确立战略目标。

北京是历史古都，有大量的古代建筑与人文遗存。北京又是世界大都市，随着改革开放的深入与发展，兴建了大量的现代化建筑以及后现代建筑，包括为人诟病的央视大楼，等等。这些不同时代的建筑构成了北京的主要城市形态，处理好这样的城市形态，既复杂又艰难。因此笼统地建议完全恢复北京的历史风貌已经不具有现实意义，而应该从现实与发展、传统与现代之间相互协调、相互包容、相互辉映的高度，梳理与调整北京的城市形态，从而加快其向全国文化中心目标迈进的步伐。

其二，对北京的城市形态根据不同区域与不同文化特点进行分块研究。具体分为如下几个部分：

（1）旧城区。历史文化保护区、建设控制区、旧城区内新建筑区、旧城区主要道路。

（2）二环路以外城区。

（3）西部三山五园文化带、北部长城文化带、东部运河文化带。

（4）北京周边地区。

其三，根据不同区域，从全国文化中心高度调整北京的城市形态。

不同区域应有不同目标，应以此为原则，制定规划蓝图，将北京建设成为以传统风貌为底色，传统与现代相互协调、相互包容、相互辉映的文化中心城市。调控北京市区与乡村，以及京津冀三者关系。

其四，建立城市与自然的有机联系。

城市是自然的产物，城市应该融入自然之中。城市与自然应该是和谐、融洽的关系。

其五，抓紧编制具有地方法规性质的"北京历史文化名城保护规划规范"。

2005年，中华人民共和国建设部与中华人民共和国质量监督检验检疫总局联合发布了《历史文化名城保护规划规范》，促进了历史文化名城与历史文化保护街区的保护，但是北京在实践中出现的新问题亟须一部地方性的法规进行约束与指导。

历史文化名城保护的具体设想与建议

（一）积极保护旧城区

1. 关注故宫周边地区及中轴线上的建筑

故宫是依据我国传统"王城思想"修建的，宫城居中，"左祖右社"。祖，是太庙（今劳动人民文化宫）；社，是社稷坛（今中山公园）。太庙与社稷坛是中国传统文化中的"祖先（正统）意识"与"国家意识"体现，是中华民族传统文化的核心。故宫北部是景山，是《易经》思想的反映。这些建筑完整地体现了我国传统的营国（首都建设）思想，既是皇权与国家象征，也是世界唯一仅存、规模最大的中国古代宫殿群。但是故宫，比如西华门两侧"文革"中兴建的第一历史档案馆，严重影响了故宫的整体风貌。应高度关注故宫及周边地区，举凡不和谐的建筑应予以拆除。

中轴线是北京作为历史文化名城的标识，其起点南端是永定门，北端是钟鼓楼。永定门始建于明嘉靖年间，1957年被拆除。2004年永定门城楼复建，瓮城和箭楼没有复建，由于环境空旷、建筑单薄，永定门的形状十分渺小，应该恢复瓮城箭楼与部分城墙，增加永定门的壮丽景观。

钟鼓楼后面有建于清代光绪年间的宏恩观，现尚存山门与部分殿宇，应将宏恩观纳入钟鼓楼的保护范畴，从而增加周围的历史风貌而使其作为钟楼后部的有力凭依。

2. 从历史文化保护区的角度，有效应对什刹海与南锣鼓巷地区旅游业泛滥的状况，制定相应策略

什刹海与南锣鼓巷地区是历史文化保护区，环境优美，安谧宜居。然而，随着旅游业的无序发展，什刹海临海与南锣鼓巷临街的房子大都辟为酒吧，而且受利益驱动，附近胡同里的房屋也逐渐被蚕食而沦为酒吧，原本适宜居住的环境与历史风貌被破坏了。

其中原因颇为复杂。一个重要因素是，胡同里面的房屋改造为商业场所，只要工商与房管部门批准就可以了，文物部门并无权过问。工商、房管、文物部门应该联合执法，控制酒吧蔓延趋势。对已经严重危害了胡同历史风貌的房屋改造，应责令立即整改。

什刹海与南锣鼓巷是北京著名的旅游景点，也是外地与外国友人了解北京市民生活的重要窗口，我们应该从保护北京历史文化街区与维护人民宜居生活环境的角度对此进行审视，检讨这两处历史文化保护街区被开发为旅游景点以后的得与失，从而制订相应的规划与措施。

3. 注重历史文化保护街区新旧建筑与控制区的相互关系

普遍存在的问题是老房子与新房子房屋、平房与楼房相互交错，很不协调。应该以保护历史风貌的建筑为主体，对新建房屋与楼房进行处理，使之协调起来。

历史保护街区附近的建设控制区，应控制新建建筑的体量，同时增加传统建筑元素，使其与历史文化保护区的传统风貌相互包容。

4. 调整干道两侧景观，提升北京的城市形态

应在长安街、两广路、平安大道、东单、西单等干线道路两侧营造具有北京特色的建筑小品，拆除过于丑陋的建筑，或通过绿化降低北京作为历史文化名城的不协调因素。

5. 原崇文区与宣武区大片拆迁的胡同应进行整治

至少应该铺上防沙网，对那里的胡同与房屋抓紧建设，新建筑向北京的传统风貌靠拢，落实全面保护北京历史文化风貌的战略。

6. 以历史文化保护街区为底色，解决好历史与发展的关系

在历史文化保护街区之外进行规划与建设时，应控制建筑高度、体量、风格，以北京历史文化保护街区为最大底色，从包容性、多元化性，传统文化与现代文明交相辉映的角度，解决好历史与发展的关系，从而提升北京的城市形态——不仅仅是单纯的历史风貌。

在旧城区内，对新建小区与拆除的胡同之间进行对应研究，撰写胡同历史与新建小区关系的文章或著作，促使历史记忆转化为新建区域的赓续点与生长点，营建有传统特色的建筑小品，阐释本地区的历史文化，从点到面激活北京的城市记忆。搜集读物、舆图、影像资料，绘制新旧对照的舆图以及影像作品，恢复北京的历史意象。

（二）推动西、北、东部文化带建设

1. 西部"三山五园"与周围环境应该予以协调

"三山"（香山、玉泉山、万寿山）"五园"（颐和园、圆明园、畅春园、静宜园与静明园）是北京著名景区。景区内部环境优美，景区外部却或密集，或荒疏，或丑陋。尤其是红山口以西一带，高架桥（北五环路的一段）的出现严重破坏了从颐和园到玉泉山的环境，应对此进行针对性研究。整治"三山五园"周边环境，使其保持一定的舒朗状态，在建设新农村的基础上，适当增加农田、绿地、林地，拆除有碍"三山五园"景观的建筑，促进外部与内部的协调，将"三山五园"及其周边地区打造为环境优美的国际一流景区。

2. 注意保持长城周边山村的原生态风貌

北京的长城分布于延庆、昌平、怀柔与密云之间。在这些区域中有不少山村。随着新农村建设的发展，许多山村被改造得失去了原本特色。这是一个值得高度重视的现象。长城文化不仅是长城，而且包括附近的农村，这是一种活的、蕴含于百姓日常生活的长城文化。

北京长城的著名景点有延庆的八达岭、昌平的居庸关与怀柔的慕田峪三处。这些景点修建了许多服务设施，这些设施过于强调休闲功能，忽略了长城特点。长城不仅是休闲的公园，还有更为丰富的历史内涵，我们应该对此进行研究。

3. 以历史遗存为支点，增加运河的文化含量

东部运河既包括通州区的运河，也应该包括朝阳区的通惠河，二者应该统一规划。运河的问题主要是污水问题，运河清澈了，自然可以考虑运输与旅游。还应该考虑运河周围的河流与历史遗存，比如萧太后河以及附近的张家湾。《红楼梦》的作者曹雪芹及曹氏家族便在这里有房产与墓地，对此应该适当恢复，从而增加运河文化带的历史内涵。

（三）改善城市形态与自然环境

1. 治理河流，控制建筑体量，将自然与城市有机结合

北京的西侧是燕山，北侧是军都山。在历史上，从复兴门、阜成门、西直门，德胜门、安定门一带，可以眺望山峦肌理，河流清澈穿行在北京的城市中心。北京作为历史文化名城，城市与自然是一个有机的结合体。

但是，随着经济发展与人口增长，北京的河流被严重污染了，原本袒露的河流被改造为暗河。近年由于人口急剧增加，在郊区修建了许多居民楼与商业工厂设施，许多建筑体量过大，将山峦遮蔽，这也是对自然的一种破坏。

大体量的新建筑密集出现，使得城市与自然被分割为两部分。因此，不仅应该抓紧污水处理，而且应该注意新建的建筑体量，尽量少一些对自然环境的破坏。

2. 打造美丽景观走廊

通向景点的道路，可以称为景观走廊。北京许多景观走廊丑陋不

堪，比如，从亚运村到香山，五环路西段的景观；从德胜门到八达岭，沙河附近的景观。应治理景观走廊两侧的丑陋建筑，美化景观走廊，通过景观走廊而将城市与自然融为一体。

（四）适当保持城市与农村的比例

1. 控制城市与农村的比例

没有农村的城市必然是拥挤的，应当适量保存北京市区周边的农村与农田，使二者相互协调、共同发展，营造富有北京特色的城市形态，加大北京自然生态环境的保护与平衡，从而迈进国际一流的宜居之都。

2. 在京津冀一体化中落实北京作为全国文化中心的战略

京津冀一体化，不应只是经济一体化，还应是环境与生态一体化，毗邻北京的河北、天津地区，不应只发展房地产业，而应从京津冀全局出发，疏解北京日渐恶化的城市形态，在北京周边保留适当农田、村落乃至林地，从而落实北京作为全国文化中心地位。

中国政治经济地理 4.0 版与北京发展战略

胡鞍钢　周绍杰＊

2015 年 11 月底，中共北京市委十一届八次全会审议通过《中共北京市委关于制定北京市国民经济和社会发展第十三个五年规划的建议》，指出要推动全国文化中心与全国政治中心、国际交往中心、科技创新中心有机融合，履行好新时期首都职责。

2014 年，京津冀协同发展上升为国家战略；2015 年 4 月底，中央政治局正式通过《京津冀协同发展规划纲要》，这标志着京津冀一体化战略正式进入实施阶段，京津冀区域发展将迎来新的重大机遇。北京建设全国文化中心、政治中心、国际交往中心和科技创新中心的工作，需要跟京津冀协同发展的国家战略相结合，从国家战略布局和政治经济变迁大局的视野加以谋划。

本文首先阐明北京在全国政治经济地理变迁进程中的枢纽位置，进而提出"十三五"期间北京建设全国中心城市的建议。

中国政治经济地理 4.0 版与北京的枢纽位置

从新中国建立以来（1953 年开始实施五年计划），中国区域发展战

＊ 胡鞍钢，清华大学公共管理学院教授，国情研究院院长；周绍杰，清华大学公共管理学院副教授。本文部分内容为国家自然科学基金面上项目 [71273006] 的成果。

略和政治经济地理格局演化可以划分为四个主要阶段,对应了改革时期的区域均衡发展（1953～1978年）、效率优先时期（1979～1998年）、区域平衡发展时期（1999～2013年）和区域协调发展阶段（2014年之后），对应了中国经济地理从1.0到4.0的四个版本。

在4.0版的区域发展布局中,北京的战略重要性体现在三个方面：一是全国政治、文化、科技创新和国际交流中心，二是京津冀协同发展的龙头，三是"一带一路"的枢纽。后二者为此前三个版本所无，而在4.0版本中有着重要的作用。在"十三五"时期，北京建设全国中心城市的工作，需要结合北京在京津冀协同发展与"一带一路"的国家战略中的重要战略地位，加以通盘考虑。

党的十八大以来，党中央先后提出了区域发展的三大战略，包括京津冀协同发展战略、"一带一路"和长江经济带战略，成为重塑中国经济地理的"三大支撑带"，这将成为"十三五"时期拓展中国经济发展新空间的重点。这三大战略构成了我们称之为的"4+3"区域经济发展总体战略，形成了中国经济地理的4.0版本，融合了3.0版本的四大经济板块（东北、东部、中部和西部），成为重塑中国经济地理的大手笔、大布局、大战略。4.0版本的区域经济发展战略（主要是"一带一路"战略）把国内区域发展延伸至周边国家，通过加强中国与周边和沿线国家在基础设施领域的互联互通以及逐步展开的投资、贸易、金融等领域深度合作，成为重塑世界经济地理的重要驱动力量。总体而言，4.0版本的区域发展战略不仅涵盖了3.0版本所体现的平衡发展战略，更重要的是它强调经济板块间的相互协调发展。

其一，北京在京津冀协同发展中处于龙头地位，需要应对区域协同中的一系列难题和挑战。

当前中国经济进入"新常态"发展阶段，三大支撑带是通过增强区域协调发展水平提升经济增长潜力的有效手段。其中，京津冀协同发展覆盖北京、天津和河北三省区。三地的地区面积共计21.6万平方公里（占全国2.3%），人口1.1亿人（占全国8%）。尽管京津冀三地在地理上相邻，但是京津冀之间发展的不协调性长期存在，区域间的联动发展水平仍比较低。此外，京津冀三地的发展均面临亟待解决的突出性的问题：北京的非首都功能亟须疏解，交通和生态环境问题成为北京发展面临的突出性问题，河北和天津均面临产业升级的突出矛盾。

总体来看，三地的产业结构差异甚大，其中，北京已经形成了以第三产业为主的经济结构，而津冀两地的第二产业占本地 GDP 均达到 50% 左右，三地经济尚未形成错位发展的格局。毫无疑问，三地所面临的问题不能单靠自身力量解决，建立区域协调发展机制有助于实现该地区的多目标发展：有序疏解北京非首都功能，推动京津冀交通一体化、生态环境保护、产业升级转移等重点领域的区域协调。此外，实现京津冀协同发展是实现京津冀优势互补、促进环渤海经济区发展、带动北方腹地发展的需要，是一个重大国家战略。

其二，北京在"一带一路"战略中处于中枢位置，北京作为全国政治、文化、科技创新和国际交流中心的战略重要性，需要在"一带一路"战略的实施进程中实实在在展现出来。

4.0 版本不仅旨在重塑国内区域经济发展格局，同时也旨在打造中国与周边和沿线国家乃至世界的互联互通（特别是"一带一路"战略的提出），不仅重塑周边或沿线国家经济地理，也将重塑世界经济地理。从某种意义上讲，这也体现了 1988 年邓小平提出的统筹两个大局的战略构想。可以说"一带一路"战略形成了中国国内区域发展格局以及中国与"一带一路"沿线国家之间经济地理格局的东西贯通，构建了沿海一线与欧亚大陆桥的"大 T 字形"，成为"统筹两个大局"的区域发展战略支撑。

"一带一路"战略可能重塑世界经济地理，是由"一带一路"沿线国家的人口和经济规模决定的。从世界经济地理来看，"一带一路"战略涉及亚洲、欧洲和非洲诸多国家。"一带一路"战略通过加强亚欧大陆桥、陆海口岸支点建设，将进一步增强西北和西南地区与邻近国家的互联互通，并且成为重塑欧亚大陆的经济格局，逐步形成沿线国家的欧亚非大市场，从而对当前世界经济版图产生重要影响，促进新的全球政治经济秩序的形成。目前，"一带一路"沿线国家，总人口约 44 亿人，占全球人口的 63%，经济总量约 21 万亿美元，约占全球的 29%。可以预期，随着"一带一路"战略的相关政策沟通和协调的展开（例如，金融合作深化、投资便利化、贸易自由化等),"一带一路"战略的影响是全球的。

随着"一带一路"战略的实施,北京在国际交流与区域发展协调中的位置必然日益重要,承担的责任必然越来越多。这一历史进程,也是北京真正成为国际交流中心、成为世界级的国际大都市的过程。

环境治理对于北京发展具有特别的重要性

良好的环境,无论对于北京作为全国政治、文化、科技创新和国际交流的中心,还是成为世界级的国际大都市,都是基础性的条件。近年来,雾霾等环境问题对北京的发展造成了较大的影响,对北京的国内国际形象都有不良影响。北京的环境治理,同样需要通过京津冀的区域协同加以化解。

当前京津冀在生态建设协同发展方面已经积累了一定经验。

其一,通过在顶层设计上明确生态功能区域,配套绩效考核和生态补偿机制,有利于解决顶层设计冲突,实现生态资本的快速积累。

2012年北京启动了100万亩平原造林项目,创新了平原工程造林的生态建设模式,到2014年连续三年累计造林94万亩,平均每年投资超过100亿元,到2013年第八次森林清查时,北京森林覆盖率达到35.8%。在项目实施过程中,北京从生态政策上确定了政府购买绿色公共产品,以物质资本置换绿色资本的方向,在政策过程上形成了一套科学的流程,遵循科学化、民主化和制度化的路径,通过广泛协商,在执行中建立统一平台,由主要领导担任核心成员,并将指标细化、落实到区县,同时建立项目进展实时更新的信息发布平台扩大公众参与。这种政策执行模式,对于打破条块分割、提高政策执行效率有明显的促进作用。并且,北京平原造林的实践也带动了京津冀地区的相关产业,如苗圃产业等。

在国家主体功能区框架下,京津冀地区等区域可以进行主体功能区的再创新,结合地方发展将禁止开发区变为生态涵养保护区,将限制开发区作为生态涵养发展区,将生态建设与经济建设、社会建设相结合,打造区域生态功能区域发展的升级版,实现京津冀区域合作购买生态公共产品的政策创新,在守住生态红线和支持生态功能区发展方面共同支持,就有希望创造更大范围内的生态奇迹。

其二,通过生态发展创新经济、社会发展模式,有利于解决区域发展和长短期发展两个激励不相容的问题。

地方的一些创新实践可以提供重要启发。在建立协同机制克服区域间激励不相容问题方面,部分地区已经通过对口合作提供了有效的经验。如延庆和赤城的合作突破了以北京为核心的"支援式"合作,而是建立跨地区的优势互补机制,实现"北京出钱、河北出地","北京出经验、河北出技术",并综合利用两地的市场空间进行旅游、苗圃和花卉等生态产业的协同发展,从而实现了小区域内部的激励相容。

在"十三五"期间,京津冀协同发展应着眼于打造生态共同体。

一要"合作",在生态建设中要实现步调一致、合作共赢。京津冀地区从经济社会发展水平、公共治理实力和经验方面都存在优势互补的空间,而生态利益却是切身的共同利益,一损俱损,一荣俱荣。因而相对发达地区需要将优越感转化为危机感,充分参与后发地区生态、社会、经济综合建设。从北京的角度,不再依赖首都中心论,以更广阔的格局意识,更主动、更积极、更全局地参与到协同发展中,打破一亩三分地既要有观念,也要有行动力。

二要"升级",在生态建设上建立统一的协调机制、统一的行动时间表确立合作基础,实现京津冀地区主体功能区的升级,以生态建设促进绿色经济与和谐社会发展,实现京津冀平等、多样、协调、持续的协同发展。

三要"整合",以京津冀生态协同发展为契机,进一步促进京津冀绿色空间的整合与发展。相对而言,北京和天津具备物质资本置换绿色资本的实力,但空间不足、规模不足,无法进一步拓展生态空间,比如北京造林规模已接近饱和,但河北依然存在工程造林的空间,比如河北拥有较京津更为广阔的自然保护区和湿地等绿色空间,以政策和投资直接购买和支持河北的生态空间,给予这些空间稳定的保障而非仅靠项目性的投入，并综合支持围绕生态空间的绿色经济和和谐社会建设，实现区域长短期利益平衡的绿色发展。

打造"十三五"期间北京发展的八个抓手

在中国不断进取的基础上，北京能否不仅巩固在全国的中心地位，而且大大提升自己在全球的综合地位和吸引力？这需要北京坚持稳中求进、进中求好的基本原则，立足当前，着眼长远，全面推进转型发展。打造北京发展的升级版，需要如下八个方面合力驱动。

其一，大力推进创新驱动战略，打造经济升级新动力。坚持走自主创新道路，充分激发创新活力。不断提高原始创新、集成创新和引进消化吸收再创新能力，更加重视协同创新，实现全面创新，在开放合作中提升我国科技水平。着力构建以企业为主体、市场为导向、产学研相结合的技术创新体系。进一步促进创新要素向优秀企业集聚，提高企业的自主创新能力，以创新促升级、以创新赢得竞争、以创新赢得未来。实施知识产权战略，加强知识产权保护和执行力度，深化创新体制机制改革，进一步激发北京的创新活力。

其二，大力推进"以人为本"的城市发展，实现人的"全面发展"。现代化本质上是人的现代化。党的十八大修改的党章《总纲》中，首次写入"促进人的全面发展"，充分体现了中国特色社会主义社会的基本特征。应当将推进"以人为本"的城市发展作为扩大内需、协调城乡、改善环境的主要抓手，走以人为本、集约高效、绿色低碳、四化同步、城乡一体的中国特色新型城市化道路。继续推进信息化，以信息化带动工业化，以工业化促进信息化，使信息化成为推动工业化升级的核心力量，并为城市治理和社会管理提供信息平台。进一步推进农民工市民化和基本公共服务均等化，避免城市化过程中贫民窟等"城市病"的发生。

其三，充分利用北京的教育资源优势，加快教育改革与发展，形成良好的人才培养和发现机制。教育事业的发展使得我国已经进入科技创新人才红利期，科技人力资源正在成为中国发展的新比较优势。应当把发现、培养、使用、凝聚优秀科技人才作为创新发展的第一要务，为创新型人才创造发挥才干的宽松制度环境，特别让年轻人才脱颖而出。加快形成一支规模宏大、富有创新精神、敢于承担风险的创新型人才队伍，要重点在用好、吸引、培养上下功夫。加强人才引进和培养，强化国际交流合作。

其四，根据不同地区的特点因地制宜，同时大力推动京津冀区域合作。按照主体功能区建设规划布局，优化国土空间开发格局，以综合交通网络和信息网络把京津冀地区的广大城乡连接起来，推动城乡发展一体化。

其五，大力推进绿色革命，打造绿色经济升级版。促进经济社会永续发展、人民生活质量不断提高、社会福利不断改善和生态资本不断积累。要通过正确处理政府与市场、政府与社会的关系，建立激励相容的绿色改革机制。要以绿色账户核算为基础、绿色规划体系为框架，为绿色发展提供顶层设计。要完善绿色法规体系，提高绿色信息有效性，加强政府部门绿色监管能力；要推行绿色价格和绿色财税改革，建立生态补偿制度；要加大绿色投资力度，形成绿色金融平台，促进绿色产业发展；要鼓励绿色技术创新，树立行业绿色标杆，实施行业绿色标准；要加强绿色宣传，弘扬绿色理念，形成生态文明建设的文化风尚。

其六，大力推动服务业的发展、转型和升级。充分尊重市场规律，按照产业集聚发展、强化辐射的要求，科学合理地制定服务业的区域布局规划及政策。引导和鼓励金融机构对符合国家产业政策的服务企业予以信贷支持，支持中小科技企业通过资本市场融资，规范服务市场秩序，取消各种不合理的收费项目，保护自主创新。逐步将企业发展重点集中于技术研发、市场拓展和品牌运作，推动生产性服务业做大做强。

其七，全面深化经济体制改革，释放改革新红利。继续深化行政体制改革，提高政府公信力和行政效率，强化政府在市场经济条件下进行社会管理和提供公共服务的基本职能，切实推进从经济增长型政府向公共服务型政府的转型，改革干部工作绩效考核与激励机制，进一步转变各级政府增长理念，淡化"GDP崇拜"、弱化GDP指挥棒职能，在政府考核以及官员晋升中引入如社会发展、生态环境等多种衡量指标，减少经济增长指标比重，使各地方官员从"GDP竞赛"转向"科学发展和节能减排竞赛"。要继续深化资源型产品价格和环保收费改革，加快建立健全有利于促进结构调整、资源节约和环境保护的资源性产品价格机制和环保收费制度，大幅度减少要素价格扭曲的经济成本，提高能源资源生产率。要加快财税体制改革，积极构建有利于转变经济发展方式的财税体制。要全面推动金融改革、开放和发展，构建组织多元、服务高效、监管审慎、风险可控的金融体系，增强金融市场功能。

其八，打造对外开放升级版，创造开放新红利。进一步开放北京的服务业市场，推动服务业的转型升级，建立服务贸易的国际级中心城市，为世界提供"北京服务"。加快实施走出去战略，培育一批世界水平的跨国公司、一批业内领先的创新型企业，履行社会责任，造福当地人民，在全球范围内树立"北京形象"。

上述八个方面紧密关联、相互支持，是彼此不可偏废或缺失的有机整体。其中，绿色发展是基本约束，在绿色发展框架下实现经济、社会与环境系统和谐互益、协调发展。产业升级和技术创新是基础，确保经济结构优化，质量提高，竞争力和持续发展潜力增强。体制机制改革是"保障"，为打造北京发展的升级版营造更适宜、更完善的制度环境。进一步提高对外开放水平旨在强化外部支持条件，为北京发展营造互利共赢的格局。

北京建设先进文化引领高地的建议

范 周[*]

2015年11月底,中共北京市委十一届八次全会审议通过了《中共北京市委关于制定北京市国民经济和社会发展第十三个五年规划的建议》,其中指出:"北京作为全国文化中心,文化发展具有风向标和引领作用,必须更加自觉地服务国家文化发展大局。要加快建设先进文化引领高地,在培育和践行社会主义核心价值观、提升城市文明水平、加强思想意识形态工作、促进物质文明和精神文明协调发展等各方面走在全国前列。"

北京市作为中华人民共和国的首都和历史文化名城,在文化发展方面具有得天独厚的优势。北京不仅是京津冀地区、华北地区的中心文化城市,更是全国首屈一指的文化中心。最近两年,我们受首都师范大学文化研究院委托,就"我国中心城市文化竞争力核心要素及其评价指标体系"做了系统研究。从我们的数据分析来看,北京市作为"全国文化中心"和"全国文化中心城市"的基本定位并不是盲目的设想,而是符合客观发展实际的。北京集中了全中国最优秀的资源,拥有最好的发展条件,在文化领域的绝大多数方面都拥有绝对的优势,是当之无愧的全中国最具文化竞争力的城市。不过,与世界其他文化中心城市相

---

[*] 范周,中国传媒大学文化发展研究院院长。本文为首都师范大学文化研究院委托课题"我国中心城市文化竞争力核心要素及其评价指标体系"的部分成果。

比，北京现在取得的成绩还不够，还有许多需要完善的地方。北京应当在全国范围内起到文化发展的表率作用，引领国内先进文化建设，在文化高地建设方面迈上更高的台阶。

北京文化建设的核心指标

北京要引领国内的先进文化建设，首先需要把握文化建设的主要方面，才能有的放矢。我们认为，北京文化建设的核心指标主要包括文化禀赋、文化经济、文化管理、文化潜力和文化交流五个方面。

其一，文化禀赋。文化禀赋要素是城市从古至今在发展过程中所积淀的基本文化素质的总和，体现出一个城市的最初、最直观、原生态的文化竞争力，是一个城市文化发展的基础条件和硬实力。北京市在文化发展的先天条件上拥有绝对的优势，能够最直观的反映文化竞争力的水平。文化禀赋要素包含文化资源要素和城市综合要素两个二级指标，前一方面，北京市是全国文化资源最为丰富的城市，具备深厚的文化产业发展基础；后一方面，上海的国际化程度更高一点，城市经济发展也更有活力，北京市的城市综合建设水平和硬件设施还有进一步提升的空间。

其二，文化经济。文化经济要素是文化在经济能力方面的集中体现，是指城市在现代文化发展过程中在文化与经济结合过程中所创造的价值总和，其核心是文化及相关产业的发展水平。北京市在文化经济要素中遥遥领先于全国其他城市，在文化经济领域有绝对优势。文化经济要素下包含文化生产、文化消费和文化企业三个二级指标。北京在这三个二级指标中均名列第一，充分证明了北京市在文化经济发展方面走在全国最前沿，北京市集中了全国优势的人才、技术、资金等资源，能够吸引很多大型文化企业入驻，文化生产能力强，人们的文化消费水平相较很高，因而文化产业能得以快速发展。

其三，文化管理。文化管理主要指一个城市或地区以政府为主体，在促进地区文化发展方面所给予的政策支持、制度保障以及设施投入等的相关管理制度的综合体现。在文化管理要素排名上，北京排名全国首位。尤其在文化组织要素方面，北京的文化组织设置非常完整，已经打造出了全国最为健全的文化组织机构。而在公共文化设施方面还有提升空间。北京市作为首都、作为全国的政治中心，代表着国家的政治管理水平，在文化管理方面理所应当起到表率作用，树立建设标准，成为各地方城市文化管理方面所效仿的对象。

其四，文化潜力。文化潜力要素是指一个城市文化后续发展、实现长期有效的良性循环系统所需要素的集合，决定了城市文化发展后劲的强弱，包括了文化创新要素和文化素质要素。北京市在文化潜力要素上名列第一。文化潜力要素衡量的重点是智力成果和人才水平，北京在文化创新和文化素质方面的表现也领先全国其他城市，稳坐头把交椅。无论是专利数量、发展经费、科研成果还是在校学生，北京都有着全国无可比拟的优势尤其是在文化素质方面，北京以绝对的高等教育优势获得遥遥领先的地位。北京未来的文化发展有大量的专业人才支持，强大的智力资本也能够在文化领域实现许多创新和突破，北京市未来的文化发展前景良好。

其五，文化交流。文化交流是指一个城市与其他城市进行文化互动、共享文化成果、共同促进成长的过程，是城市文化外延发展的必要途径，包括了合作、对外文化输出、吸引文化交流等方面，也体现了一个城市融入其他城市文化的能力以及对其他城市文化的开放性和包容性。

文化交流要素是北京市唯一的一个排名第二的要素，仅次于上海。上海是港口城市，同时也是全中国最为开放的城市，近年来经济发展的实力和规模已经超越北京，国际化程度非常高。北京在这方面跟上海相比还有一些差距。尤其是在与周边城市的互动和相互促进方面，北京吸纳了大量的资源，这使得周边的城市很难有很好的发展机会，京津冀地区除了天津稍微强点，其他城市的文化竞争力都非常落后。然而以上海为中心的长三角地区的城市文化竞争力呈现出一种共生共荣的景象，这是北京市需要学习的地方。近年来，国家也在提倡北京的产业资源转移，在京津冀一体化的背景下为周边的城市提供更好的发展机遇。

北京建设先进文化引领高地的路径

其一，完善文化发展政策，营造良好的发展环境。文化发展离不开相应文化政策的扶持。北京市政府在文化发展中应担当起组织和引导的作用，政府的主要职责是搞好宏观发展规划，制定支持文化发展的相关政策，形成健全的政策体系，为文化建设创造最佳的发展环境。政府应树立科学规划和超前规划的理念，从文化建设的基本规律出发，将产业和事业结合起来，把加快文化发展作为一项重要的战略任务，列入北京经济社会发展总体规划中。北京市应着重推行以下几个方面的文化发展政策。

首先是加强文化发展的金融支持政策，加大金融业支持文化产业的力度，推动文化产业与金融业的对接，这也是培育新的经济增长点的需要。其次是加强文化产业发展的税收优惠政策，继续完善税收政策，扩大税收优惠的范围，促进公益性文化发展。再次是要创新文化发展的财政支持政策。必须坚持财政政策与文化发展相协调的政策目的，按照全面协调可持续的要求，支持和推动文化产业跨越式发展，把社会效益放在首位，实现社会效益和经济效益的统一。最后，深化文化发展的人才支持政策，完善文化人才引进政策，建立文化人才引进基金机制，为加大文化产业领域人才的引进力度，尤其是高层人才的引进，为文化发展提供人才保障。

其二，理顺文化投融资渠道，充分发挥社会资本。文化具有特定的经济和资本属性，文化资本在社会结构和社会阶级分化与资源配置中具有特殊作用。文化发展要遵循资本运作的基本规律，形成聚集资本的良好机制。

北京市应充分学习借鉴发达国家和世界中心城市的经验，尤其是在文化投融资方面的举措。文化领域的新产品、新技术的研发都离不开资金的支持，其中尤其是加大对文化产业的投入尤为重要，支持文化产业基地和文化产业重点项目建设，支持文化企业"走出去"的贷款担保业务。拓宽投融资渠道，将政府财政投入和社会资本结合起来，充分利用现代互联网金融等手段，设立文化银行、发行文化产业债券、打造上市公司等，形成一批具有核心竞争力的文化产业战略投资者。加快文化投融资体制的改革，推动文化企业改制、兼并、重组。逐步形成"政府主导、市场运作、社会参与、多元投资"的文化投融资机制，促进文化产业可持续发展，保障公益文化事业顺利推行。

其三，积极推进文化创新，走融合创新发展之路。近年来，北京提出了科技创新和文化创新"双轮驱动"的发展战略，取得了明显的成效，然而与科技创新相比，文化创新还有许多提升的空间，要进一步加大科技与文化的驱动和融合。

第一，要完善体制机制，制定科学的文化发展战略措施，深入开展系统的理论研究、战略研究和实践研究，进行充分的创新发展和融合发展。第二，北京文化创新资源优势的整合利用还不够，尤其是对人才的整合利用不够。需要发挥首都文化创新资源、科技创新资源、创新人才资源优势的科学高效体制机制，发挥北京优势资源支持服务力度，充分释放和调动北京文化创新发展的生产力和创造力，建立文化改革创新发展的多层次、立体化的人才队伍，增强高质量文化创新发展的原动力。第三，要加大文化创新的支持和奖励力度，发挥高新技术、文化创新带动、促进和推动传统文化产业转型发展、文化创意产业新业态发展的作用，改变内容创新水平落后于数字技术发展的现状，着力促进北京文化的创新融合发展，提升发展品质，建设高品质的文化中心城市。

其四，大力挖掘市民文化消费潜力，以消费带动产业和市场发展。文化市场培育是文化发展的基本前提，是当前文化建设的战略性任务。北京市的文化消费市场在全国最为活跃和成熟，文化消费拥有巨大的潜力和广阔的发展前景。目前北京市还没有完全建立文化消费市场运作的长效机制，没有形成知名的文化消费品牌。然而，北京市的文化投资远远高于文化消费水平，文化消费对文化产业的提升拉动效果还不明显。因此，北京市需要进一步培育和扩大文化消费市场，采取一系列手段促进文化消费。

首先，采用创新的方式激励文化消费，积极培育文化品牌。针对市场需求不断满足消费者的个性化消费，打造文化精品。其次，要积极培育文化消费的市场主体,政府部门要通过宣传引导促进市民文化消费观念的转变,将消费潜力转化为事实上的文化消费。总之就是要把文化生产与文化消费有效对接,把传统文化内容与现代文化形式有机结合,把公益文化建设与经营文化发展统筹安排,以公共文化建设为先导,在为人民群众提供公共文化消费平台的同时,强化文化消费意识,形成公共文化与产业文化互动共进的繁荣局面。

北京提升先进文化引领能力的对策建议

其一,深入推行文化立法。

据统计,自1949年中华人民共和国成立至今,国家已经制定了有关文化的法律、行政法规和文化行政规章400余件,其中包括《文物保护法》和《著作权法》等法律。但是在文化发展日新月异的今天,出现了许多新业态,现有的法律体系已跟不上文化发展的速度,造成了许多法律监管的空白。

北京作为全国文化发展最成熟的地区,在调整人们社会文化关系和文化管理方面,需要做到"有法可依""有章可循"。现阶段需要从公共文化服务和文化产业两大领域设立法律标准,具体来说就是要推进《公共文化服务保障法》及《文化产业促进法》两项文化法律的制定。北京市作为首都,必须加强文化立法的工作力度,使得文化法规体系逐渐完善,文化法制环境日趋成熟。做好全国的示范带头作用。

其二,促进产业间的融合。

文化创意与设计、旅游、服务业等许多产业的联系越来越密切,行业界限越来越模糊,进而形成了产业融合的现象。2014年国务院10号文件提出,要进一步推进文化创意和设计服务等新型、高端服务业发展,促进其与实体经济的深度融合。文化创意与相关产业的融合是未来必然的发展方向。

北京市应当抓住这一产业发展趋势,充分利用自身文化创意和专业人才的优势,挖掘各个产业的文化价值,着力提升各实体产业的文化附加值,不断延伸和扩展产业链。发挥文化创意的内涵优势和文化创意产业的巨大促进作用,将文化张力转化为现实生产力。总之,北京市需要充分在产业融合上下功夫,打造一个旁及多行业的大文化产业链。

其三,加快文化人才培养。

文化发展最需要的就是人才,人力资本是提升城市文化竞争力的核心要素。北京虽然有许多文化从业者,但是和其他地区一样缺乏高端文化人才,特别是文化创意、策划和文化经纪等高级专业人才,专业人才的缺乏不仅大大制约了文化产业的快速发展,而且也会限制北京未来文化发展潜力的进一步开发。

北京市在文化建设过程中一定要培养一批专业的文化人才。要充分发挥北京高等院校和科研机构聚集的独特优势,鼓励高校设置文化创意相关专业或建立专业研究机构,也可采用院校与企业合作培训等形式,加快文化专门人才的培养、培训和提高。根据文化发展的需要,可以在全国甚至世界范围内引进高层次、市场急需的文化人才,同时要加快完善人才使用机制与激励机制,创造有利于人才脱颖而出的良好环境。

其四,打造知名文化品牌。

国内外城市文化建设的历史表明,文化品牌的打造,对一个城市的文化发展具有重要的提升和拉动作用。北京要建设全国的文化中心城市,要在世界范围内形成文化影响力,就必须要打造自身的文化品牌。具体说来,必须树立精品意识和品牌意识,打造具有国际竞争力的新的文化产品,在文化内容生产上力求"一次开发、多次使用、长期受益",形成完整的价值链,以规模化实现利润最大化,增强竞争力。文化品牌树立之后,还必须进行建设和推广,通过深入的市场运作,提高文化品牌的市场认知度,形成注意力经济,从而为北京的文化发展注入活力,增强其发展后劲。

其五,增加市民文化设施。

"文化设施是衡量一个城市的文化底蕴、文化水准的标尺,也是经济发展水平、社会精神风貌的反映,是城市的代表和象征,增加北京文化设施的数量是理所当然的。"北京市要建设世界级的文化城市,还需要在文化设施的建设方面加大力度、加快速度。最主要的是要完善书店体系，增加公共图书馆。与世界城市相比，北京的公共图书馆数量和每10万人占有的图书馆数量也较为缺乏。实体书店的缺失不利于城市整体文化氛围的打造。提升北京的城市文化竞争力，就是要增加北京的文化氛围，提升居民的文化素质，应当有大量资金投入，进一步完善和发展自身实体书店体系和空间布局。

其六，改善城市环境质量。

生态环境建设是实现"绿色北京"和世界中心城市的基础，是改善城市环境的基本手段，是实现宜居的基本措施。目前，北京的生态安全和生态文明还需要提高重视程度，并做出实在、具体、有实效的工作。

具体说来，应当从三个方面进行改善。第一，减少悬浮颗粒物数量，下大力气进行环境整治，提高空气清洁度，将雾霾控制在最小的范围内并逐步消失。第二，要建设更多的绿地。绿地对于城市空气质量和城市景观都是极为重要的，要权衡好经济发展和环境保护的关系，保障人民的生态安全和长久幸福。第三，要提高河湖水质量，北京的河流相较之下本来就不多，而且水污染还比较严重，水的质量较差，既不能用于农田和绿化灌溉也不能用于景观观赏用水，因此要下大决心对河流污染进行彻底的整治。通过以上方式，以生态环境的保护为中心，不断改善北京的城市环境质量。

公共决策与智库建设

魏礼群*

当前，我国公共管理领域面临着前所未有、极为复杂的新形势新任务。从国际看，世界政治经济局势处于持续的大变动大调整之中，可谓是风云变幻、跌宕起伏，全球治理的新风险、新问题不断出现。这些正在并会继续直接或间接地影响着我国的改革发展和现代化建设。从国内看，随着经济发展转入新常态，工业化、信息化、城镇化、市场化、国际化深入发展，现代化建设面临许多新机遇和新挑战；随着全面建设小康社会进入决战期，"四个全面"战略布局加快实施，"五位一体"建设全方位推进，激发着一系列新的深刻社会变革；随着人类社会互联网时代的到来，经济社会活动错综复杂、瞬息万变，新情况和新事物层出不穷。所有这些，对治国理政和公共决策都提出了可以预见和难以预见的新课题、新任务、新要求。

面对国际国内的新形势新任务新要求，公共管理理论工作者必须着力推进公共管理创新研究，以更好地服务公共决策。无论是从世界智库发展的历程看，还是从发达国家智库作用的发挥看，智库都是决策者的"外脑""智商"。要服务好公共决策，必须加强公共管理新型智库建设，更好发挥智库对公共决策的重要作用。

我认为，建设新型高质量智库，特别是在高校办高质量的新型智库，

---

* 魏礼群，中国行政体制改革研究会会长。

需要从多方面下大功夫,敢于改革创新。这里简要谈以下十个观点。

一 全面发挥智库功能

无论办什么样类型的智库,首先必须明确智库的性质、定位和功能。中央文件明确提出:"中国特色新型智库是以战略问题和公共政策为主要研究对象、以服务党和政府科学民主依法决策为宗旨的非营利性研究咨询机构。"一般说来,各类智库都应重视发挥六个方面的重要功能:一是服务党政决策。根据党和政府的决策需求,开展前瞻性、战略性、应用性、储备性政策研究,进行决策评估,提出高水平、建设性、切实管用的政策建议,积极建言献策,为决策提供依据和智力支撑。这是各类智库的首要职责。二是推进理论创新。围绕改革发展稳定、治国理政面临的难点、重点问题,提出有价值、有影响的新概念、新判断、新概括、新观点、新思想,为研判形势、谋划战略、制定决策提供科学理论或方法,推动理论创新、学术创新、方法创新。三是引导社会舆论。阐释党的科学理论,解读党和国家的大政方针、决策部署和公共政策,研判社会舆情,正确引导社会舆论,凝聚社会共识。四是提供社会服务。接受社会有关方面委托的咨询任务,承担各类咨询项目,开展第三方评估,提供智力服务。五是参与公共外交。开展多种形式的对外交流活动,加强与国外智库和有关研究机构的合作交流,在国际舞台上发出中国声音,讲好中国故事。六是培养输送人才。智库是知识密集、人才密集的机构,汇聚了大量的高端人才,也可以说智库是人才库。智库出思想、出成果与出人才密不可分,相互促进、相辅相成,智库是培养、造就治国理政人才的重要阵地,可以通过交流轮岗,为党政部门、企事业单位输送优秀人才。这六个方面都做到,很不容易,但这些是建成高质量和高端智库不可偏废的,应当全面和正确地发挥应有作用。

二 突出服务公共决策

积极服务决策需求,主要搞好对策研究,咨政建言。这是智库研究的根本特征。各类智库都要适应党和政府的决策需求，主动开展前瞻性、针对性、储备性政策研究，着力聚焦经济社会热点、难点问题研究，多建睿智之言、多献务实之策，真正发挥"外脑"和"参谋"的作用。当前和"十三五"期间公共决策中有许多理论和实践中问题需要深入研究。例如，第一，如何正确认识、主动适应和引领经济发展新常态，坚持发展第一要务，保持战略定力，坚定地走调整结构、提高质量的新路子，促进经济由超高速和粗放式扩张到实现中高速增长和迈向中高端水平；第二，如何协调推进"四个全面"的战略布局，解决好全面建设小康社会中的难点和"短板"问题，确保如期全面建成小康社会，解决好全面深化改革中的深层次问题，确保完成既定改革任务；第三，如何完善中国特色社会主义制度，有效推进国家治理体系和治理能力现代化，创新治理模式，提高国家治理水平；第四，如何深入研究我国权力结构的合理配置，使各种决策权力相协调，并使权力、责任、义务相统一；第五，如何深化行政体制改革，推进简政放权、创新政府监管、优化服务三者并举，正确处理政府与市场、社会、企业和公众的关系，以及各级政府之间的关系，充分发挥市场、社会、企业和个人的积极性；第六，如何创新和加强社会治理，更加注重民生工作、更加注重生态建设和环境治理、更加注重扩大公共服务、保障公民安全、社会安全等公共安全；第七，如何走共同富裕道路，促进区域城乡协调发展，缩小收入差距，打好扶贫攻坚战；第八，如何顺应互联网迅猛发展的新形势，创新公共决策的模式、方法和手段，促进决策科学化、民主化、法治化；第九，如何提高对外开放水平，既要更加对外开放，又要重视维护国家权益和安全；等等。要围绕决策需要，提出真知灼见和切实管用的建议。当然，不同层级、不同类型的智库，可以对研究问题的范围、角度、内容提出不同的方案或建议。

三 着力提高研究成果质量

研究成果的质量是智库生存发展的根本。如何提高研究成果的质量？我认为要抓住五个重要环节：一是把握方向性，主动服务党和国家工作大局，在大局下思考、谋划、行动，这样拿出的成果才可能是建设性的、管用的。二是站高望远，顺应时代进步潮流，把握国内外发展大势，正确把握和运用发展规律，敢于出主意、早出主意、出大主意，做到先见、先知、先谋。三是以问题为导向，从实际问题出发，要善于观察问题，特别是要重视倾向性、苗头性、潜在性问题的研究；四是深入调查研究，了解真实情况，掌握第一手材料，做到求真务实。既要调查，又要研究，善于分析，去伪存真，去粗取精。五是运用创新思维、辩证思维、底线思维，独立思考，揭示问题的本质，提出创新性、可操作的方案或见解。

四　充分展现自身优势

要找准各个智库的定位，最大限度地发挥自身优势和长处。每个智库都有自己的性质定位、专业领域、机构状况、队伍组成等方面特点。这就要从自己的实际情况出发，善于对自己智库研究的领域做全面研究、系统研究、跟踪研究、长期研究，不断拓宽研究的广度和深度，努力形成自己的特色和品牌。切不可盲目追求大而全，或者对问题研究浅尝辄止。例如，在高校中办智库，就要充分发挥高校学科门类齐全、基础研究实力雄厚，人才培养和对外交流广泛的优势，着力推动理论创新和跨学科研究，着力推进研究方法、政策分析工具和技术手段创新，为决策咨询提供学理支撑和方法支撑，并要积极开展人文交流，服务公共外交。

五　注重成果多样性和转化应用

智库研究成果要注重应用性、对策性和时效性，不强求全面性、系统性，突出提供服务决策咨询的成果。研究成果的价值，不仅要体现在高水平的质量上，还要体现在研究成果提供的时效性上。一项颇有价值的研究成果，如果不能适时地为决策者提供参考，其价值作用就会大打折扣；或者由于时过境迁，派不上用场。在实际工作中，可以就研究领域的一些重点、热点和难点问题，分期分批、多种形式、及时地提交有关研究成果。要拓展成果应用渠道，有些研究成果可以通过内部刊物直接向党政领导和有关部门报送，不涉及国家秘密的，可以在媒体公开发表，可以通过举办论坛、召开研讨会等方式，发布、推介研究成果，还可以出版系列研究报告。总之，研究成果不能只是束之高阁的厚本子，要有阶段性、时效性强的研究成果。要从各个智库实际情况出发，建立灵活有效的成果转化工作机制。现在，社会智库研究成果上报决策机关的渠道不够畅通，应积极帮助解决这方面问题。最好搭建供需双方的"直通车"。

六　创新组织机构形式

一般的科研机构、学校院系单位不是新型智库的组织形式。智库以生产和输出思想产品和政策建议为主要任务，智库组织具有自身的特点和规律。高校新型智库组织的形式，既不能盲目地比附体制内官方智库，也不能简单地沿袭传统的高校院系机构。在高校中建设新型智库机构必须去行政化。智库的职能任务决定了其组织形式多样化，需要更加多元、自主、灵活、宽松的研究方式。在机构设置上，要推进不同类型智库发展由分散向集聚转变、从封闭向开放转变、从各自为战向联合攻关转变、从固定不变向流动组合转变。既要重视智库的形态建设，创建多形式的咨询研究机构体系，搭建多层次、高规格的研究平台，更要重视智库的多种功能的发挥。应把智库作为单独实体设立，团队负责人和首席专家不受级别的限制，可以不占学校编制，采取智库职称晋升序列。在组织形式上，要最大程度地有利于思想火花的迸发，最大程度地有利于创新精神的培育。要围绕智库的主攻方向和研究优势，设置相应的多元孵化平台，并有利于与党和政府的政策需求进行有效对接。在高等院校办新型智库，还应与学科建设相结合，特别要注意创新学科和发展交叉学科。因此，智库组织体制和结构更需要创新。

七 搭建开放合作平台

传统的智库活动方式,偏重于独自、封闭运行。建设新型智库,必须创新活动方式,实行开放型、合作型研究。项目和课题是智库运作的主要载体和平台,也是跨学院、跨学校、跨部门合作最为有效的纽带。要鼓励智库开展跨学科、跨学校、跨部门、跨地区开展合作,共同研究改革发展中全局性、综合性、战略性的重大问题。特别要鼓励高校智库与实际工作部门开展合作研究,以提高研究工作的针对性、实效性和成果转化的及时性。高校智库要突出运用多种实证科学调查方法,建设基础数据库和信息库,收集和储存全面真实、详尽数据,形成决策层信得过、用得上的研究成果。各类智库还要积极广泛开展与国外智库的合作交流,拓宽"请进来""走出去"的渠道。

八 改革评价标准和评价办法

建设新型高校智库,关键在于推进评价标准和评价办法改革。评价标准是智库的方向标和指挥棒。应该按照有利于发挥智库功能的要求改进相应的评价标准体系。要积极探索建立学术研究与智库成果之间有效的对接机制,有效处理学术、教学、科研与咨政之间的关系。要加快改革传统的单纯以学术论文、著作等为核心的评价指标体系,逐步建立健全以应用研究为主和"咨政服务"为核心导向的资源分配、科研评价、职称晋升、业绩考核体系。这项改革的进程及其效果,直接决定智库建设的能力与水平。要把解决国家重大需求的实际贡献作为研究成果评价的主要标准。要建立以党政、企业、社会等用户为主的评价机制,并以此来协调推进高校科研体制机制综合改革,构建有利于智库创新发展的长效机制。要根据新型智库特点和发展需求,建立第三方遴选、后期资助、奖励淘汰机制。高校智库建设,还有一个亟待解决的问题,就是要加快创新和畅通高校智库成果报送决策部门的渠道。否则,高校办新型智库就会遇到极大的困难。

九　加强人才队伍建设

人才是智库建设的第一资源，一流智库的基础就是一流的人才。随着建设新型智库的兴起，智库人才的竞争将更为激烈。建设新型高校智库更应加快创新人才选拔、培养、使用体制，要建立智库人才引进和聘用柔性流动机制，同时建立良好的人才集成机制，把个体人才的智慧凝聚成智库整体优势。必须赋予高校智库机构更加灵活的人事自主权。一是建立灵活的选人进人机制。对于急需、紧缺型专门人才，要实行绿色通道制度；对于高端拔尖创新型人才，要建立快速直通车制度。二是建立有效的用人机制。探索多样化、多层级、富有战斗力的岗位设置体系，比如特聘岗位、兼职岗位、临时岗位等；建立健全有利于充分发挥领军人物和团队力量的纵横交叉的工作机制和平台；培育和发展智库生态文化和制度环境，让智库人员能够充满热情地、持续健康地、既富有合作精神又体现个性化地成长和发展。三是建立"旋转门"机制。健全高校内部智库机构、院系、校直职能部门之间的人才流动机制；探索高校智库与各级党委政府、企业、社会组织之间的流动换岗机制。四是建立咨政研究骨干人才库。既要不断吸引和延揽一批又一批优秀的研究型、专家型的高素质人才，又要不断培养和输送一批又一批优秀的智库专门人才。

十　注重打好智库研究的根底

打好智库研究的根底，就是要使研究人员练好智库研究的基本功。做好智库工作，需要从多方面提高素质和本领，而打牢基础性根底至关重要。包括打好基本理论和政治立场的根底；打好把握国家法律法规和方针政策的根底；打好专业知识和业务能力的根底；打好撰写智库报告建议的技巧功底。这些根底是产生出高质量研究成果的基础性条件。如果智库研究人员不懂得中国特色社会主义理论、不坚定中国特色社会主义道路、制度，不熟悉国家的法律法规和方针政策，就很难提出科学、正确的决策建议;如果智库研究人员不了解相关领域的专业知识和业务工作现状,也不可能提出有针对性、创新性和管用性的政策建议。智库研究报告与一般学术论文和学术成果的体例、范式和文字表达用语也不相同,不仅应当立论正确、观点鲜明,还应当文字明快、引人入胜、一目了然。

(本文原刊于《中国行政管理》2015年10月号)

中国智库影响力的实证研究与政策建议

李 凌*

一 引言:科学评价智库影响力引导智库健康发展

随着经济全球化、世界多极化、社会信息化的深入发展,智库作用正日益凸显,特别是在服务政府战略决策、推动经济社会发展、积极参与全球治理和增强国际话语权等方面,都需要智库提供必要与及时的思想支撑和智力支持,为弥合知识与决策之间的鸿沟贡献专家智慧。智库的影响力是智库的生命线和价值所在,构成智库研究中极其重要的一个方面。智库影响力的强弱变化揭示出一个国家或地区智库发展的整体态势、智库影响政策变迁的能力,以及智库同政策制定者之间的关系和密切程度。

目前,对智库影响力的理论基础发展较为完备,理论分析脉络主要遵从专家、决策者与众多方利益互动与协调的路径展开:一是以专家知识作为出发点的"知识运用"理论,包括卡普兰(Caplan)的两大群体学说和卫斯(Weiss)的启迪模型等;二是以政治权力和决策者作为出发点的政治学理论,包括杜鲁门(Truman)和达尔(Dahl)的多元理论和米尔斯(Mills)的精英理论等;三是关注政策形成的政策过程

---

* 李凌,上海社会科学院智库研究中心项目组研究人员。

理论，比较著名的有约翰·金顿（John·Kingdon）的多元流分析框架等。关于智库影响力的理论基础，朱旭峰提供了一个全面的综述。然而，对智库影响力的实证研究却充满困难。由于缺乏统一的测度工具与标准，一直以来大部分研究者把对智库影响力的实证分析视作禁区。彼得·豪尔（Peter Hall）曾公开宣称，"智库对决策虽有影响，但影响力到底有多大，谁也说不准"。肯特·威佛（Kent Weaver）甚至援引布鲁金斯学者中流传的一个笑话来形容智库影响力评价的难度"我们为政策制定者撰写的书本只被大学生们阅读"。

进入 21 世纪，在现代统计分析方法和数据库管理技术的帮助下，以实证方法研究智库影响力逐渐成为智库研究中的一个崭新领域。2000 年尼古拉斯·拉伯（Nicolas Ruble）《国际经济》上发表的一项研究成果，估计了从 1997 年 7 月到 1999 年 6 月期间，12 家经济政策智库和智库里的 171 名学者的新闻能见度，开创了定量分析智库影响力的先河。2002 年亚当·普森（Adam Posen）将研究扩展到 16 个智库和 276 名经济学家。2005 年苏珊娜·特里姆巴斯（Susanne Trimbath）运用类似的方法将观测期延长至从 1997 年 1 月 1 日到 2005 年 3 月 30 日，还对媒体和智库的数量进行了补充。2009 年唐纳德·阿贝尔森（Donald E. Abelson）基于政策过程概念框架，对智库影响力评价方法进行了创新，他通过观点被主要媒体的引用率和出席国会听证会的次数，定量比较了美国和加拿大智库的政策影响力。2012 年彼特·利森（Peter T. Leeson）等人以计量回归方法分析了美国州一级的以自由市场导向为意识形态取向的智库（state-based free market think tanks，SBFM）在税收、政府支出以及私有化三大领域的八个相关公共政策的影响力。尤为值得一提的是，美国宾夕法尼亚大学的詹姆斯·麦甘（James G. Mcgann）博士领衔的团队自 2006 年起，逐年发布《全球智库报告》，2013 年已覆盖到全球 182 个国家的 6826 家智库，有 171 家智库当选为全球顶级智库。目前，这份全球智库的影响力榜单已经成为许多国家，特别是发展中国家的智库发展指南。

中国现代意义上的智库发展与改革开放进程同步。30 多年来，随着各级政府决策科学化、民主化进程不断加快、程度不断提高，中国基本形成了从以政府内部附属智库为主,到社会科学院智库、高校智库和民间智库共同发展的繁荣局面,各类智库对政策形成的影响力愈加显现,专业知识与决策机制的结合更为紧密,智库和专家介入公共政策制定的趋势日益明显。本研究立足智库发展的一般规律与中国智库的演化特点,构建中国特色智库分类与评价标准,结合经济转型与社会发展背景下中国特色新型智库建设的实际需求,采用多轮主观评价法,通过广泛与定向发放调查问卷的方式,综合学者、智库专家、实际部门工作者和媒体的意见,分别就中国智库的综合影响力、系统内影响力和专业影响力三个层面进行评价与排名,以期更加全面、科学、准确地观察和评估中国智库发展现状、特点及其影响力,并对提升中国特色新型智库的影响力和国际话语权提出相应的对策建议。

二 中国智库发展的基本特征与主要态势

(一) 智库概念的由来和中国智库定位

智库(think tank)的概念起源于美国,也称"脑库""思想库",最先专指二战期间美军用以讨论战略和作战计划的保密室(think box),后被用于泛指如兰德公司(Rand Corporation)那样的民间军事研究机构和为政府提供决策参考的非政府研究机构。到了20世纪70年代,智库的概念已不局限于军事和国际关系的研究机构,而是延伸到从事解决政治、经济、社会等公共问题的研究机构。综观全球智库的发展现状,由于政治环境与文化制度等因素的差异,各国对于智库概念也有着各自不同的理解和认识。

安德鲁·里奇(Andrew Rich)将智库定义为"一种独立的、无利益诉求的、非营利组织。其产品是专业知识和思想,也主要依靠这些来获取支持并影响政策制定过程"。为此,当智库应对社会、经济、科技、军事、外交等方面的问题时,应当具备独立性、现实性、政治性和非营利性等四大特征。然而,由于各类智力服务机构的价值取向、资金来源、研究领域、专家构成有所不同,特别是专业知识与政治权力结合模式的多样性，使得现代智库运行的核心特征并不是简单的非营利性和市场化，而在于能否按照政治或经济社会发展的需要提供高质量的思想产品。这种思想产品既包括为公共决策服务的策略、建议和分析报告，还包括对经济社会健康发展具有积极推动作用的公共知识。因此，也有一些智库定义更加强调智库的思想性、创新性与战略性特点。例如，全球著名智库兰德公司创始人弗兰克·科尔博莫（Frank Collbohm）就认为，智库就是一个"思想工厂"，一个有着明确目标和坚定追求，无拘无束、异想天开的"头脑风暴中心"；一个敢于超越现有智慧、敢于挑战现有权威的"战略思想中心"。

美国宾夕法尼亚大学的詹姆斯·麦甘（James G. McGann）教授在《全球智库发展报告》（*Global Go To Think Tanks Report*）中，提出了一个更为宽泛的智库定义。麦甘教授认为，智库或者公共政策的研究分析，以及参与机构是一些这样的组织，它们进行政策导向的研究、分析，对国内和国际事务做出建议，从而使得政策制定者和公众能够对公共政策事务做出有信息支持的决定。这些智库可能附属于政党、政府、利益集团或者私人公司，或者是独立的非政府组织。这些机构经常在学术和政策制定团体之间扮演着桥梁的角色，作为一个独立的声音服务于公共利益，这种声音将实用的和基础的研究转化成能够让政策制定者和公众可理解的、可信赖的、容易接受的语言和形式。

我们认为，在中国特色社会主义发展的具体语境下，智库主要是指以公共政策为研究对象，以影响政府决策为研究目标，以公共利益为研究导向，以社会责任为研究准则的专业研究机构。中国智库是国家"软实力"和"话语权"的重要组成部分，对政府决策、企业发展、社会舆论与公共知识传播具有深刻影响。从组织形式和机构属性上看，智库既可以是具有政府背景的公共研究机构，也可以是不具有政府背景或具有准政府背景的私营研究机构；既可以是营利性研究机构，也可以是非营利性机构。中国特色新型智库的发展过程既应当符合智库发展的一般规律，又必须立足"中国元素""中国语境""中国特色"，结合中智库的成长环境与演化特点，确定相应的分类标准。

（二）中国特色智库分类

第一类：党政军智库。指通过立法或者行政组织条例组建的存在于党、政、军系列内部，为各级领导层提供决策服务的智库机构，多以党政机关和军队内部直属的决策咨询机构身份出现。其主要工作是通过内部渠道向领导人直接提供决策参考，在党和政府内部发挥决策"内脑"的职能。进一步来说，中国党政军智库在纵向上可以划分为中央和地方两个层面，如在中央层面有直接参与政策制定的发展与改革委员会宏观经济研究院、有负责起草政府工作报告的国务院研究室和国务院发展研究中心、有承担策划与宣传国务院重大决策和国家领导人执政理念的国家行政学院等"国字号"智库。地方层面则大体上参照中央智库的模式，如中央有国务院发展研究中心，各地就有地方人民政府发展研究中心；"国字号"智库中有国家行政学院，各地就有地方性的行政学院。这些都反映出中国行政体制的"条线"特点。而在横向上，中国党政军智库可以区分为发展研究中心、党校、干部学院、各部委办的附属研究机构以及军方智库等不同类别。

第二类：社会科学院（简称社科院）。这是最具有中国特色的智库系列。从社科院系统的发展历程来看，1949年中华人民共和国成立后，中国科学院成立了哲学社会科学学部，推动开展哲学社会科学研究。1957年，中国科学院党组曾向中央提出单独成立哲学社会科学学部"组"的建议，并开始积极承担政策宣讲、建议、研究等职能。1958年，上海在全国率先成立了地方社会科学院。1977年，在中国科学院哲学社会科学学部基础上，成立了中国社会科学院。与此同时，各省直辖市自治区和一些地级市也纷纷创设地方社科院，逐渐形成了中国智库中的社科院系统。其鲜明特征是，名义上独立于政府体系，而实际上与政府部门有着千丝万缕的联系，是对政府政策的制定具有重要影响和推动作用的非政府机构。从经费来源角度看，社科院是由财政全额拨款或资助方式建立、通过项目委托等形式开展相关研究的政府咨询机构。从隶属关系上看，尽管得到政府的资助，但社科院又不直接隶属于政府，服务对象也不局限于政府机构,还可以服务于来自企业、行业协会、社会方面等的委托或咨询要求。

第三类:高校智库。即隶属于大学的从事政策研究和决策咨询的组织,这类智库是由大学单独或在其他机构、团体的协助下创建的。其经费主要来自校方的拨款和一些基金会、企业赞助或私人捐助,研究人员多为校内各学科的学者以及从其他大学和研究机构聘用的研究员,服务对象和研究课题亦相当广泛。由于这类智库一般没有权利和校外的独立法人签订合同,财务上不能独立核算,因此它们不属于独立法人智库,必须依附于所属大学。高校智库的优势,主要是高层次人才集聚、学科领先且综合性强、资料丰富信息通畅,以及具有宽松的学术研究氛围等,这些优势往往能使得高校智库更易于产生创新性的思想、方法、成果和政策建议。

第四类:民间智库。民间智库主要是由民间出资组织并且体现社会公众呼声或者对政策需求的公共政策研究机构,大多由企业、私人或民间团体创设,在组织上独立于其他任何机构,且自筹经费。它们的研究人员大多由专家、学者或者前政府官员组成,可以自由选择服务对象和研究课题,规模大者设有专职人员队伍,规模小者除一些专职管理人员外,主要是根据课题的需要邀请各方面的专家和学者参加研究,组织形式相对比较松散。民间智库的声音大多围绕社会的公平与正义,希望政府的各项制度安排能够更多地倾向于社会底层成员。从经费来源角度看,民间智库可获得的政府资助占比较小,甚至不受政府财政支持,其经费大多来自大的基金会或企业赞助,但一般也能与政府部门保持密切的关系,甚至也有不少民间智库为政府决策咨询提供服务,因此,也能对具体部门的政策制定产生一定的影响。

综上,中国智库可划分为党政军智库、社会科学院智库、高校智库与民间智库四大类。它们在智库性质、组织形态、经费来源和研究方向上存在着一定的差别(见表1),这些差别是它们有别于彼此,并能在政策变迁过程中形成不同影响力和政策介入模式的基本原因。

表1 中国智库四大类别比较

中国智库类别	智库性质	组织形态	主要经费来源	研究方向
党政军智库	政府机关或参公管理单位	严密	政府全额拨款	主要面向政府内部
社会科学院智库	事业单位	比较严密	政府拨款为主	面向政府与社会
高校智库	事业单位	比较松散	教育部或高校系统	面向政府与社会
民间智库	社会团体、商业机构或企业等	松散	多元化	面向政府但主要面向社会公众

(三) 中国活跃智库的基本特征

智库种类繁多，形态各异。根据智库活跃程度大致可以分为活跃智库和不活跃智库。所谓活跃智库，是指当前正常运行，且对公共政策形成和社会公众具有较强影响力的智库。

研究通过互联网、社会媒体、图书馆和民政局等相关渠道，对中国活跃智库进行了广泛搜集与甄选。其中，党政军智库主要来自党政军机关系统名录，包括国家和地方发展研究中心、党校、干部学院，以及党政军机关直属的研究机构；社科院系统主要是中国社会科学院和各地社会科学院；高校智库主要是一些著名高校（985和211）的主要附属研究机构；民间智库选自2010年以来见诸国内媒体（慧科新闻数据库、新浪等门户网站）频率较高者。经组织专家初步筛选，鉴于确定高校智库服务对象和精确范围难度较大，故暂且将其排除，在党政军智库、社会科学院和民间智库三类智库上发现共有200余家中国活跃智库。

首先，从中国活跃智库的类别特征看，有2/5是党政军智库，1/4是社会科学院，1/3民间智库。其中，"国字号"智库占党政军智库的30%左右（见表2）。

表 2　中国活跃智库类型特征

智库类别	党政军智库		社会科学院			民间智库
数量（家）	85		52			75
其中：	国字号	地方	国家级	省级	地市级	
数量（家）	25	60	1	30	21	

其次，从中国活跃智库分布的区域特征来看，约60%分布在东部沿海地区，中部和西部地区的活跃智库分布基本相当（见表3）。从各省的分布来看，中国活跃智库主要集中在北京，其次是上海。

表 3　中国活跃智库区域分布特征

区域分布	东部地区	中部地区	西部地区	网络及不确定
数量（家）	130	36	37	9
占比（%）	61.3	17.0	17.5	4.2

再者，从中国活跃智库成立时间的长短来看，研究发现，相当一部分活跃智库是在1978年改革开放以前成立的，占比至少有1/4；各阶段新成立的活跃智库数量相对而言比较平均，近10年新成立的活跃智库数量略有上升（见表4）。

表 4　中国活跃智库成立时间分布特征

时间分布	≤10年	11~20年	21~30年	31~40年	>40年	不确定
数量（家）	38	34	32	33	52	23
占比（%）	17.9	16.0	15.1	15.6	24.5	10.8

（四）中国智库的波浪式发展历程及其主要推动因素

改革开放以来，中国智库大致经历了五个发展阶段，呈现波浪式增长态势：第一阶段是20世纪70、80年代改革开放伊始到改革进入攻坚阶段（1977~1987年），主要特点是智库体系初步建立，标志性事件和特点是1977年中国社会科学院成立，党政军智库和社会科学院得到迅速发展；第二阶段从20世纪80年代下半期延伸到90年代初邓小平南方讲话前后（1988~1993年），主要特点是智库体系多元发展，标志性事件是中国最早的一批民间智库相继成立；第三阶段是从20世纪90年代中期到党的十六大召开（1994~2002年），主要特点是智库体系基本形成，标志性事件是以北京大学中国经济研究中心为代表的大学智库蓬勃兴起、扬帆远航；第四阶段是十六大以后到十八大前夕（2003~2012年），主要特点是智库体系进入转型发展阶段，标志性事件是社科院系统明确实现功能转型确立智库定位，以及民间智库再次大量涌现；第五阶段是党的十八大召开以来（2013年至今），主要特点是智库体系创新发展，标志性事件是高校明确提出繁荣发展高校哲学社会科学、推动中国特色新型智库建设。总体上，中国智库从"幕后"走向"幕前"，从稚嫩走向成熟，其演化动力内生于改革进程、政策需求、媒体推动、国际合作与世界形势的变化以及智库组织形态与运行规则的改变，存在着广阔的发展空间。

1. 改革开放的巨大推动：伟大实践发展的内在动力

中国智库的发展是随着改革开放进程的逐步深入而不断开枝散叶的。改革开放之前，由于特殊的历史原因，中国没有真正意义上的智库，哲学社会科学研究机构在政府决策中发挥的作用有限。改革开放以来，党和国家的发展方针、路线与改革的方案需要大量的政策智囊和研究分析者，一些智库研究成果在推动中国经济体制改革和社会发展方面发挥了重要作用，知识与决策的结合有效地推动了"决策科学化"进程。进入20世纪90年代中期以后，价格体制改革、投融资体制改革、财税体制改革以及国有企业改革等一系列改革问题，驱动中国智库进入又一波研究高峰。此时，智库关注的研究议题开始转向具体的专业化领域，其中既有学术研究、政策分析，又有企业咨询和商业规划等。与此相对应，中国智库类型也开始进入多元化发展阶段，由此开启了"决策民主化"进程。

21世纪以来，随着改革开放的进一步深化，经济社会发展遇到的新问题与新挑战层出不穷。例如在气候治理、公共安全、食品安全、信息安全、城镇化和商业模式创新等公共政策形成方面，亟须智库专家专业意见的介入，由此产生了对智库发展的巨大需求。特别是世界金融危机以来，中国发展的国内外环境急剧变化，国民经济高速增长背后积聚的社会矛盾日益突出，劳动力和土地成本高企、能源资源与生态环境遭到破坏、产能过剩、产业结构调整乏力，中国以往的比较优势不再，同国际社会的贸易摩擦不断升温，这些现象从不同侧面呼吁智库机构为国家的各项决策提供智力支撑，为推进决策的科学化和民主化做出应有的智力贡献。

2. 党和政府的高度重视：民主决策、科学决策的现实需求

当前，中国智库发展已上升为"国家战略"。大力推进智库建设，走中国特色新型智库发展道路，不仅符合国内经济社会发展阶段性的需要，也是提升国家"软实力"，在参与全球战略竞争中谋求新的比较优势的重大战略举措。进入新世纪以来，党和国家领导人多次对我国智库建设与发展提出新要求，明确了中国特色新型智库的发展方向。

2004年1月，《中共中央关于进一步繁荣发展哲学社会科学的意见》在党的历史上第一次以中共中央的名义明确指出，"党委和政府要经常向哲学社会科学界提出一些需要研究的重大问题，注意把哲学社会科学优秀成果运用于各项决策中，运用于解决改革发展稳定的突出问题，使哲学社会科学界成为党和政府工作的'思想库'和'智囊团'"。2005年5月19日，胡锦涛同志主持中央政治局常委会议，听取了中国社会科学院的工作汇报，强调要"进一步办好社会科学院"。2006年11月和2007年7月，先后在北京和上海召开第一、二届中国智库论坛，使中国智库有了自主发展的机会，彰显出中国智库寻求摆脱被动角色、自主发展的新气息。2009年6月17日，温家宝在其主持召开的国务院常务会议上明确要求："根据国内外经济形势变化和中长期发展需要，加强储备性政策的研究，提高宏观调控的前瞻性和针对性。"这是"储备性政策"一词首次进入大众视野。"储备性政策"是指针对未来可能出现的新情况和新问题，超前研究和拟定可供选择的政策。

2011年10月18日，党的十七届六中全会通过的《中共中央关于深化文化体制改革，推动社会主义文化大发展大繁荣若干重大问题的

决定》明确指出:"坚持以重大现实问题为主攻方向,加强全局性、战略性、前瞻性问题研究,加快哲学社会科学成果转化,更好服务经济社会发展。"2012年,党的十八大提出了"坚持科学决策、民主决策、依法决策,健全决策机制和程序,发挥思想库作用"的新要求。2013年4月,习近平总书记作出关于加强中国特色新型智库建设的重要批示,指出:"智库是国家软实力的重要组成部分,随着形势的发展,智库的作用会越来越大。要高度重视、积极探索中国特色新型智库的组织形式和管理形式。"党的十八届三中全会进一步强调要"加强中国特色新型智库建设,建立健全决策咨询智库",为中国智库发展明确了方向。

三 中国智库影响力的实证分析

(一)智库影响力及其评价标准

随着智库在我国公共政策形成过程中的作用不断增强,对智库介入公共政策的作用及影响力予以科学评价已显得越来越重要。影响力是一种"软性"权力。智库的影响力并不囿于智库的规模和级别,而是取决于其"智力产品"的影响。智库影响力是智库的生命线和价值所在,也是其和大学或其他学术研究机构的区别所在。尽管以政策作为研究对象,但智库不具有行政权力,也不像企业那样追求盈利,而是通过为决策部门提供政策思想、方案、建言等"智力产品",以及这种决策咨询服务的影响和声誉来维持自身的生存与发展。同时,影响力又是一种主观评价,往往因人、因事而异。为此,对于智库影响力的评价,适宜采用主观评价法,利用相对模糊的序数排名,获取相对准确的评价结果。一般而言,智库有一套完善的发挥其成果作用、形成影响力的渠道和机制。例如,承担政府的委托课题,直接向委托者提出自己的政策主张;发表专题研究报告和专著;就重大政策问题提出战略思想和对策建议;就突发事件发表重要声明;直接对政府决策施加影响;举办各类论坛和学术交流互访活动;定期出版政策刊物、成果快报和年度研究报告，广泛传播研究成果、宣传政策主张；开展企业咨询，推销思想并获得经费资助；出席听证会，以及借助"旋转门"机制让智库专家直接成为决策者，等等。总之，智库影响力是其决策影响力、学术影响力和公众影响力的综合体现，加上智库影响力实现的一整套渠道和机制，即智库的成长与营销能力，共同构成中国智库影响力的评判标准。

表5 中国智库影响力评价标准

评价方面	具体特征
智库成长与营销能力	智库成立时间与存续时期长短 智库的研究经费投入 留住顶级专家和研究者的能力 与国内外同类机构合作交流的渠道
决策影响力	智库研究成果荣获领导批示次数及层次 智库专家参与政府决策咨询的次数及层次 智库专家应邀给决策者授课的次数及层次 智库专家到政府部门中的任职比例以及智库人员曾在政府部门任职的人员比例（"旋转门"机制）
学术影响力	智库人员在国内外核心期刊发表、转载的论文数量 智库人员应邀参加国内外学术会议的数量及层次 公开出版学术专著、会议论文集等出版物 公开出版连续型研究报告
公众影响力	智库专家在媒体上发表成果或被媒体报道的频率 智库学者接受媒体采访的频率 智库网站建设，包括智库专家拥有博客、微博等自媒体的数量 智库研究对社会弱势群体政策需求的人文关怀

（二）中国智库影响力评价结果

根据中国智库分类演化与研究领域的特点，研究设计了三类排名。所有入选三类排名的智库共同组成中国的顶级智库。第一类是综合影响力排名；第二类是系统影响力排名，包括党政军智库、地方社科院智库、高校智库和民间智库；第三类是专业影响力排名，涵盖经济政策、政治建设、文化建设、社会发展、生态文明、城镇化建设和国际问题等七个方面。借鉴宾夕法尼亚大学智库与公民社会项目组（TTCSP）的研究方法，通过两轮问卷调查获取被访者对中国现有智库的主观评价信息，设计问卷信息处理程序，加权计算后获得中国智库影响力的综合排名（见表6）与各类别排名结果（见表7~表17）。

表6 中国智库综合影响力第1至第10名

名次	智库名称	名次	智库名称
1	国务院发展研究中心	6	中共中央党校
2	中国社会科学院	7	国家发改委宏观经济研究院
3	北京大学	8	复旦大学
4	清华大学	9	上海社会科学院
5	中国国际经济交流中心	10	中国（海南）改革发展研究院

表7 党政军智库的系统影响力第1至第5名

名次	智库名称	名次	智库名称
1	国务院发展研究中心	4	上海市人民政府发展研究中心
2	中共中央党校	5	中国现代国际关系研究院
3	国家发改委宏观经济研究院		

表8 地方社科院的系统影响力第1至第5名

名次	智库名称	名次	智库名称
1	上海社会科学院	4	江苏省社会科学院
2	北京市社会科学院	5	江西省社会科学院
3	广东省社会科学院		

表9 高校智库的系统影响力第1至第5名

名次	智库名称	名次	智库名称
1	北京大学	4	中国人民大学
2	清华大学	5	南京大学
3	复旦大学		

表 10　民间智库的系统影响力第 1 至第 5 名

名次	智库名称
1	中国经济体制改革研究会 中国（海南）改革发展研究院 零点研究咨询集团
4	胡润研究院
5	21 世纪教育研究院

表 11　经济政策领域专业影响力第 1 至第 5 名

名次	智库名称	名次	智库名称
1	国务院发展研究中心	4	国家发改委宏观经济研究院
2	中国社会科学院	5	北京大学国家发展研究院
3	中国国际经济交流中心		

表 12　政治建设领域专业影响力第 1 至第 5 名

名次	智库名称	名次	智库名称
1	国务院发展研究中心	4	北京大学国家发展研究院
2	中共中央党校	5	清华大学国情研究院
3	中国社会科学院		

表 13　文化建设领域专业影响力第 1 至第 5 名

名次	智库名称	名次	智库名称
1	中国社会科学院	4	复旦大学历史地理研究中心
2	国务院发展研究中心	5	中国艺术研究院
3	北京大学国家发展研究院		

表 14　社会发展领域专业影响力第 1 至第 5 名

名次	智库名称	名次	智库名称
1	中国社会科学院	4	中共中央党校
2	国务院发展研究中心	5	北京市社会科学院
3	零点研究咨询集团		

表 15　生态文明领域专业影响力第 1 至第 5 名

名次	智库名称	名次	智库名称
1	国务院发展研究中心	4	中国社会科学院
2	北京大学国家发展研究院	5	上海社会科学院
3	中国能源经济研究院		

表 16　城镇化领域专业影响力第 1 至第 5 名

名次	智库名称	名次	智库名称
1	国务院发展研究中心	4	北京大学国家发展研究院
2	中国社会科学院	5	清华大学国情研究院
3	中国（海南）改革发展研究院		

表 17　国际问题领域专业影响力第 1 至第 5 名

名次	智库名称	名次	智库名称
1	清华大学当代国际关系研究院	4	复旦大学美国研究中心
2	中国社会科学院	5	上海国际问题研究院
3	中国现代国际关系研究院		

（三）中国顶级智库的结构特点

中国顶级智库由入选综合影响力、系统影响力和专业影响力三类排名的智库组成，剔除重复后共有 27 家智库。

1. 区域结构：区域分布不平衡

中国顶级智库几乎全部集中分布在我国东部沿海地区，其中，北京有 17 家，占 63.0%；上海有 5 家，占 18.5%；其余各家分别位于江苏、广东、海南和江西（见表 18）。

表 18　中国顶级智库的区域结构特点

区域分布	东部地区（26 家）					中部地区
省和直辖市	北京	上海	江苏	广东	海南	江西
顶级智库数量（家）	17	5	2	1	1	1

2. 类别结构：综合影响力显著

中国顶级智库在各自所在的系统和专业领域往往都具有一定的影响力。例如，综合排名前三甲的中国智库，都是各自系统内影响力首屈一指的智库，并且在经济政策、政治建设、文化建设、社会发展、生态文明和城镇化问题等多个专业领域内也颇有影响力（见表19）。

表19 中国顶级智库的类别结构特点

综合排名	智库名称		系统内部影响力	专业影响力
1	国务院发展研究中心		党1	经1、政1、文2、社2、生1、城1
2	中国社会科学院		科国	经2、政3、文1、社1、生3、城2、国2
3	北京大学	国家发展研究院	校1	经5、政4、文3、生2、城4
4	清华大学	当代国际关系研究院	校2	国1
		国情研究院		政5、城5
5	中国国际经济交流中心		无	经3
6	中共中央党校		党2	政2、社4
7	国家发改委宏观经济研究院		党3	经4
8	复旦大学	历史地理研究中心	校3	文4
		美国研究中心		国4
9	上海社会科学院		科1	生5
10	中国（海南）改革发展研究院		民1	城3
11	中国现代国际关系研究院		党5	国3
12	中国经济体制改革研究会		民1	无
13	中国人民大学		校4	无
15	零点研究咨询集团		民1	社3
17	上海国际问题研究院		无	国5
18	上海市人民政府发展研究中心		党4	无
19	21世纪教育研究院		民5	无
20	胡润研究院		民4	无
21	北京市社会科学院		科2	社4
23	南京大学		校5	无
24	广东省社会科学院		科3	无

续表

综合排名	智库名称	系统内部影响力	专业影响力
28	中国艺术研究院	无	文5
>40	中国能源经济研究院	无	生3
>40	江苏省社会科学院	科4	无
>40	江西省社会科学院	科5	无

注：表中数字表示排名，其中，系统影响力一栏中，"党"系指党政军智库、"科"系指地方社科院、"校"系指高校智库、"民"系指民间智库；专业影响力一栏中"经"系指经济政策、"政"系指政治建设、"文"系指文化建设、"社"系指社会发展、"生"系指生态文明、"城"系指城镇化建设、"国"系指国际问题。如"文5"代表在文化建设专业领域内排第五位。"科国"专指国家层面的社会科学院，即中国社会科学院。

3. 时间结构：阶段性发展明显

中国顶级智库的成立时间主要有四波：第一波是新中国成立后到"文化大革命"前（1949~1952年）；第二波是改革开放后的第一个10年（1977~1987年），即中国智库体系初步建立阶段；第三波是邓小平南方讲话之后（1994~2002年），即中国智库体系基本形成阶段；到2003年以后，中国顶级智库处于转型发展阶段，出现了机构改名与合并的第四波。

（四）中国智库影响力评价的主要发现

与世界其他国家，尤其是美国等发达国家智库相比较，我们认为，中国智库发展与演进过程客观上反映了中国特色新型智库成长的一些规律与趋势，对于其中存在的一些问题应予以足够重视。以下列举一些通过调查问卷得到的发现，以供进一步研究与讨论。

1. 地区分布：集聚效应和发展态势明显

中国智库呈现典型的集聚发展态势，最具影响力的智库主要集中在北京和上海。统计结果表明，综合影响力前10名智库，无一例外地分布在东部沿海地区，其中，第1至7名都在北京，第8、第9名位于上海，第10名中国（海南）改革发展研究院位于海南；综合排名前20名智库，在前10名智库的基础上，北京增加了8名，上海增加了2名；

综合影响力前 30 名智库，北京有 20 家，占 67%，上海智库有 6 家，占 20%，同时没有发现有影响力的中西部智库（见表 20）。

表 20　中国综合影响力智库的地区分布

区域	前 10		前 20		前 30	
	数量（家）	占比	数量（家）	占比	数量（家）	占比
北京	7	70%	15	75%	20	67%
上海	2	20%	4	20%	6	20%
海南	1	10%	1	5%	1	3%
广东	N.A.	N.A.	N.A.	N.A.	1	3%
江苏	N.A.	N.A.	N.A.	N.A.	1	3%
福建	N.A.	N.A.	N.A.	N.A.	1	3%

由此可见，无论是智库数量还是影响力，北京和上海都呈现出大幅领先于全国其他地区的智库发展态势。这一方面彰显出智库和智库产业集聚发展的特点及一般规律，即智库起作用的范围往往可以超越地域限制，因而通常集聚在政治中心和经济文化中心周围，比如美国的著名智库主要集中在其首都华盛顿地区。另一方面也反映出中国地区发展的非均衡引发地区间智库发展不平衡，同时，地区间智库发展的不平衡又反作用于地区经济社会的非均衡发展，换言之，中国中西部地区智库发展形态相对滞后，影响力相对不足，以及东部智库对中西部地区发展问题关注相对较少，可能是促成中国地区发展非均衡的重要因素之一。由此可见，一个国家或者地区发展，必须要高度重视智库的作用，智库是一种重要的软实力。

2. 机构类型："国字号"党政军智库和民间智库更加关注国家战略

中国智库的影响力不仅与智库所在地经济社会的发展水平相关，同时也与智库的研究层面相关。研究发现，关注国家发展层面的智库，影响力会更大一些，统计上表现为有影响力的"国字号"党政军智库和民间智库较多；而关注区域层面问题的地方智库的影响力相对较难发挥，统计上表现为有影响力的地方党政军智库和地方社科院较少。例如，在综合影响力排名前 10 的智库中，"国字号"有 4 家，高校智库 3

家，民间智库 1 家，国家级和省级社科院各 1 家；在综合影响力排名前 20 的智库中，"国字号"增加到 7 家，民间智库增加到 5 家，而地方党政军智库只有 2 家，且没有新增的地方社科院；在综合影响力前 30 名智库中，"国字号"和民间智库均分别增加到 9 家，合计占比超 50%，但有影响的地方智库数量有限，地方党政军智库和地方社科院合计仅 6 家，合计占比仅 20%（见表 21）。

表 21 中国综合影响力智库的类型分布

智库类型		前 10	前 20	前 30
党政军智库	国字号	4	7	9
	地方	0	2	3
社会科学院	国家级	1	1	1
	省级	1	1	3
高校智库		3	4	5
民间智库		1	5	9

相对于"国字号"智库和民间智库，中国有影响力的地方智库不多，一定程度上折射出智库发展过程中"重中央、轻地方"的研究倾向，需要充分重视与积极引导。研究同时发现，地方智库只有同地方问题紧密结合形成地方研究特色，才能提升地方智库的影响力，比如上海国际问题研究院（综合排名第 17 位、专业排名第 5 位）借助上海作为改革开放桥头堡的前沿地位，致力于开放与国际化研究，成为地方智库中的翘楚。因此，智库研究不应忽视地方经济社会转型的巨大需求，地方智库发展应当同地方经济社会发展特色结合起来，积极推动地方智库升级转型或将成为中国智库从稚嫩走向成熟的重要举措。

3. 成立时间：2000 年是中国智库成长的分水岭

2000 年以后成立的智库，影响力不及 2000 年以前成立的智库，但有影响力的民间智库逐渐增多。研究发现，综合影响力前 10 的智库机构（未包括高校智库和成立年份不详的智库），除中国国际经济交流中心成立于 2009 年外，其余都成立于 2000 年以前，其中 1 家成立于改革开放以前，2 家成立于 1970 年代，2 家成立于 1980 年代，1 家成立于

1990 年代；综合影响力前 20 的智库中，成立于 2000 年以前的智库有 13 家，成立于 2000 年以后的只有 3 家；综合影响力前 30 的智库中，成立于 2000 年以前的智库有 20 家，成立于 2000 年以后的仅 5 家（见表 22）。

表 22　中国综合影响力智库的成立时间分布

成立时间	前 10	前 20	前 30
改革开放以前（家）	1	3	4
1970 年代（家）	2	2	2
1980 年代（家）	2	4	7
1990 年代（家）	1	4	7
2000 年（含）以后（家）	1	3	5

当把考察对象扩大到 200 余家活跃智库时（不包括高校智库和成立年份不详的智库），情况亦是如此。其中，新中国成立以来，有一批国家级智库相继成立，一直以来对中央决策起到重大影响；1966～1976 年十年"文革"，智库发展几近停滞；1977 年前后"文化大革命"结束，一直到 1987 年之前，各地社科院陆续恢复挂牌；1988 年之后，各地的政府发展研究中心和中央各部委的研究机构相继成立，1988～1993 年和 1994～2002 年三类智库保持了相对稳定的增长态势，研究议题多以经济社会发展为主，同时一些民间智库也得到适度发展；2003 年起，一些社会知名人士、学者、政府官员等纷纷从体制内游弋到体制外，以社会团体等名义成立民间智库的情形则较为多见。

4. 研究领域：聚焦政治建设、经济政策与国际关系

政治建设和经济政策是中国顶级智库涉足最多的两个领域，而且随着改革开放的逐步深入，研究国际问题的中国智库日益增多。首先，我们在 27 家中国顶级智库的排名中，找到每个专业影响力排名前五的智库在综合影响力中所对应的排名，来揭示专业的相对重要程度。研究发现，政治建设和经济政策是顶级智库涉足最多的两个领域，而通过研究社会建设和生态文明产生影响力的智库则相对较少（见表 23），但中国有相当一部分智库的研究领域具有综合性和问题导向性。

表23　中国专业影响力智库在综合影响力排名中的专业分布

专业领域	政	经	城	国	文	社	生
综合影响力排名总和	16	18	20	42	42	49	>55

注：表中"经"系指经济政策、"政"系指政治建设、"文"系指文化建设、"社"系指社会发展、"生"系指生态文明、"城"系指城镇化建设、"国"系指国际问题。
数据来源：根据表19整理而得，表中数字越小代表影响力越强。

其次，在200余家活跃智库中，2000年以后新近成立或改名的对跨国问题展开研究（包括全球气候变暖、大规模杀伤性武器的扩散、反恐、碳排放和传染病预防等议题）的智库，逐步从仅限于党政军智库向民间智库渗透。在此期间，一批具有国际影响力的智库应运而生，如中国国际经济交流中心（综合排名第5位，成立于2009年）、中国现代国际关系研究院（综合排名第11位、专业排名第3位；改名于2003年）、清华大学布鲁金斯公共政策研究中心（综合排名第25位，成立于2006年）等，这是中国深化改革开放走向全球视域的重要标志。与此同时，中国智库与国际顶级智库，如布鲁金斯学会、卡内基国际和平基金会和国际战略研究所的联系也在日趋加强，特别是2008年世界金融危机之后，中国必须以更加审慎的态度迎接后危机时代全球产业转移和重新布局引发的挑战，并承担起发展中大国参与全球治理的责任。

此外，研究还发现，综合影响力排名靠前的智库，其专业影响力也颇具实力。综合性与专业性是智库发展的两大趋势，在综合性与专业性的角力中，中国智库目前仍处于专业化分工不足的发展阶段。目前并没有充分的证据证明综合性比专业性好，抑或是相反。综合性与专业性智库间的混同发展可能同中国的"思想市场"发育相对迟缓有关。可以预见，随着中国"思想市场"容量的扩大以及智库之间竞争的加强，智库的专业化分工将进一步增强。但同时也应看到，提高专业化水平也有可能阻碍对复杂问题开展跨学科的研究，从而限制智库的创新能力。

四　中国特色新型智库的发展趋势与政策建议

党的十八大和十八届三中全会对中国特色新型智库的建设和发展发出了新的更加重要的信号，各级政府征询智库谏言和建议的行为进一步得到了政治上的保障和财政上的支持，发挥智库功能已经成为政府决策中必不可少的重要环节。

（一）发展趋势：影响力、多元化、国际化和信息化

首先，智库建设要更加重视对公共决策与社会公众的影响和引导。提升影响力是智库生存与发展之道，随着各种类型智库的涌现，智库研究之间的竞争也日趋激烈。在未来，通过打造具有决策与公众影响力的标志性智力产品，树立智库品牌，将成为中国智库未来发展的重要手段与内容。

其次，智库组织形式正在变得更加多元化。多元化是决策民主化的基础，可以预见，一方面，民间智库的数量将进一步增长，这将有利于扩充中国思想市场的容量与规模；另一方面，智库表达不同观点和政策主张的环境更加宽松，各种观点表达的机会将更趋公平，这有助于中国智库形成更加客观和独立的决策建议。

再者，国际合作进一步加强，这将为中国智库发展增添全球意识，同时，海外著名智库也可能介入国内政策制定过程，中国特色新型智库的国际化和全球化特征和趋势更加明显。随着改革开放进程的逐步深入，中国智库研究的国际化已成为一种趋势，在此背景下，中国智库将开始尝试到海外设立分支机构，构建和纳入面向全球的研究网络。与此同时，中央和地方政府在一些政策的调研和论证过程中，也可能积极采纳海外智库的建议。一个典型案例是由中国财政部、国务院发展研究中心和世界银行联合组织实施，耗时15个月完成的题为《2030年的中国：建设现代、和谐、有创造力的高收入社会》的研究报告，是中国政府和世界银行合作历史上首次进行如此重大而着眼长远发展的策略性研究。

此外，随着网络化、信息技术以及新媒体等现代技术的创新和发展，智库的形态、表现方式等会有进一步的创新，这意味着将会有一些智库以新的组织形式出现，而难以简单地按现有的分类标准进行归类，特别是政府直属和民间组织自发成立之间的界限将变得较难划分。例如，具有年会性质的"中国经济50人论坛"，以及具有"社会团体"

属性但又拥有官方背景的中国国际经济交流中心等，都会是目前乃至未来一段时期内比较活跃的新型智库。而且，它们也更加注重智库自身的决策咨询影响力、学术影响力和社会影响力的有机结合与互动发展，参与决策、服务政府和影响公众舆论的手段和方式也将更趋多样化、多元化。

（二）政策建议：加强智库自身建设与营造智库发展环境并重

决策的科学化、民主化是中国特色社会主义政治建设的重要任务，也是实现科学发展观的先决条件和实践前提。改革开放30多年来，中国智库发展取得长足进步，特别是在经济运行速度放缓、社会矛盾凸显的关键时间点上，公共问题的讨论进入了所谓的"政策之窗"时期。由此，为科学解决各类政策问题提供策略、方法、措施和建议的智库应运而生，成为推动中国特色社会主义建设的"思想源泉"。

然而，中国智库的发展仍处于成长阶段，与国际一流智库相比，中国智库全面参与公共政策形成过程的体制机制尚未健全，各级党政军智库和社会科学院智库的行政依赖色彩还十分浓重，民间智库赖以生存的资金筹措机制和信息共享机制相当欠缺，智库创新成果的评价考核机制缺乏激励性，公众利益表达渠道有失通畅。同时，标签化、边缘化和无实质内容的智库泛起，影响了整个智库的生存与竞争环境，这些因素都使得中国智库的影响力和创新能力受到制约，也进一步影响了中国社会"智政"结合的程度，影响了公共政策变迁的方向，不利于社会进步和抢占国际话语权。

我们认为，在实践中积极探索中国特色新型智库建设之路，建立健全智库的决策咨询功能，这既是中国特色决策咨询和公共政策制定行之有效的机制，更是中国特色民主政治建设的重要内容之一。在未来的发展中，我们既要发挥各级各类智库的能动作用，实现体制机制创新；又要强化政府的引导以及对决策咨询的支持作用，为智库发展创造良好氛围。

1. 加快推进智库自身建设，提升影响力和竞争力

第一，中国智库发展应注重影响力与独立性的平衡。目前，各级政

府做出决策,特别是重大决策时,一般都会在不同环节征求智库专家的意见,智库也因此获得了更多的影响力和话语权。然而,由于社会制度与政治体制等因素的差异,与西方智库不同的是,中国党政军智库占比较高,研究经费多来源于政府,行政依附性较强,这就容易使得社会舆论对于专家咨询的独立性提出质疑。中国智库必须在影响力和独立性之间做好必要的平衡,这个平衡点就是客观和实事求是,为此应当保持其在决策者和公众心目中的公信力,尤其要防止"附庸"政府或"迎合"民意这两种不良倾向。

第二,促进地方智库尤其是地方社科院的功能转型和创新发展。地方社科院在向智库转型的过程中必须突出自身优势,形成与高校智库和党政军智库不同的特点,在差异化竞争中发挥对公共政策的影响。地方社科院体制机制创新的核心内容有两个:一是与高校智库的"经院式"研究不同,地方社科院应鼓励科研人员深入基层,通过实地调研获取翔实准确的一手资料,从实践中发现问题、总结经验、升华理论、提出对策;二是与党政军智库的"身份"形成差异,地方社科院应以"政策外脑"的资质服务于决策咨询,能相对超脱于体制约束,确保咨询意见具有一定的独立性。

第三,拓宽成果转化渠道,提升成果向决策咨询的转化效率。科研成果转化缺乏渠道或转化效率低下一直是制约智库影响力发挥的重要原因,从而造成许多有分量的科研成果被束之高阁,无法对决策起到必要的影响。为此,中国智库在转型发展过程中,应多措并举完善科研成果转化机制,拓宽成果转化渠道,提升成果转化效率。一是要建立和保持通畅的"智政通道",降低智力成果参与政治决策的成本。不同类型的智库专家在参与公共政策制定时,需要采用不同的策略与模式,比如与政府官员保持一定的联系对于党政军智库而言可能不会带来额外的价值,但对于民间智库而言却可能十分重要。此外,公共政策的内在属性,即怎样的公共政策可能也会对专家介入的策略与模式产生影响。二是要形成和打造多渠道的成果发布机制,加强成果宣传和对政策影响的跟踪评估。根据研究成果的不同性质,以内部决策参考、学术报告、科普活动、记者招待会、系列报刊文章等不同形式对外传播,形成推动政策变迁的持续性力量。

第四，充分借助新媒体、新科技、社交网络与"云"的影响。借助互联网技术和"云计算"，智库以更加虚拟、实时与互动的形式存在，不能低估信息化力量对智库从形态到内容的改造。目前，大部分中国智库都拥有自己的网站，其中部分还开设了微博、微信、论坛等以提高政策辩论的及时性与参与性。越来越多的人通过网络表达对公共政策问题的看法与主张，这一现实也要求智库机构重新审视所采用的方法，开展能被决策者采纳、公众理解并且具有学术质量的研究。中国智库应当跟上和适应这些变化，而不是被互联网时代抛在后面。

2. 积极营造智库发展环境，发挥智库的决策咨询服务功能

第一，各级政府应全面提高对智库发展重要性的认识。各级政府要把思想统一到党的十八届三中全会精神上来，在对全局性问题和公共政策相关方的利益进行考量时，充分发挥智库作用；在决策的信息来源、思想来源和事实来源方面，积极听取智库建言；将智库纳入各级政府的决策参考体系，大幅提高决策的科学性、民主性、公正性和有效性。

第二，要尽可能地给予智库更多的独立研究空间。要在决策过程中引入智库，听取智库建言。但是，当智库的一些研究成果和政策建议与政府的原有政策存在较大差异时，各级官员要尽可能地给予智库专家更多的研究空间，使智库专家能够充分论证相应的政策方案。要做到"兼听则明"，而不要用资金或时间等条件限制智库研究。

第三，要重视与不同类型的智库专家建立经常性联系。社会是不断变化与发展的，为适应和促进社会的变化与发展，原有的公共政策必须进行相应的调整和完善。但公共政策变迁是一个系统性的社会工程，需要政府官员经常性地与来自不同机构类型的智库学者进行沟通、保持联系。这一方面有助于公共政策在形成和调整过程中的内在一致性、公共政策之间不相互冲突且保持相对的独立性，体现社会各利益方的利益诉求表达；另一方面，也有助于智库专家在一定的公共问题研究领域进行长期的深化研究和跟踪研究，推进形成专业特色明显并具有重大影响力的研究成果。

总之，推动智库发展的长期意义，不仅在于"科学制政、科学执

政",更体现了中国"软实力"的核心价值。可以预料,未来中国智库发展的趋势将呈现如下特点:更加关注地方智库与地方发展的联系,更加关注民间智库的生存环境,更加睿智地处理好影响力与独立性之间的关系,更加自如地处理综合性与专业性发展带来的利弊,以更加包容与开放的心态迎接世界经济的变化,更加善于运用互联网技术带来的新变革。这些趋势的实现都应当建立在"思想市场"逐步"扩容"的基础上。从政策思想的需求来看,应着力完善智库介入公共政策形成过程的体制机制建设;而从政策思想的供给来看,则应当更多地强调智库的独立性、专业性与多样性。

中国正在经历史无前例的"创新转型",深化社会主义市场经济体制改革向我们这个时代提出了一系列重大而又亟待解决的理论和现实问题。一方面,中国改革发展的成功经验需要进行更为全面的理论总结和提炼;另一方面,创新发展的深层次矛盾、问题和瓶颈,也需有更加科学的分析与回答。这些问题的亟待解决,显示了中国特色新型智库建设的重大意义。未来,中国的和平崛起无疑将对世界发展产生深远影响,中国特色新型智库将有助于人们深刻且全面地了解中国国情并向世界"说明中国"。中国特色新型智库的建设与发展道路,同样也集中反映了中国公共政策的决策科学化、民主化的伟大进程以及中国特色民主政治建设的历史规律。当然,中国未来的创新转型,终将得益于中国特色新型智库的成长和壮大,中国特色新型智库也必将为实现中华民族伟大复兴的中国梦而作出自己应有的贡献(上海社会科学院智库研究中心项目组)。

(本文原刊于《社会科学》2014年第4期)

智库热的冷思考

薛 澜[*]

一 引言

进入21世纪以来，在中国经济发展转型和社会矛盾凸显的关键时期，智库的发展得到了国家的关注和重视。2004年1月，《中共中央关于进一步繁荣发展哲学社会科学的意见》提出要使哲学社会科学界成为党和政府工作的"智库"和"智囊团"。2013年，习近平总书记明确指示，要建设中国特色智库，适度超前，服务决策，为中国智库未来的发展指明了方向。全国各部门各地发展智库的热情空前高涨，各种类型的智库不断涌现，相关的研讨会和评估也络绎不绝。

但是，在全社会智库热之际，我们也必须对智库问题进行一些冷思考，对一些最基本的问题进行梳理，避免由于认识上的误区而影响智库的健康发展。例如，什么样的组织是智库，什么样的组织不是智库？智库的基本社会功能是什么？什么不应当是智库的功能？当前中国智库的发展最缺什么？如何培育中国特色国际一流智库的发展？本文想就这些问题做一粗浅的分析，以期抛砖引玉，引起大家对这些问题的关注并开展更加深入的讨论，从而推动智库的健康发展，为中国公共政策的科学化和民主化做出贡献。

---

[*] 薛澜，清华大学公共管理学院院长。

二 智库兴起的经济社会发展背景：
公共政策的科学化与民主化

智库（也称思想库）作为一种社会组织是特指稳定的，相对独立的政策研究机构，其研究人员运用科学的研究方法对广泛的公共政策问题进行跨学科的研究，并在与政府、企业及大众密切相关的政策问题上提出咨询建议。[①] 智库既是专业知识库及高级人才库，也是科学知识与公共政策之间的重要桥梁。智库的兴起与当代公共政策的特点和经济社会发展阶段密切相关。

首先，随着社会经济、文化、科技方面的进步，任何一个公共政策问题都涉及多方面的专业知识。公共政策制定所需要的科学分析仅靠单个或少数专家的力量远远不够。稍有不慎，错误决策的成本是巨大的。任何重大公共政策从决策方案的提出、评价，到最终方案的选择，必须综合各方专家的集体力量。另外，公共政策问题的复杂性、连续性及可重复性要求有稳定的研究机构去从事专门研究，很多政策建议往往需要经过不断的讨论、修正，才能逐渐为人们所接受，变成具体可行的政策行为。

其次，现代公共政策问题的解决往往需要多学科的深入研究，需要综合自然科学、社会科学与工程技术多方面的研究结果。期待智库这种单一的社会组织来完成所有这些研究是不现实的。与公共政策相关的研究活动必须在不同社会组织中有效地开展分工协作，构建科学民主决策的知识链条。一般来说，可以把政策分析过程中相关的研究工作分成三类。

第一类是基础性研究。这些研究工作并没有特别的指向性，是对自然现象或社会现象的发现、认识和解释。例如，关于北京地区雾霾形成机理的研究就属于此类研究。对这些问题的研究可能起源于科学家的好奇心，也有可能起源于解决实际问题的需求。但由于这些研究工作具有高度的不确定性，其产出的经济社会效益不清楚，所以，市场主体一

---

① Paul Dickson. *Think Tanks*. New York: Atheneum, 1971.

般没有积极性去资助此类研究工作，属于典型的市场失灵，需要由国家对从事基础研究的大学或科研机构提供制度性的经费投入来解决。

第二类是应用性研究。这些研究工作的政策指向性比较明确，是针对经济社会发展对公共政策领域所提出的需求而开展的。如中国特色城镇化道路的研究。这些研究虽然是应用导向，但需要对相关领域的问题进行比较深入系统的分析和研究，甚至于要开展一些基础性的研究。这些研究的结果往往会提出具有前瞻性、系统性，比较宏观的政策建议，比较适合由智库来执行。市场主体一般也没有积极性支持此类研究，需要智库通过各种方式筹资开展。

第三类是对策性研究。这些研究工作是针对公共政策过程中具体决策需求而开展的研究，需要对实际问题提出具体的政策方案并包括利弊分析。如1963年古巴导弹危机中美国得知苏联在古巴部署核导弹之后应该做出什么反应？这类研究工作的指向性非常明确，但往往时间紧，信息不完全。同时，也必须充分了解决策者面临的其他各种政治、经济、社会、国际压力等约束条件。这类研究往往是由政府内部的研究机构来执行，不需要额外的经费支持。

在实际政策研究过程中，不同机构之间的分工并没有那么清晰。很多高校的研究机构也从事应用性研究或对策性研究，很多智库也积极参与到对策性研究。但从各类机构的比较优势来看，在合理分工的基础上有效地合作更有利于推进公共政策研究的科学化和有效性。当然，各类研究的资助方式也是一个核心要素，后面还将要涉及。

再次，随着各国经济社会的发展，政府的公共政策对公众福利的影响越来越大，公众对于公共政策知情权和参与权的要求越来越高。在一个利益格局和价值选择多元化的社会中，公共政策如何平衡各种利益和价值观念的冲突和矛盾是各国政府面临的巨大挑战。随着人民生活水平的不断提高，公众参与公共事务的积极性和能力也在不断地提高，他们不但希望公共政策能够保护自己应有的权益，而且希望自己的价值观念能够在公共政策中得到体现。当然，由于时间、能力等各个方面的约束，广大公众能够直接参与政策研究的人是极少数。更多的公众则是通过各种公开的政策分析报告或政策讨论来了解政策过程，并通过社会既定的政治参与方式来表达自己对这些政策的支持或反对。正因为如此，智库对公共政策问题比较客观中立的分析，除了政策制定者之外，还有一个巨大的需求群体，就是关注相关公共政策问题的公众。

正是在这两种力量的作用下，以提供专业客观的政策分析为己任的智库应运而生，其标志性事件就是1948年在美国成立的兰德公司。虽然各种统计千差万别，但全世界目前有影响的智库超过上千应该是不争的事实。这些智库在各个国家的国内政策及国际事务中发挥着重要的影响。

三　智库的社会职能

现代社会的一个重要特点就是社会组织的专业化。尽管智库可以在现代社会公共政策制定过程中发挥重要作用，但也不能过度夸大。目前很多媒体的分析和报道把智库的社会功能夸大或者泛化，似乎有了智库，中国的很多政策难题就可以迎刃而解了。还有一些机构对包括大学、研究机构、营利性咨询公司等各类社会组织进行所谓智库评比，混淆不同类型组织的社会功能，这种认识误区对于智库的发展有害无利，值得注意。只有对智库的社会功能准确定位，建立稳定合理的预期，并依此对智库的水平、公正性、客观性进行合理的评价，才能够使得智库优化其社会功能，向着专业化和客观中立的方向发展，建立起其应有的社会信誉。

在中国现阶段的发展过程中，智库在推动公共政策科学化民主化过程中具有三个主要职能。

首先，智库可以发挥政府理性决策外脑的职能，对政府面临的公共政策难题进行相对独立的，科学理性的分析，并提出各种备选方案，供决策者选择。在中国经济社会高速发展的今天，很多公共政策问题的专业化程度、复杂程度和不确定性使得传统的经验主义式的决策已经很难适应。与此同时，近年来政府部门多轮的行政体制改革与简政放权也使很多政府机构的政策分析能力弱化。此外，市场经济条件下，市场相关主体与政府部门在决策过程中的博弈局面更加凸显。这些情况的叠加使得政府部门在复杂决策时面临的挑战变得更加突出。正是在这种情况下，由高水平智库提供的相对独立客观的政策分析对于政府部门来说就变得非常重要了。

其次，智库可以成为多元利益和价值观念的政策参与渠道。随着中国经济改革的深入和市场化进程的加速，中国社会利益群体逐渐分化，各种价值观念更加多元。其中有些利益群体属于新兴社会阶层，如民营企业家阶层；有些利益群体属于非主流弱势群体，如城市农民工群体。在这种情况下，智库的比较理性的全面分析往往会把这些利益纳入视野，作为政策分析必须考虑的要素之一，成为多元利益和价值观念的政策参与渠道。近年来，在城市农民工问题、环境保护与气候变化等问题上，各类智库作为多元利益和价值观念的政策参与渠道已经在发挥着日益重要的作用。

最后，智库还可以在不同利益和价值观念有冲突的情况下成为理性政策辨析的公共平台。随着中国经济社会高速发展，越来越多的公共决策难题摆在我们的面前。例如，在有限的公共财政手段下，是应该把更多的资源投入到医疗服务中，还是投入到教育中？在地方经济发展过程中，大型化工项目和环境保护的矛盾如何解决？这些问题的决策需要平衡各个方面的利益，需要协调各类互相冲突的价值观念。但由于缺乏一个全社会理性政策辨析的公共平台，对于这些重大决策的利弊没有一个公开透明的理性分析过程，使很多重大的决策就在媒体和公众情绪波动中随机地摇摆而给公众利益带来巨大损失。由于智库本身在公共政策不同领域的深厚积累及其立场中立的特点，可以成为对这些政策进行系统分析，对政策利弊进行价值判断的交流沟通平台。这种交流沟通过程一方面可以帮助决策部门更好地了解不同利益群体和价值倾向的诉求，同时也可以化解在政府与公众之间广泛存在的不信任，把政府与公众之间的对立博弈转变成为不同利益和不同价值观念的沟通与妥协。[①]

---

① 薛澜、朱旭峰：《中国思想库的社会职能——以政策过程为中心的改革之路》，《管理世界》2009 年第 4 期。
XueLan, Zhu Xufeng. "The Social Functions of China's Think Tanks." *Management World*, 2009 (4).

但是，也必须清醒地看到，这三种社会职能的定位对智库本身的运行模式和治理结构提出了很高的要求。例如，如果一个智库的运行没有一个相对稳定或多元可持续的资金来源，其运行需要依附于强势的利益集团，则很难期望这样的智库对有争议的公共政策问题保持客观中立的分析。当然，这样的智库也很难吸引高层次的政策分析人才来保证其研究工作的高质量要求。同时，由于诸多公共政策的复杂性与专业性，在政府和社会与智库之间也存在着某种程度的信息不对称。或者由于自身价值观念的偏好，或者受到某些特定利益集团的影响，也不排除智库对社会提供有偏见的政策分析，扭曲社会对公共政策利弊的判断，从而成为政策思想垄断的工具。在这样的情况下，智库本身比较完善的治理结构就成为保证智库运行模式与其职能定位相符的制度保障。这种治理结构可以通过有相关领域专业人士和社会贤达人士参与的理事会、完整的信息披露、相关领域行业协会的自律规则等方式来实现。

应当提到的是，虽然有很多社会组织在公共政策制定中可以发挥重要的影响，但这并不等于这些组织都要办成智库。例如，中国科学院和中国社会科学院在我们认识自然界和社会行为的客观规律方面发挥着重要的作用，他们的研究属于前面提到的第一类工作——基础研究。但如果这些机构也都要办成智库，把精力主要放在应用政策研究上，那么将会影响我们对基本自然规律和社会现象的认识，对社会的整体知识结构产生不利的影响，最终导致公共政策质量的下降。同样，很多行业协会组织代表这些行业中的企业和相关组织的利益，表达他们的利益诉求，如果他们也都要成为智库，将会面临尴尬局面：如果他们仍然代表企业利益，社会公众很难相信他们的政策分析是客观公正的；如果他们努力成为客观公正的智库，他们行业中的企业和相关组织就要怀疑他们是否还能够代表自己。这也就是为什么我们要区分智库和其他影响公共政策的社会组织。

经过多年的发展，很多国际一流的智库已经形成了一套卓有成效的管理模式，树立了自己的品牌，对相关公共政策领域产生了重要的影响，成为政策分析领域中的佼佼者。例如，美国的布鲁金斯学会坚持质量、独立与影响三位一体的定位，在国际关系、经济政策等领域享誉全球；兰德公司在国防战略系统方面的研究亦可独霸一方；英国苏塞克斯大学的国际发展研究所则坚持在国际发展领域长期耕耘，不但在国际发展领域享有盛名，也为国际发展领域培养了一批杰出人才。这些国际知名智库的成功经验可以为中国智库的建设与发展提供有益的借鉴。

四 智库发展的制度安排与生态环境

智库自身的建设与发展固然重要，但没有良好的政策研究环境，也很难施展其"十八般武艺"，更无法进一步提高。笔者以前曾经提出以完善的"政策分析市场"（Policy Market）西方学者也认识到存在政策思想自由交换的市场的重要性。他们有时称之为"思想市场"（marketplace of ideas），有时称之为"智力市场"（intellectual market）。本文特别强调这种市场在中国是可以由政府主导而建立起来的一套制度安排，因此这里采用"政策分析市场"的概念以区别于上述类似的西方政策市场的概念。为核心的保障智库发挥其社会职能的一套制度安排：

政策分析市场的需求与供给。在政策分析市场中，智库提供的产品是政策思想、专家知识、建议甚至是批评，而政府、媒体和公众等都是政策分析市场中的需求者和消费者。在需求方面，政府对智库的认同以及对待政策分析的需求是决定着智库能否发挥社会职能的前提条件之一。而在供给方面，具有不同背景的各种智库是否能在一种政治环境下共存，并提供代表多种价值和利益的政策思想和方案，是完善的政策分析市场的前提条件之一。

智库经费的来源。在比较发达的政策分析市场中，智库的运行经费不仅来自于智库产品的最终需求和消费者——政府，而且还来自于公益的研究基金、个人捐助者或企业等政策思想的非直接消费者。有了多渠道的充足的研究资金来源，研究机构不再会为生计而到处寻求经费，因而其受到少数别有用心的资助者的利益诱导而丧失独立性的可能性大大减少。

智库对政策的影响方式。智库的研究成果不仅向政府部门输出，还以各种形式向其他任何关心政策问题的群体输出,因此,智库实现影响力的行为是丰富多样的。在政策过程中,智库不同层次的政策参与者会通过各种渠道将自己的思想传递到政府。因此,在一个完善的政策分析市场中,作为政策思想最终消费者的政府决策机构应该建立起广泛的政策思想搜集和筛选的机制。

政策思想优劣鉴别机制。这是政策分析市场的最重要特征,也是与其他物质市场的本质区别。这是因为,政策分析市场的特点之一就是信息不对称。政策制定者(也就是政策研究的消费者)往往对政策建议的科学性很难判断(否则就不用再请人做政策研究了)。因此需要建立一个政策思想同行评审和同行竞争的机制。而一个能够让多种政策主张公开辩论的平台,是政府和社会其他政策参与者有能力更加平等地鉴别不同观点优劣的有效机制。

政策分析市场的监督机制。在信息高度不对称的政策分析市场中,政府和公众的有效监管是政策分析市场发展的重要前提条件。在确保智库的基本立场观点符合政府相关法律法规的同时,政府可以与行业协会合作,建立基本的准入门槛、职业标准、财务监管制度等。这样既保证了智库的研究能力和职业操守,同时能监督智库的公开研究成果与经费来源的利益相关性。[1]

与智库发展密切相关的另外一个核心要素就是智库发展的组织生态环境。在现代社会里,除了智库以外,还有很多其他社会组织也都积极参与到公共政策研究过程中,希望能够通过各种方式影响公共政策的制定与执行。例如,各种民间社团组织,行业协会,专业咨询公司,媒体,大型企业,国际组织等。这些组织有些与智库存在竞争关系,有些与智库存在互补关系。在一个良性有序竞争的环境下,他们的存在使得公共政策研究的组织生态更加活泼更加健康,为智库之间和智库与各类机构的竞争与合作,融合与共生创造了条件。例如,在一些重大决策过程中,营利性的专业咨询公司有时也会与智库开展竞争。中国

---

[1] Smith, James A. *Idea Brokers: Think Tanks and the Rise of the New Policy Elite*. New York: The Free Press, 1991; Gregg Easterbrook. "Ideas Move Nations: How Conservative Think Tanks Have Helped to Transform the Terms of Political Debate." *The Atlantic Monthly*, 1986 (1): 60-80.

2007年在医药卫生体制改革时，就曾同时邀请了国务院发展研究中心、世界银行、麦肯锡公司等不同机构提供政策咨询；此外，不少行业协会由于其对行业发展的专业性的了解，也可以为相关产业政策的分析和研究提供良好的补充。但如果各类公司和机构都鱼龙混杂，趁势而上，打着智库的旗号，以盈利或兜售特定政策导向为目的，提供有偏见低质量的政策研究，也会破坏智库发展的良好生态，造成劣币驱良币的局面。正因为如此，对政策研究市场进行合理的规制也是很有必要的。

五　破解中国智库发展之道

中国的智库从改革开放之后到现在有了长足的发展。从改革开放之初的事业单位型的半官方智库到20世纪90年代初邓小平南方讲话之后民间智库的崛起，到1998年"985工程"后，国内主要研究型大学纷纷成立的政策研究和咨询机构，都使得中国智库的发展呈现多元化和多领域的发展态势。2009年3月由国务院原副总理曾培炎担任理事长的中国国际经济交流中心（国经中心）的成立，更是标志着中国智库发展的新阶段。

当前，中国正面临发展转型、深化改革的重要历史关头。许多重大的公共政策问题亟待破解，各种利益纠缠的死结需要打开。这些难题是中国智库发展的历史机遇。如何理清认识，抓住机遇，在破解改革开放的难题中锻炼发展，成为中国特色国际一流的智库，是摆在每一个智库领导者和智库研究者面前的难题。下面，笔者不揣冒昧，就中国智库未来发展提出若干政策建议。

第一，加强政府内部公共政策的研究能力，增强对高质量政策研究的需求。如前所述，推动智库健康发展的前提条件之一就是各级政府要加强对高质量政策研究的需求。但是，根据笔者多年从事政策研究的观察与体验发现，与我们的直觉相反，政府部门对外部高质量政策研究的需求与其自身政策研究能力成正比，亦即政府内部公共政策的研究能力越强，对政府外部高质量的政策研究需求就越高。这种情况也符合"学然后知不足"的规律。那些内部政策研究能力比较差的政府部门，往往对所需研究的公共政策了解不深，很难对外部政策研究提出更高的要求。而那些内部政策研究能力比较强的政府部门，往往对政策研究当中面临的困难和问题体会更深，更了解高水平政策研究的不易，因此，对高质量政策研究的需求也就越强，形成了高水平用户造就高水平智库的局面。

当前，各级政府在职能转变过程中，要尽快地从直接的审批项目、干预微观行为的事务中脱身，更多地加强政策研究，把握宏观发展的趋势，通过合理的公共政策来引导经济社会的发展。这一点国外很多政府的做法值得我们借鉴。例如，在新加坡、英国、加拿大等政府的总理办公室或内阁高层部门，都有专门从事战略预见研究的机构，对未来发展的宏观大势和各种风险因素进行长期的研究和预测，为政府宏观决策提供支持。

第二，减少政策研究禁区，增强社会脱敏能力，为政府调整政策提供更广阔的空间。提高公共政策研究的需求还应减少公共政策研究的禁区，允许对有争议或政府已经有意向的重大公共政策问题开展深入客观的研究，提出不同的观点。当前在公共政策研究领域中经常出现的情况是，一些有争议的或政府有意向的重大公共政策问题往往成为政策研究的禁区。这种情况往往导致重大决策失误。相反，如果能够允许在这些领域开展持续的研究，提出不同的政策观点，不但可以使得不同政策思路互相竞争，不断完善，提高公共政策的质量，还可以在政策已经推出的情况下，增强社会的脱敏能力，不会由于一些政策异议的谣传而惊慌失措，为政府调整政策提供更广阔的空间。

第三，推进数据信息公开，加强政策研究投入，提供公平的政策研究市场环境。公共政策研究往往需要大量的相关信息与数据。但是，我国很多与公共政策相关的统计数据和信息散落在各级政府部门中，不对外公开。按照我国政务公开的条例，这些信息和数据完全应该公开，或加以技术处理后予以公开，为高水平的政策研究提供分析基础。此外，这些数据虽然很难从公开渠道获得，但很多挂靠在政府部门的各类事业单位型的政策研究机构却可以得到这些信息，从而形成了这些机构某种程度上的数据垄断，使得社会上的智库很难与其竞争。同时，很多政府部门虽然有很强的外部政策研究需求，但对外部政策研究的投入却少得可怜，使得承担政策研究的智库很难完全覆盖其研究成本。这样的政策研究环境必须尽快改善，只有大力推进数据信息公开，加强政策研究投入，创造公平的政策研究市场环境，才能够培育出真正的高质量智库。

第四，深化改革，加快建设一批具有中国特色的一流智库。党的十八届三中全会决定提出了一系列重大改革的举措。这些任务的落实需要深入扎实的公共政策研究。同时，我国在国际社会地位的不断提高，也需要在重大国际问题上有高水平的智库发出中国的声音，提供中国智慧。凡此种种，都需要加快建设一批具有中国特色的一流智库。

根据当前中国智库发展的现状，可以从以下几个方面入手。

首先，可以对挂靠在政府部门下的事业单位性质的政策研究机构加以改革。这些机构隶属于政府部门，相对来说难以独立于这些部门利益进行选题和研究，或者当其研究的观点与所属部门的利益不同时难以公开发表。此外，这些事业单位大都由于政府拨款有限，日常运行面临经费短缺的困难。于是它们一方面在行政体制之内运行，另一方面不得不采取市场化的方式来承接一些咨询项目等等，这种做法实际上削弱了这些机构对重大政策问题的研究能力。对这些机构的改革可以通过分流的方式进行，其中一部分可以纳入政府部门，加强政府内部政策研究能力。若干有条件有品牌的政策研究机构可以与政府脱钩，但政府应当对这类机构在一定的年限内保持部分财政支持，使其逐渐孵化成为相对独立的智库。

其次，可以对有条件的高校内的公共政策研究机构进行改造，鼓励它们借鉴国内外成功模式（如北京大学国家发展研究院，清华大学国情研究院，英国苏塞克斯大学的国际发展研究所），重新梳理与大学的关系，提高研究机构的自主性，争取社会各方资金捐助，形成依托大学的一流智库。

此外，经过二十多年的时间，中国的民间智库经历了风雨，也经历了成长。这些年的经验也使得一些大浪淘沙留下来的民间智库具备了高速发展的潜力和希望。可以通过对社会上的智库进行筛选和招标的方式，让这些优秀的民间智库涌现出来，对其给予免税和其他优惠条件的支持，鼓励它们形成特色，成为中国智库发展的生力军。

中国的改革发展为一流智库的建设与发展提供了千载难逢的有利机遇。可以相信，随着我国政策研究体系和生态环境的不断完善，中国的智库一定能够在改革开放的历史大潮中劈风斩浪，承担起促进中国决策科学化与民主化的重任。同时，在全球治理体系中发出中国声音，体现中国软实力，成为具有中国特色的国际一流智库。

（本文原刊于《中国行政管理》2014年5月）

欧美智库比较及对中国智库发展的启示

许共城

智库即智囊机构、智囊团，也称"思想库"，或称咨询公司、顾问公司等，主要是指由各方面专家、研究人员组成的专门研究咨询机构，这样的机构主要是为决策者在处理社会、政治、经济、军事、文化、科技、外交等各方面问题时出谋划策，以提供最佳理论、策略和方案。智库在现代社会对政府的决策和企业战略发展的影响十分巨大，智库是一个国家"软实力"的重要组成部分，在现代国家中，智库的作用越来越大，以至于西方媒体的舆论认为，智库实际上是继新闻、立法、政府后的"第四部门"。

西方的智库发展较早，有比较成熟的发展经验和行业规范。在欧洲，智库的发展起步较早，而美国后来居上，欧美的咨询业成果斐然，声名显赫，值得认真深入地进行研究。中国智库正处于发展的关键时期[1]，更应注重对发达国家智库进行研究，吸取其经验，借鉴其方法，加快中国智库走向国际的步伐，赶超世界先进智库的发展水平，以促进有中国特色的智库的发展和繁荣。下面，就欧美智库的发展状况作一些分析比较，望能对中国智库的发展，有所启示。

---

[1] 2009 年 7 月，以"共享人类智慧、共谋全球发展"为主题的首届全球智库峰会在北京召开，这标志着中国已经开始重视智库的巨大影响，并积极与国外智库进行对话，而主办这次峰会的是刚成立不久的"中国国际经济交流中心"，这标志着中国智库的发展已进入一个新的阶段，民间智库的发展已迈开新的步伐。

一 欧洲智库的发展概况

英国是老牌的工业强国,英国的智库几乎是与工业革命同时起步的,英国被认为是欧洲智库的创始国,经过两个多世纪的发展,英国的智库发展已经形成了一个规模比较大、行业发展比较成熟的体系。英国的智库可分为三大类:第一类是工程咨询的智库,它们起步很早,适应于早期工程发展的需要而发展迅速;第二类是技术服务咨询方面的智库,主要以提供新技术、新知识为业务方向,服务项目包括设计新产品、对产品进行技术评定、对企业进行新技术改造、培训新技术人才、提供新技术咨询等;第三类是管理咨询公司,服务范围很广,包括财政管理与行政管理、生产管理与人力资源管理、市场调查与产品营销、提供情报与设计程序等各方面的咨询。

英国智库的发展有三方面的趋势:一是随着智库的发展壮大不断地分化出新的咨询机构,有经验的技术人员转变为合伙人,成立新的机构,分化出更专业的咨询方向;二是从制造商、承建商企业中分化出技术人员,成立新的咨询机构,建立了与工程发展联系更密切的咨询机构;三是适应大型化、复杂化工程项目的需要,建立多学科、多专业协调的大型咨询机构,形成更大规模的智库。

目前,英国智库在影响上排名比较前的四家智库是:查塔姆大厦、伦敦国际战略研究所、海外发展研究所、亚当·斯密研究所。[①] 其中,伦敦国际战略研究所在英国的许许多多智库中,是久负盛名的,它于1958年由战略问题方面的专家阿拉斯泰尔巴肯创办,该所有比较明显的"国际"特色,几任所长都是国际知名人士,该所经常聘请来自包括美国、澳大利亚、印度、中国、日本等国的研究人员,该所的理事会成员来自包括欧洲、北美、中东、东亚以及太平洋地区的16个国家,会员来自80多个国家,国际色彩很浓厚。该所坚持经常性的研讨活动,

---

① 2009年初,美国宾夕法尼亚大学的James McGann在《对外政策》杂志上发布了《2008年全球智库报告》,英国智库列在前面的就是这四家。

每年9月举行一次年会，一次纪念创始人巴肯的大型讲座，每月至少组织两次讨论会。该所的研究期刊，如《军事力量对比》《战略研究》《年会报告》等被视为是国际战略研究的权威著作。

如果说，英国的策划咨询机构是老牌的智库，那么，德国的智库则是后来居上。冷战后，德国智库呈现稳定、快速的发展势头，年增长率远远高于德国国民经济的年增长率。在现代德国，已经形成了一系列著名的大型综合性咨询公司，产业高度集中，并实现了跨国经营。德国的智库主要分为四类：第一类是政府决策的咨询机构，主要为政府部门提供新兴技术和行业发展方向等方面的咨询报告，对一些重大课题进行技术经济论证，同时将科研部门的研究成果向企业推广转让；第二类是兼有投资功能的咨询机构，它们属于集团性的咨询机构，常常以协会或科技部门作后盾，一方面为企业提供各种咨询活动，另一方面又对有发展前景的企业提供资金，扮演投资人角色；第三类是以技术转让为主的咨询机构，它们将科研部门和大学院校的最新科研成果及时而有效地向企业推广，促进科研成果快速产业化；第四类是纯营利性咨询机构，它们主要是为企业服务，帮助企业研究产品促销，预测市场发展，探索新技术发展方向，协助企业提高管理水平等。

最能代表德国智库特点，且最有影响的咨询公司的是"德国系统工程与技术革新研究所（ISI）"。这个研究所是德国半官方咨询机构，它隶属于弗朗霍夫协会[①]，研究所的咨询课题始终坚持科技与经济、与社会发展的密切联系，尽可能适应德国工业企业快速发展的需要，因而深受工业企业界的欢迎。正是技术与经济相结合的研究方式，造就了系统工程与技术革新研究所的优势，也使这个研究所在德国国内外享有盛誉。该研究所实行分级管理体制，由所长、室主任、课题组长逐级管理，各司其职。所长和3个室主任组成专家委员会，负责对全所人员工作成绩和业务水平进行考核。他们实行"课题工作时核算制"，注重对课题研究进度和效果进行监控，而对研究人员的上下班时间不作硬性

---

① 弗朗霍夫协会即弗朗霍夫应用研究促进会（Fraunhofer-Gesellschaft zur Förderung der angewandten Forschung e. V.），是德国也是欧洲最大的应用科学研究机构，它成立于1949年3月，以德国著名的科学家、发明家、企业家约瑟夫·弗朗霍夫的名字命名。

规定，在研究过程中，管理人员不干预，只在最后对研究成果进行考核。每个课题的经费，除提出20%交所长或室主任管理外，其余都由课题组长支配，职权分明。

法国在欧洲是继英、德之后，智库比较发达的国家。法国智库的发展在战后经历了三个阶段：1945年到1993年是第一阶段，属于战后经济的恢复期，当时大批企业生产水平低，管理人才缺乏，竞争力低下，众多的企业需要生产技术、财务管理、成本核算等方面专业知识的帮助，咨询业适应这一需求，发展了技术咨询、财务会计、法律合同等方面的智库；1955年到1975年是第二个阶段，这时法国加入了欧洲经济共同体，法国企业开始进军国际市场，与国外企业展开激烈竞争，法国的咨询业逐步转向市场开发和企业管理方面的咨询，各种专业的咨询企业由小到大快速发展，建立起大型的管理咨询公司；1974年经济危机之后，是第三阶段，在这一阶段，法国的经济进入缓慢的发展期，法国的咨询业越发重视国际市场，研究发展中国家对咨询的需求，咨询业进入了变革的时期，咨询的重点转向了企业的战略研究方面，大踏步地进军国际市场。

二 美国智库的发展概况

与欧洲的智库相比，美国的智库起步比较晚，但在战后，美国智库的发展跃居世界的首位。美国的大型的咨询公司实力雄厚，机构很大，经费充足，人才集中，经常从事全局性、战略性、综合性的研究课题，其竞争力很强，经济效益也很好，可以说是全球智库中的"巨无霸"。仅在华盛顿特区，大型的咨询公司就有近百家。美国的大型咨询公司常常被称为"影子内阁""影子政府""美国政府的外脑"等，它们对美国决策的影响举足轻重，能在相当程度上左右美国政治、经济、军事、外交等一系列重大决策。在美国，"智库"成员出入政界已成为美国政治的一大特色，一方面"智库"将精英输送到政府机构任职，由研究者变为决策参与者；另一方面也为在政府换届中下台的官员提供容身之所，从而蓄积了很大的人脉资源。在美国，咨询机制上有所谓的

"旋转门",即智库在机制上能够辅助决策,智库的成员的身份在政要与研究者之间转换,智库的研究员经常能有机会进入政府机构,成为政要,而重要官员离职后又常进入智库,成为研究人员,由此而"旋转",有的甚至"旋转"了两三次,这一方面使政府保持着活力,官员有智库方面的专业知识和能力,智库成了为政府培植、储备人才的地方,另一方面,有丰富政界经验的人进入了智库,能强化智库咨询服务的人缘资源和实效性,对智库的发展其意义也非常重大。在美国,从国务院的总统顾问到普通的安全要员,他们在坐上这个位置之前很多都是智库的成员、大学教授。当他们所跟随的这一届总统任期结束后,又会回到智库或者大学里面,轮流"旋转",几十年来,在"旋转门"的运转过程中,涌现大量名人,如前美国国务卿赖斯即是最典型的例子,她在被美国前总统布什任命之前,是大学教授,随着美国总统换届,赖斯也结束了自己的国务卿生涯,好几所大学向赖斯发出了邀请,但赖斯还是回到原先所在的斯坦福大学,进入该大学著名的胡佛研究所。

美国历届政府都十分重视智库的作用。如尼克松政府和福特政府,依托美国企业公共政策研究所进行重大问题的咨询,遇到重大的决策,很重视听取该研究所的意见;卡特政府依靠布鲁金斯学会为其出谋划策,常请该学会就重大问题提供解决方案;里根政府把斯坦福大学的胡佛研究所作为自己的智囊团,让该智囊团频频为政府出招。智囊机构为历届政府提供智力支持,被称为是美国政府的外脑,是"影子政府"[①]。而美国政府则对咨询机构给予优惠扶持。历来,美国政府都是美国大型咨询公司的重要客户,咨询公司有时直接受某一届政府的委托,接受重大的咨询课题,有时通过投标的方式取得政府咨询项目。政府还规定咨询费可以纳入成本,不征所得税。政府规定,超过100万人口的城市要建立区域发展综合咨询机构,政府决策过程参考咨询方案成了法定的程序,政府新项目的实施,要在立项、论证、投资、验收等各环节有咨询报告。

---

① 李极明:《智库在美国贸易政策形成中的作用机制研究》,《云南社会科学》2007年第5期,第97~110页。

美国作为超级大国，其智库发挥了举足轻重的作用，全美近两千家的大规模智库，在国际上有十分重要的影响，如布鲁金斯学会、外交关系委员会、卡内基国际和平基金会、兰德公司、传统基金会、伍德罗·威尔逊国际学者中心、战略与国际问题研究中心、美国企业研究所、加图研究所、胡佛研究所被认为是当今美国的十大智库，而巴特尔纪念研究所、克林顿与美国进步政策研究所、麻省理工学院国际研究中心等，其实也影响很大。

兰德公司是美国著名的综合性咨询机构，在世界上久负盛名，它正式成立于1948年，其宗旨是："为了美国的繁荣与安全，以促进科学、教育、福利为研究目的"。兰德公司具有鲜明的特色：一是在研究方法上注重跨学科、客观性、独立性和实际经验；二是在咨询项目上注重与现实性的战略决策问题结合，并突出其预测性的特色；三是在咨询效果上对美国政府、美国军方的影响十分重大。

三 欧美智库特点比较

欧洲和美国的智库由于其历史发展过程不同以及具体的国情不同，表现出不同的发展特点。

英国智库，作为老牌工业国的咨询机构，有其鲜明的特色：一是历史悠久，经验丰富。因为其咨询业的发展早于其他国家，有百年的历史，积累了相当丰富的咨询经验，有大批老练的咨询专业人才，有相当稳定和长久的业务关系，占有有利的咨询业发展条件；二是组织严密，作风严谨。英国智库的行业管理非常严格，咨询人员须由咨询工程师协会审查合格后才能吸收为会员，咨询企业申请入会，须由咨询社审批，个人和企业，未经审批入会，不能开展咨询业务。而向海外开展咨询业务，须由海外协作事业部统一管理。咨询组织之间互通情报、交流经验，咨询项目的实施和验收都非常严谨，极力维护客户的利益，注重信誉。三是行业高尚，社会支持。英国的智库得到社会的充分尊重，从事咨询业的人员属于高水平的知识行业，得到了社会各单位支持和赞许，一些大型的咨询工程竣工圆满完成后，有时女王都会参加颁奖仪式。四是向外拓展，跨国经营。英国智库非常重视向海外拓展业务，政府鼓励咨询业进军海外，沿袭原来在殖民地积累的资源优势，同时由驻外使馆搜集的情报支持咨询公司，在经费上也对咨询公司提供帮助，许多智库在海外设有多个咨询工作总部，指导海外咨询业务，对海外的咨询工作做得很细，虽然英国的智库没有美国的大型智库在海外那么张扬，但其影响是实实在在的。

德国智库后来居上，在发展过程中表现出明显的特点：首先，德国咨询业紧紧依托于市场经济的发展，及时满足市场的需要，为激烈竞争中自主决策的企业提供各种咨询服务，德国咨询业的发展大大快于经济的增长。其次，德国咨询业十分重视人才的质量，咨询公司对咨询人员的素质要求很严格，一般说来，只有拥有某专业的专家资格，如经济师、建筑师、会计师或经济学博士、法学博士等，才有条件加入咨询组织。咨询公司在录用新的咨询人员时，要组织专家进行集体评定，既注意其专业学历，又重视其资历和经验。再次，德国咨询业充分发挥行业组织的积极作用。1954年，德国成立了德国咨询协会（BDU），现在的会员单位已近500个，协会有6400个专业咨询人员，该协会帮助会员单位改善咨询行业的经济环境，通过定期出版刊物、资料，为咨询业做宣传，同时为会员单位提供咨询经验和信息方面的交流服务，培训咨询人员，还帮助会员单位协调各种社会关系，有时还帮助会员单位开发市场，寻找客户等。此外，德国智库非常重视咨询的规范性和咨询活动与新技术的结合，以科学规范的咨询程序，来保证了高水平的咨询结果[①]。

法国的智库也有其重要的特点：首先，咨询公司与政府的关系密切。法国政治制度的基本理论基点之一是"主权在民"，国民对政府的行政工作有权咨询和监督，咨询机构在法国的行政体系中占有重要地位，在政府决策过程中发挥着重要的作用。咨询公司经常根据政府行政管理的需要，对各自专业领域所发生的问题进行深入的研究，提

---

① 〔日〕竹本直一：《德国咨询机构》，载《咨询理论和实践》，王超平、廖纲煊等译，科学技术文献出版社，1985。

出分析结论和建议方案，供决策者参考。法国政府对咨询业给予很大的关照，不仅提供咨询资金，而且还对投资、人才和情报方面给予很大的支持。其次，注重自身形象，善于推广宣传。法国咨询业积极开展国外的业务，并在项目的委托国广泛宣传法国咨询业的优势，极力提高法国咨询企业的国际知名度。法国还专门成立了一个海外技术援助协会，帮助法国咨询企业拓展和完善国外的咨询业务。再次，十分注重咨询活动的实用性，咨询公司的顾客中有私人企业、国有企业，也有地方政府和中央政府，法国咨询公司注重为客户做实际的服务，它们一般不搞纯理论的研究，而是注重对具体的、与社会经济生活密切相关的实际问题进行调查、研究和咨询，非常重视其咨询的实用性、有效性。

美国作为咨询业最发达的国家，其智库的发展表现出非常成熟的经验和不同于欧洲智库的一些显著的特点。第一，美国智库既依托政府又独立于政府。美国智库和政府保持着密切的联系，依靠政府的政策支持，得到政府的优惠资助，优先获得政府的咨询项目，甚至在人才上也有不少是从政府部门流入的。但是，美国智库又不隶属于政府部门，它们具有相当的独立性，其研究过程、研究结论均不受制于政府，各政府部门无权干预智库的研究咨询工作。政府部门需要咨询服务时，一般采用招标方式，委托智库自主进行，咨询人员和咨询机构不受任何社会力量和利害关系的左右，他们站在客观独立的立场上，凭借自己的信息资源、业务准则、智力判断来获得结论和提供咨询。美国智库的这种独立性确保咨询行业的自主立场和超脱态度，保证了咨询服务结果的客观性和科学性。①

第二，美国智库具有良好的社会经济基础和人才优势。美国是西方市场经济高度发达的国家，竞争异常激烈，充满了发展的机遇，社会生活和经济生活面临激烈的挑战，企业、单位、组织、团体随时面临着发展过程中的决策选择，这就使智库的服务成为一种客观需要。所以，在

---

① 范贤睿等：《官方与非官方领袖外脑的关系》，载《领袖的外脑——世界著名思想库》，中国社会科学出版社，2000。

美国,从个人生活到企业发展,从党派活动到政府决策,从技术、工程、管理、咨询到会计、法律、医药等各方面,从军事战略到外交决策,等等,需要咨询,需要智库的服务,也都能找到相应的智库提供优质的服务。因此,美国的咨询业一方面专业分工越来越细,服务越来越多样化,另一方面综合性越来越强,以应对复杂性、综合性的大型课题的咨询需要,为大型企业和政府部门提供关于重大课题的咨询服务。美国咨询业的成熟发展造就了智库的人才素质很高。智库就是"思想库",主要依靠研究咨询人员的知识、技能和智力提供服务的,高素质的人才对智库的发展起着决定性的作用。美国咨询业对从业人员的要求非常严格,不但要求从业人员有较高的专业知识,还要求从业人员要有法律、心理、社会、文化等方面的相关知识,同时又要有职业道德和咨询经验,人才优势非常明显。

第三,美国智库有规范的行业管理措施和很强的国际竞争力。美国设有"咨询协会",协助政府管理咨询产业,咨询协会一方面将政府的法规、政策转化为具体的行业制度,对会员行为进行约束,对行业实行自律性管理;另一方面又负责与政府及相关团体进行联系协调,为咨询机构服务,维护咨询机构的权利。美国的咨询行业协会成立较早,第一个咨询协会即建筑和工程师协会于1905年在纽约成立。美国管理咨询公司协会(ACME)于1968年组建。咨询行业管理规范,加上丰富的咨询管理经验,高水平的人才优势,使美国的咨询业具有很强的国际竞争力,随着世界经济一体化和贸易的自由化,美国咨询业也越来越国际化,一些大型的咨询公司把触角伸到世界各地,美国许多大型咨询在国外的许多地方设立了办事处和分支机构,聘用越来越多的外籍咨询人员,推进咨询人员的国际化。如斯坦福国际咨询研究所在欧亚和中东等地都设有许多办事处,在世界各地拥有400多个伙伴公司,外籍的咨询人员占有相当的比例。

四 欧美智库发展对中国发展智库的启示

中国的智库正进入一个非常关键的发展时期,快速的社会经济发展正为中国智库的发展创造了极好的时机,而作为智库的发展起步比较晚的国家,我们应该积极、明智和有效地吸取欧美智库的发展经验,一方面,使我国的智库发展少走些弯路,以尽快使中国的智库赶上发达国家的智库发展水平,并努力超越它们;另一方面,通过与欧美智库的分析比较,在吸取发达国家智库经验的同时,努力创造中国智库自己的特色,使中国的智库能更好地为中国的经济、政治、军事、外交和文化的发展服务。

欧美智库发展的成功经验和运作特点,至少给中国智库的建设和发展提供了以下几个方面的启示。

第一,要大力推进民间智库的建设,逐步理顺智库与政府部门的正确关系。虽然据有关方面统计,目前中国的智库约有2000家,但大部分智库是官方和半官方的附属型智库,包括社会科学院、政策研究室、经济研究所,大学的研究中心等。由于官办智库的特点,例如研究经费来源于政府,研究者属于政府终身公务员编制,其工资和职位由政府决定,研究课题由政府相关部门立项、指派,研究结果要由政府部门来组织审核、评议等,这样的智库往往会失去其独立性和客观性的立场,容易偏向于注重对政府政策的宣传和诠释,缺少公共性和民间性的色彩。这是一种受体制内框架限制的智库运行模式,这一模式更多地像传统的"幕僚""文胆""智囊"等参谋机构,有待于现代性的转型。所以,中国智库的现代化需要大力推进民间智库的建设,并在政策上和对智库的宏观管理上作重大的革新,促进中国智库适应新时代而进行"蜕变"。在这方面,美国智库依托政府又独立于政府的特点是值得我们借鉴的。美国智库和政府保持着密切的联系,依靠政府的政策支持,得到政府的优惠资助,优先获得政府的咨询项目等,同时美国智库又不隶属于政府部门,它们不受政府制约,具有相当的独立性,政府部门无权干预智库的研究咨询工作,这对我们发展现代智库有重要的启示。而法国政府对咨询业给予很大的关照,不仅提供咨询资金,而且在投资、人才和情报方面给予很大的支持,这也是我们应当借鉴的方面。

第二,要加强智库专业化建设,完善智库的管理体制。在推进智库建设独立性的同时，必然要加强智库的专业化建设，智库的发展只有形成自己的专业性，方能真正地保持其独立性。智库的专业性包括专业人才队伍的建设，智库的专业特色的形成，智库咨询工作的专业特点等。智库有成熟的专业性才能避免"有奶便是娘"的被动局面，靠专业特色服务。如英国智库注重发挥工程咨询方面的优势，德国智库与新技术的结合，法国智库注重其咨询的实用性和发挥其对非洲熟悉的优势，而美国大型智库利用其综合性优势和强大的人才优势大力拓展国际市场等，都是值得我们重视的。欧美的每一家大型的智库，几乎都有自己的主要的专业方向，如布鲁金斯学会擅长于中东问题；兰德公司擅长于军事战略；美国外交关系委员会擅长于外交政策；美国战略与国际研究中心擅长于国防政策；美国企业研究所擅长于贸易、经济政策；胡佛研究所擅长于美俄关系；卡内基基金会擅长于核不扩散问题；欧洲政策研究中心擅长于欧洲一体化研究；法国国际关系研究所擅长于欧洲事务；斯德哥尔摩国际和平研究所擅长于危机管理；亚当·斯密研究所擅长于自由市场等，都是对我们发展专业性强的智库很有启发的。智库的专业性建设和智库管理体制的完善是分不开的，从行业上看，智库的发展需要有科学有效的行业管理，从智库内部的管理体制来看，需要有适应于本智库的有特色的管理方式，这样才能使智库的专业性得到充分的发挥。在前一个方面，英国智库的行业管理的严格风格，德国咨询协会服务于会员的积极措施，美国智库规范的行业管理措施及其与政府团体的协调作用等，都对我们有重要的借鉴作用，而在后一个方面，即智库内部管理上，像伦敦国际战略研究所例会体制，德国系统工程与技术革新研究所的专家委员会制和课题管理体制，巴黎经济社会发展研究公司的组织体制，兰德公司的管理体制等，都是值得我们深入进行研究的，只有积极吸取这些顶级智库的科学管理体制，我们的智库管理，方能尽快地提高。

第三，要努力构建智库市场化运作体制，积极应对市场的变化。智库的民间化发展其实也是构建市场化运作体制的过程，严格说，现代智库是作为市场经济社会中的一种机构组织，必须尊重市场经济的规律，智库只有在不断地应对市场化发展的过程中才能健康地生存和壮大。

首先，智库必须有自己的经费来源，与政府部门在经费上实行"断奶"，方能独立成长，经费的依赖性会造成咨询工作独立性和客观性的丧失。其次，智库必须有独立的人才管理权，过去那种编制内的人才管理方式，由编委定编，政府提供薪金，限制了人才的流动，也使智库的研究人员容易懒散，不易激发创造性，而且也形成了不习惯于提出新见解的弊病。再次，智库必须有独立设置课题的自由权利，那种指派性的课题，由上面组织评审的课题的审核方式，严重地限制了智库的发展，卡死了创新的课题设置，也卡死了创意性的咨询研究，这对智库来说是致命的。从上面我们对英、德、法和美国的智库分析中可以看出，成功的智库，在咨询的课题上都是有充分的独立性的，它们对课题的设置不是由凌驾于智库上的政府部门指派的，而是面对市场，面对社会热点问题，面对企业急需解决的问题而设置的，智库积极应对市场的变化，也由市场的需要来决定智库的发展方向，智库只有在充分的市场运作体制中才能真正地健康发展。

第四，要努力创造智库的好产品，积极宣传推广智库的形象。智库有了独立性，有了专业化，有了好的管理体制，有了应对市场的能力后，接下来就是要出好产品，并善于推广自己。智库是为别人服务的，是输出咨询产品的，是服务于客户的，没有好产品别人是不会接受的，没有好产品，智库就会失去其生存的可能性和必要性。而当智库有了好产品，要善于宣传，通过经常和有效的宣传，智库的专业形象才能被广泛认可，智库的信誉才会不断提高，智库的客户才会有闻名而来，智库的生存空间也会更广阔。法国智库有一个特点是善于推广宣传，法国智库在积极开展国外的业务的同时，很擅长于宣传自己，努力极力提高法国咨询企业的国际知名度，还专门成立了一个海外技术援助协会，帮助法国智库拓展和完善国外的咨询业务，这是很高明的策略。美国的智库也很重视宣传，利用自己的期刊、丛书、媒体、网络推广自己，还注重统计媒体对智库的采访次数，以及智库产品引起的政策反响等。这都是我们在发展智库时应该好好吸取的重要经验。中国智库在发展的同时应该善于展现自我，加强与各方面的交流，与媒体交流，与网络交流，与国内的企业和广大受众交流，与国际上的同行和各种传播机构交流，逐渐融入全球化的潮流中，与国际咨询业对话，并在国际上争夺话语权，努力建立自己的良好形象和公信力。中国在硬实力方面日益受到重视，中国也应该在软实力方面有所表现，在智库方面，也应该让世界关注和认可，大国的崛起，也要输出软实力，需要拥有具有国际影响力的知名智库。

（本文原刊于《经济社会体制比较》2010年4月）

政策研究困境与智库的遇冷

郦 菁

从 2014 年 10 月以来,一场前所未有的智库建设高调展开。2015 年初,中央正式出台了《关于加强中国特色新型智库建设的意见》。紧随其后,各类政府内外,特别是大学内部的研究力量和准研究机构,纷纷以智库的名目重组,以便在财政支持的政策研究体系中分一杯羹。与此同时,各路媒体和民间机构虽也加入了智库建设运动,但在影响和资源上无法拟论,而少数声音略大的亦有千丝万缕的官方背景。然而,在这大约一年半的时间里,在巨量的财政投入之后,想象中百花齐放、异说竞起的局面并没有出现。无怪乎郑永年对于中国政策研究的尖刻批评一经刊出,就激起了学界内外激烈的争论。那么,智库建设运动到底出了什么问题?还是中国当代政策研究体系总体结构和制度的痼疾?另外,政策研究的母领域——社会科学——是否已陈陈相因,亟待变革?问题到底是知识的缺失,还是价值的缺失?

一 政策研究的政治根源

从智库问题开始讨论,必然先要考察这一舶来品的制度基础和美国经验。实际上,智库作为一种政策研究的组织方式,正是在美国特殊的权力结构和制度安排中生长出来的,并且抓住了二战前后对新型研究的需求、20 世纪 60 年代社会政策扩张和 70 年代保守主义重新兴起等政治机会，得以成为美国政治制度中不可或缺的一个部门。而从比较的视野来看，智库既不是公共政策研究场域中必不可少的参与者，也并不必然要采用美国的组织方式，且本身的历史也没有想象中那么长。智库没有发挥核心作用，或无法恰逢其时地供给政策知识，并不代表政策研究体系总体的失败。而政策研究的效能如何，最终还要取决于研究制度与权力结构的相契，以及是否有足够多的机会窗口（windows of opportunity）和进入点（access point）。

先以美国为例。智库是美国政治制度的一大发明。概而言之，智库的诞生首先得益于美国独特的政治权力结构。美国民众天然就对"国家"这一权力中心不甚信任，而早熟的民主制更是造就了所谓的"党派分赃制度"，使得美国很晚才形成职业官僚体系，且专业化程度和法国、日本等国家不能相提并论，因而常有"弱国家"一说。至今，美国的联邦层面还有很多非职业官僚，特别是总统的班底。因此，国家内部的研究力量是不足的。在政党层面，由于党内初选制度的存在造成候选人中心制，以及本身组织的相对松散，民主党和共和党也无法建立专门的政策研究机构。这些特征使得独立于国家和政党之外的政策研究组织——智库——有了很大的生长空间。

此外，由于权力制衡的政治思想和制度安排，美国的立法过程也比世界上任何一个政治体都要来得冗长复杂。一个草案要最终变成法案，必须先提交两院分别审议、修改和投票，还要相互审阅，进行漫长的政治协商和妥协。20世纪60年代之后，立法环节不减反增，比如国会预算办公室（CBO）就是新设机构之一。这一复杂冗长、权力高度分散制衡的立法过程有一个重要的政治后果，即造成了多个"进入点"（access point）和"否决点"（veto point）。这给社会团体和社会运动、工会组织、各类游说公司，特别是智库提供了相当的政治空间。包括智库在内的各类组织完全可以依靠相对较少的预算和政治资源作为"杠杆"，通过一两个节点或少数几个政治精英来进入政策过程或阻碍特定法案。这与法国、日本和中国等政策制定过程相对比较封闭、政策理念主要在政治精英网络内部形成和流通的局面相当不同。

最后，由于美国从19世纪末谢尔曼法案开始实施反垄断政策，企业之间的政治协商和集体行动本来就比欧洲要少得多。例如在德国这样的法团主义国家，特定行业都有统一的行业协会（peak association）来代表其政治经济利益，在各类政策委员会中也有集中的代表。而美国的企业从来没有统一的声音，而是各自独立从事游说活动。这也促使各类企业转而支持各类智库来推动和宣传他们自己的政策主张，而不是通过行业协会来进行政策研究或游说。

相比之下，大多数成熟政治体的权力结构、立法程序与政治协商的方式与美国不尽相同，毋宁说，美国国家容易被社会力量渗透的局面，也许是一个特例。像法国和日本这样官僚系统制度化程度高和政治精英网络相对封闭的国家，智库起的作用其实并不大，研究质量和政治影响也很难一概而论。由于历史上官僚的高素质和专业化，官僚系统内部承担了大量的政策研究工作，很少会像美国那样外包研究任务或依靠外脑。比如在日本，至少在20世纪90年代行政改革之前，官僚系统只招募精英大学的顶尖毕业生。且各部门都有研究调查的传统，定期要业务学习或去国外培训，尤以通产省等核心经济部门为盛。20世纪60年代日本经济增长开始进入高速期，背后并不是依靠智库和强大的外部专家，而是官僚本身的研究力量。当时，经济官僚甚至创建了一个新学派，即所谓的"官厅经济学"。而同时期日本的经济学界基本对政策没有影响，研究也以马克思主义理论为主。此外在德国，政党专属的研究机构是相当制度化的，政党为其提供资金，研究质量也很高，美国式独立智库发展的空间相对也小。当然，20世纪90年代以来，日本和欧洲主要国家也出现了智库建设的小热潮，但政治影响和运作模式与美国智库差异甚大。这一变化，显然也和美国政治影响的提升以及新自由主义范式的扩张有关。

这充分说明，政策研究的制度安排，包括研究力量是建构在政府内部还是外部，研究者具有怎样的训练和才具、提供怎样的研究和政策话语，很大程度是由政治过程本身决定的。抛开政治情境来看智库及其他研究机构的质量和政治影响，无异于缘木求鱼。当然，这只是硬币的一面。从另一面来看，政策研究一旦相对制度化，其内部的病症、偏颇和怪象，亦会反过来形塑公共政策的理念和技术，最终影响现实利益的分配。再以美国为例。20世纪70年代之后，美国智库在资金来源和研究方式等方面发生了结构转型。由于私人资本的大规模介入和保守主义力量的支持，智库日益沦为资本意识形态的传声筒，概念贩售和媒体文宣代替了实证研究，且从参与政策形成的前期研究转为后期的利益分配和国会辩论并协商的阶段。这些结构转型当然是美国政治变迁的镜像，但反过来又深刻影响了具体政策的范式和分配结果，与80年代后保守主义占据主导，社会政策全面衰落和贫富差距进一步彰显关系莫大。还有一个以色列的例子。在20世纪50年代，以色列的外交政策研究主要依靠阿拉伯裔的情报人员，对于实际政治中的关节和情况相对了解。但此后因强调国家建构和中东局势的改变，政府转而依靠大学内部从事"东方学"的智库，其中最重要的就是特拉维夫大学的夏洛学院。东方学学者惯于从文本分析中揣测推究"真实"的动机，但对于现实政治并不了解。这一政策研究方式和技术的转变，使得以色列对于周边国家政治领袖的意图出现了不少误判，进一步激化了矛盾。

二　中国当下的政策研究

由此来看，简单地说中国的知识分子"不够独立客观，和政府靠的太近"，而中国的智库"面临知识短缺"，"没有建设性的研究产品"，只是一个表面的批评，莫能深原其本。和上述各国的例子相类，中国的政策研究也是深刻嵌入于权力结构与政治制度之中的，而智库只是其中一部分新兴的研究力量。郑永年的这种批评，既脱离了中国当下的政治情境，也没有抓住根本的问题。

首先，尽管有学者声称医疗、五年计划等政策领域实行了"共识性决策"，但概而言之，中国的政策过程还是相对封闭的，主要的决策权在政治精英和高级官僚手中，特别是议程设定的权力。公众舆论固然对政策影响巨大，有时甚至超过所谓的西方民主政体，但并没有系统化地表达多元社会利益的渠道。特别是资本的力量近年来日益高调，但企业家也没有制度化的管道来影响政策，很多时候还是通过官僚系统内部的代理人来介入政策过程，而行业协会的作用始终是管控大于代表。

此外，这些掌握政策权力的党精英和官僚群体内部也是相对同质的。或明或暗的派系斗争并不能改变一个基本事实，即国家的政治权力、意识形态权力和军事权力始终是相对统一的，而经济权力始终处于以上权力的统摄之下。这种权力结构有一个直接的表现，就是国家权力相对集中，与法国和日本类似，不像美国不同精英掌握不同的权力基础，且有相当一部分精英没有进入国家。因此，对于从事政策研究的专家来说，不管他们是代表广泛的社会利益还是特殊利益，能够影响政策的所谓"进入点"并不多，能够利用的权力缝隙和"机会之窗"也很少。

其次，中国国家内部已具有功能完备、规模庞大的研究力量，虽然研究质量参差不齐。在执政党的建制中，各级的政策研究室亦是重要的组成部分。这些机构虽然大部分的工作是整合既有材料和撰写报告，但也有相对独立的调查能力。此外，政党的培训机构——各级党校，也部分负有政策研究功能，特别是对于政策话语建构和意识形态管理方面，具有相当影响。在这之外，非制度化的各种政策领导小组也可以就特定政策议题抽调重组分散于党内和政府各部门的研究力量，为政策设计服务。而在政府内部，技术官僚本身的职业素质和研究能力也是相对较强的，也许并不输于日本60年代的情形。所以，和日本与法国类似，很多政策研究的功能是由中下级官僚本身来承担的。比如，发改委内部各主要计划部门的研究能力是相当了得的，技术官僚完全可以操作复杂的预测模型，对于信息的掌握和敏感程度也远在学院经济学家之上。在这之外，具体职能部门从20世纪八九十年代以来基本都建立了自己专属的研究机构，比如财政部的财研所、卫生部下的卫生经济研究所（卫生发展研究中心）等，虽然内部也有很多闲职。而在超部门的层面，还有国务院发展研究中心等研究力量最近十年都以引进博士研究人员为主。

因此，中国当下政策研究的组织方式与美国智库大规模影响政策的模式本是截然不同的，与中国国家权力的组织方式和官僚体系本身的性质密切相关。回顾来看，目前的政策研究体系是在朱镕基时期逐渐成形、胡温时期进一步巩固扩张而成。依照与国家权力场域的关系，大约可以分为三个圈层，而每一圈层所拥有的信息与资源、政治上的影响度以及专家的性质都是不尽相同的。最核心的圈层大略是上述的党政直属研究机构，部门领导可以直接列席政策会议；第二圈层是各级社会科学院、党校等培训系统，一般有自己独立的内参系统；最外层的则是各地的精英大学，没有制度化的进言渠道。从目前来看，2014年底开始的智库建设运动对这一基本格局冲击不大。对于既有的政府内研究机构如国研中心等，还有社会科学院这样本来就承担智库功能的机构，重组研究力量的措施并不多，虽然财政投入的确增加了。变化最大的也许要数大学系统：20世纪80年代大学与政策领域的关系相对较远，90年代学术与政治进一步分开，直到最近十年，精英大学又重新进入了政治领域的外围。而智库建设的风潮无疑用财政投入为杠杆，持续改变了大学内容的机构设置、研究导向和人员配备。

以此观之，仅仅观察一些外围的智库和学者就判断中国当下政策知识短缺，确是失之偏颇的。要全面评估政策的研究能力，也许要把三个圈层的研究机构都纳入其中；更加重要的是，对于官僚系统本身的研究能力也不可低估。话虽如此，笔者也没有否认目前智库的理念贫乏，这本来就和中国政策场域进入点不多有关，也不会成为政策知识生产的主导形式。国家外部的专家缺乏制度性的代表，往往依靠和官僚以及党内精英的私人网络来进入政策场域，所发挥的影响也差异很大。此外，这一轮智库建设的主要目的也许有三个：第一是对中国相对过剩的政策研究力量进行重组，做大做强，但目前看来成效甚微；第二是羁縻和管控科研系统的人员，用财政投入来引导社科和其他领域研究，使之处于主流意识形态框架内，宛若"丸之走盘"；第三是通过智库来进一步论证和宣传既定的政策话语，起到文宣的效果，实现政府与社会的顺畅沟通。目前看来，后两个目的是部分达到了。因此，智库和专家们若是忙于阐释解读政策而不是创造政策知识，也是中国语境下智库的"题中之义"了。毕竟什么样的政治结构和政治文化，就会产生什么样的专家，而智库在不同政治体系中的功能又不尽同。

如此说来，"知识短缺"并没有抓住中国政策研究体系的内在病症，而"缺乏独立性"也许是一个更有效的批评。窃以为，影响政策研究效率和效能的最主要问题可能恰是以下两点。首先，目前三个圈层的研究机构，包括官僚系统内部的研究力量，并没有统筹整合，很多时候不免低效率重复。一个"一带一路"的研究项目，从中央到地方的各种研究机构蜂拥而上，在研究侧重上鲜有合理分工，倒是常有过度的竞争。而法国等固然也主要依靠国家内部的研究力量或官办的智库，但分工明确，不同机构之间也少有竞争。此外，为了保持差序格局，不同圈层的研究机构能够得到的信息和政治资源也是极不平衡的。结果是，它们之间少有人员的沟通，分享关键信息和资源的契机也比较少。这些都影响了政策研究的统筹和效率。其次，即便有一个如此庞大的研究系统，大部分的政策还是缺乏公共讨论的。各级研究机构和各种性质的专家与官僚系统沟通得多，对社会大众代表得少。并且由于政治市场的封闭，少数专家可能会进入个别政治精英的恩庇网络，发挥较大影响，而不是平衡公开地提供政策知识。在这种格局下，公众参与的缺乏愈发成为弊病。这恰是由于，专家往往被专业所限，并之后将要详述的社会科学本身的病症，很多时候仅有"有限理性"，而缺乏全面考察政策问题的"情境理性"。只有通过不同专业背景和代表不同社会群体的专家之间的公开质辩，在公共平台而不是封闭政治网络内进行政策技术和价值的讨论，才能避免重大的决策失误或利益分配的明显不公。比如，此前艾滋病防治问题政府一度讳莫如深，相关决策部门通过自己的网络延请专家测算艾滋病可能的爆发率及对策。然而事实最终证明，专家的测算模型参数错误，某些医疗资源发生了错误配置。如果对此有相当的公共讨论，也能邀请不同立场和见解的专家质询各自的技术方案，与大众之间民主沟通，也许这样的决策失误就能大大减少，尽管公共政策讨论又会带来别的问题，如舆论的过度影响等。

三 价值缺失的社会科学

中国当下政策研究这两大病症，一方面有其深刻的政治根源，所带来的各种决策失误和形式误判，并不是说搞几场智库运动就能圆满解决。实际上，现有的智库建设正是放大了原有病症的逻辑，其绩效如何，待观后效。另一方面，尽管政策研究与学院内部的社会科学研究之间并不是必然紧密联系的（正如技术和科学之间的关系），且国别差异巨大，但在很多情况下，学院系统还是政策研究的母领域，可以为后者提供两种最重要的资源：专业人员的培训以及科学权威的来源。通过这两条渠道，社会科学的研究工具和理论范式也在很大程度上重塑了现代国家的政策研究，虽然也不乏日本这样的反例（20世纪80年代之前学术与政策的分离）。与此同时，社会科学和学院系统的问题也会反映在政策研究的制度和效能中。

中国的情况在近三十年也经历了重要的变化。改革开放之前，学院内部基本是马克思主义范式主导，与政策相关的学科门类也零落不全。政策研究基本依靠技术官僚，培训也主要通过政策实践和党内系统来完成。从20世纪80年代开始，西方社会科学的理念和工具为改革政策提供了丰富的资源和政治话语，学院体系和政策领域之间的关系也一度开始变得紧密，人员交流日频。然而，90年代情势反复，学术领域发生"去政治化"的无声巨变，与政治场域再度分离。尽管如此，党和国家内部的技术官僚和研究力量还是依靠学院系统培训，他们的工具和理念也受到潜移默化的影响，最近更是被圈入政策研究体系的最外层。

90年代至今的中国社会科学，在技术和理论资源的积累上固然不如有百年传统的西方，至今也未跳离西方的主流范式，但也绝非"知识缺乏"。三十年来的西学东渐，再加上缓慢但持续的代际更替，使得目前的社会科学研究在技术层面和西方特别是美国学术界的距离越来越近。目前的问题，毋宁是价值的缺席，而非知识和技术的缺位。这首先和90年代学术与政治分离，"知识分子"蜕变为"学者"的趋势相关。在此之后，"事实"与"价值"的两分完成，学者普遍退出了政策领域，在公共空间的发言也缺乏对于公共价值和弱势社会群体的观照。这也是进入21世纪之后，各种没有专业背景但充满情怀的"公知"占领公共空间的原因之一。"公知"的上升，包括最近几年对她（他）们的嘲讽批判，恰说明了公众对于价值的需求和焦虑。但显然"公共知识分子"已成为一种功能、一种公共空间中的特殊角色，但学院知识分子本身已无力扮演。

此外，美国学术系统的基本组织逻辑和评价标准也日益被移植到中国。"实证主义"一直是美国学术界最显著的传统，但在20世纪70年代之后的意外加强，还是另有原因的。当时正值学生运动平息不久，新的一代学者要挑战老一代的权威，转而支持用更为"客观公平"的评价体系，最终导致了计算论文数量的方式胜出。无奈三十年以降，反而从注重实践的实证主义进一步演变为形式实证主义（表现为对统计方法的滥用），使得学术系统与公共空间几近分离，创造力减弱，并被过度竞争困扰。当中国学术界也日益采用实证主义逻辑和数量评价体系时，自然不可避免这些弊病，进一步把学者束缚在象牙塔内。

另外，社会科学内部发展是极不平衡的，这与国家通过科研经费的分配、学科目录的调整等方式加以调控的政策关系很大。一个很明显的现象是，应用性、技术性强的学科，特别是管理学和经济学，投入和规模在最近十年远超基础学科。这本是一个全球性趋势，但是参看科研投入和科研人员规模就能发现，像政治学这样的学科地位低落绝对是一个中国现象。在美国，政治学研究是仅次于经济学的，投入也远大于持批判态度的社会学。二战之后，政治学的大发展特别是民主研究和比较政治学两个领域，为美国霸权的全球扩张输送了独特的政治话语。很多理念都是学界的原创，而绝不是简单阐释政府的说辞。相比之下，中国的政治学投入远不如管理学和经济学，甚至不如社会学，因为社会学尚能解决各种"社会问题"。在仅有的政治学研究中，国家也倾向引导学者进入公共行政层面的课题。结果是，最近的一些重大的意识形态概念和政策话语，无不出自政党本身，鲜有来自学界的新鲜思想，特别是政治学。

概而言之，去政治的态度、实证主义与数量管理以及最能提供政治理念的基础学科之不兴，都导致了中国社会科学在价值层面的贫乏。这种贫乏，不免从母领域传递到政策研究领域。政策研究本身不仅限于工具和技术，也包括理念、范式和"说法"，而后者总是和一套价值联系在一起。

（本文原刊于《文化纵横》2016年4月刊，原题为《政策研究困境与价值缺失的中国社会科学》）

从"帝吧出征"事件看网络粉丝社群的政治表达

陈子丰　林　品

2016年1月20日,百度李毅吧("帝吧")因大量用户有组织、有计划地借助"翻墙"软件"集体远征"境外社交平台Facebook,引起了国内外舆论的多方关注。在这场被命名为"帝吧出征FB"的行动中,参与者在民进党主席、新任台湾地区领导人蔡英文以及《苹果日报》、"三立新闻网"等媒体的Facebook主页发布了海量的反"台独"言论和反"台独"图片、表情包,制造出极具视觉冲击力的"刷屏"("洗版")效果,也震荡出颇为浩大的舆论声势。同年3月18日,正当围绕"帝吧出征FB"的议论渐趋平静之时,"帝吧"又重举义帜,就"中国乘客在机上被外国男子辱骂'中国猪',维珍乘方不作为"事件向英国维珍航空Facebook主页发起"总攻"。这次攻击虽然规模稍小,但态度之激烈更胜前番。"二次出征"以维珍航空创始人公开道歉告终,在保持"胜利"纪录的同时,似乎也表现出"帝吧"将这种非常规的群体性表达"常态化"的意向。在本文中,笔者将从这一系列现象入手,尝试探讨网络粉丝社群的群体性表达。

帝吧:一种兼具特殊性与代表性的网络粉丝社群

"网络粉丝社群"主要是指,基于对特定对象的共同爱好而形成的、具有粉丝身份认同的趣缘社群,其成员互动主要通过网络媒体,尤其是社交媒体（social media）进行，群体活动也依托于社交网络服务（Social Network Service，SNS）而展开。此外，网络粉丝社群还具有显著的"自我声明"特征，那些成型的社群往往会借助"粉丝符号""粉丝声明""粉丝文本"的生产、发布与传播，来对社群整体和成员个体进行自我命名和自我界定。

将"帝吧"归入"网络粉丝社群"的范畴加以讨论，或许存在疑义，因为大部分"帝吧"吧友其实并非李毅这位足球明星的粉丝（球迷）。然而，就定义"网络粉丝社群"的网络性、趣缘性、群体性以及"自我声明"特征而言，"帝吧"都是鲜明的典型。

首先，以"李毅"为关键词生成的百度贴吧是"帝吧"成员互动的根据地，吧友在长期互动中形成了层级制和职能制两相结合的吧务团队，以及相当高效的网络动员方式（以李毅吧为基地进行跨平台宣传，并借助QQ群组聊天等工具开展即时通讯）。在网络互动中形成的这套特殊管理规则，是"帝吧"得以在"出征"事件中展现出非凡战斗力的"制度保障"。再者，"帝吧"成员主体虽不是李毅的球迷，却几乎都是"李毅大帝"这一媒介产品的使用者和爱好者。"李毅大帝"先是充当"帝吧"成员"高级黑"（以"仿粉丝"的姿态获得"反粉丝"的快感）的对象；后来发展为"帝吧"引以为豪的"恶搞""内涵"文化的图腾标志；如今又在主流舆论对"出征"事件的肯定中，被确立为"吊丝逆袭""众人皆帝"的"正能量文化"代言人，可以说一直都是"帝吧"赖以凝聚的趣缘纽结点。

近年来，李毅本人试图通过主动充当"吊丝逆袭"文化的代言人，将其媒体形象和"帝吧"建构的极具品牌价值的"李毅大帝"形象整合在一起，他的做法获得了多数李毅吧用户的认可。在这种耐人寻味的"追认"之下，"仿/反粉丝"与"粉丝"进一步发生重叠。"帝吧"成员还参照粉丝文化的构词法，发明了"毅丝"（或"D丝"）这样的身份标签进行自我声明。"毅丝"富有创造性的互动使得"帝吧"成为诸多网络热词、黑话、段子、图片、表情包的策源地，逐渐形成一种颇具辨识度的亚文化风格，进一步增强了"帝吧"的社群凝聚力和成员认同感。

更进一步说,"帝吧"的特殊性同时也成就了它的"代表性"。相比起大多数集中于特定对象的粉丝社群,"帝吧"可谓一个综合性的草根文化社群,堪称百度贴吧的趣缘社群文化的集大成者。在这个号称"为兴趣而生"的社交平台中,作为用户规模最大、帖子数量最多的一个贴吧,"帝吧"成员大都同时活跃于其他贴吧,在不同的网络社群之间充当着互通信息的节点。当百度贴吧的活跃用户们以"帝吧er"的身份集结并向境外"远征"时,他们所依凭的其实是一种共同的组织动员与群体表意方式,而这正是在各色粉丝社群普遍共享的媒介机制内交流、碰撞形成的。

媒介赋权与群体赋权下的"注意力占领"

对于"帝吧出征"事件,无论是否同意他们的主张,人们都很难不惊叹于这场虚拟示威的爆发力。粉丝群体之所以能展现出令人震撼的表达力量,首先得益于互联网新媒介所产生的赋权效应。随着"媒介融合"的深化和"融合文化"(convergence culture)的渐趋成型,积极使用新媒介的粉丝不再只是文化产品的被动消费者和媒介信息的单向接收者,而是能够借助各式各样的允许用户生成内容的互联网应用,成为文化产品的"产消合一者"(prosumer)和媒介信息的双向交互者。开放的媒体平台还让粉丝的信息生产溢出了粉丝的小圈子——微博首页的热门话题经常被数目惊人的粉丝热评尽数占领,仿佛粉丝行为已成为网络文化生活的主流。

其实,这种"占领"一定程度上是粉丝群体悉心经营的结果,作为成长于文化产业链之中的网络原住民,新生代粉丝深谙信息爆炸时代的"占领注意力"之道:他们通过"毅丝""鹿饭"(演员鹿晗的粉丝)等身份标记,在虚拟空间中勾连出一张张庞大的话语之网,并通过制造各种舆论"事件",让这张网清晰地展现于公众视野。例如,少年偶像组合"TFboys"的粉丝会通过"发帖刷人气、在微博上加话题热度、熬夜刷榜投票"等一整套线上行动,配合"以偶像的名义做慈善"等线下活动,来系统地为偶像和自己吸引关注。而事先高调宣传动员、事后详尽总结、多方报道的"帝吧出征",则相当于以"网络公开课"的形式向场外人展示了事件背后的紧密组织和周密策划——根据事后公布的"作战方案","出征"由"总群"总动员,下分6路纵队,除了"帝吧"主体与"天涯八卦"作前锋部队外,还有5路后援保障部队分管情报收集、宣传组织、制作图片及言论、对外交流、战场清理工作,甚至连"作战"时间都以15分钟为单位进行规定。当"注意力经济"(theeconomy of attention)早已为人知晓,"帝吧出征"似乎显示出某种"注意力政治"的可观潜力。

毫无疑问,这种"注意力政治"高度依赖于"人海战术",其前提在于庞大群体的积极参与。网络空间中的信息和资源流动,使得"节点联结"密度较高的区域得以产生社群;"独乐乐不如众乐乐"的趣缘社交需求,以及互联网栖居者在赛博空间(cyber space)中确认自我身份、寻找归属感的心理需求,深切地呼唤着社群的建构;种种动因相互缠结,使得社群性成为网络时代的粉丝文化区别于先前大众文化的另一个关键特征。恰如"丝"(s)这个复数后缀所提示的,"粉丝"(fans)作为特定的狂热爱好者,始终是以复合形式存在的,其生存姿态可谓"每个毛孔都充满着群体认同"。正是网络社群的"群体赋权",才使得提供平台、工具的"媒介赋权"真正落到实处——毕竟,在当今这个"后广播"(post–broadcasting)时代,谋求用"权威"的麦克风放大独唱,远不如靠"刷屏"的万人大合唱来得立竿见影。需要注意的是,后者并非前者的代数叠加,当声音从点对面的单向广播变成众声喧哗,粉丝群体的凸显正意味着权力关系的改变:它们既是声音的接受者,也是声音的发出者;既是媒介赋权的对象,又是自我赋权的主体。

在同一社群内部,专业特长各不相同的众人带动起知识、技术、观点的流通共享,这种"集体智慧"(collective intelligence)使得通常在文化权力场域中处于相对弱势地位的大众文化爱好者能够获得更为强大的力量,在网络协同的过程中生产出富有创意的文本甚至符号体系,甚至有可能对超出社群的线上、线下生活产生切实的影响——"帝吧"创造的"吊丝文化"就是一个具有代表性的案例:"吊丝"最初是网络骂战中针对"帝吧"成员／"D丝"的污名化称谓，后被"帝吧"成员"不以为耻"地领受，并以此为核心能指创造了一整套符号体系，用以承载这一亚文化群体的社会想象和价值观念；这套符号体系还从"帝吧"传播到别的社交媒体，不仅成为很多人线上交流的常用语，甚至还渗透进人们的线下日常交往，越来越多的中国人将"吊丝"用作自我指称的符号，一方面用这个与"高富帅"相对立的词语来表达自己的相对剥夺感和相对贫穷感，另一方面又借由"吊丝逆袭"的套路表露出力争上游的进取精神和阶层流动的愿望。

不过，扁平化的媒体平台之上话语权力的开放，以及海量更新的信息洪流之中"占领注意力"策略的采用，注定了粉丝群体表达的力量更多体现为冲击、渗透，而非直接的说服。两个人在同一社交平台上持续使用重复的符号和表情包互相攻击，这种场面或许是怪异可笑的；可在两次群体性的"出征"中，文本和表情包的狂轰滥炸却一定程度上贯彻了严正的政治意图。然而，"占领注意力"策略对政治意图的"实现"仍是打了折扣的。由于事先已"约法三章"，要求树立"有纪律、有文明、有节操"的集体形象，因而，"出征"中确实少见谩骂；但是，产生巨大文本量的数天刷屏，也并没有发展出可在 Facebook 特殊的舆论环境展开有效陈述的表达方式，更遑论面对横亘在海峡两岸之间的文化差异展开有效沟通。起初旗帜鲜明的"出征"，逐渐演变成一场由"八荣八耻"、小学课文、美食图片以及数量最多的恶搞聊天表情所组成的符号狂欢，"交战"双方后来甚至开始晒照片征友。这固然表现出"帝吧 er"引以为豪的"克制""友善"，也同样暴露出声势浩大、组织严明的"战斗"在理性批判力度和传达信息效率方面的巨大缺陷。

同时，我们也应该意识到：在群体层面，鲜有纯粹的"策略"，绝大多数策略实际上都同时是群体成员的共同需求。"占领注意力"的低效既不影响"帝吧 er"从参与中获得极大的满足，更不意味着"出征"只是一场无谓的胡闹；相反，它提示我们，应将非常态的"出征"拉回到粉丝社群的行为常态中，来进一步理解这一行动的意涵。

身份认同与站队逻辑

值得研究者关注的是,在这场宣扬民族主义情感、凝聚民族身份认同的行动中,对参与者的另外一重身份"帝吧er"有着几乎同等的强调——仿佛二者之间存在天然的联系。"帝吧出征,寸草不生""众人皆帝"的宣传图文铺天盖地,展现出参与者无比的自豪与认同感。对于一些外在观察者来说,这其中趣缘社群认同与民族国家认同并行不悖乃至相得益彰的逻辑十分令人费解。但在网络粉丝社群文化的意义脉络中,身份或者说标签化的身份,却正是多数交际的核心内容之一。

"标签"是粉丝充满仪式感的自我声明工具,它赋予个体一种明确的身份,将其置于一套前人或侪辈提供的参照系之中。对局外人而言,这套参照系的复杂程度超乎想象,而"帝吧er"只是其中最简单易识的一种。例如,由三名成员组成的"TFboys"的粉丝统称为"四叶草",而又细分为"团粉"(同等喜爱作为整体的三人)、"源苏"(突出喜爱王源)、"凯苏"(突出喜爱王俊凯)、"千唯"(突出喜爱易烊千玺)、"凯源粉"(喜爱王源、王俊凯以及他们之间的互动)、"理智粉"(自认为有理性判断力)、"脑残粉"(被认为狂热、幼稚、丧失理性)、"亲妈粉"(对三个少年怀有母爱)、"姐姐粉"(以姐姐的身份喜爱三人)、"女友粉"(像喜爱男友一样喜爱三人)等这套至少在三个维度上展开的标签系统之所以会如此精细,是因为它意在将复杂多样的粉丝行为进行从"对事"到"对人"的本质化。与更加讲究礼仪的线下交往不同,网络粉丝社群的线上交往并不存在对于"贴标签"的公开禁忌(虽然线下交往也常常暗自援引标签,作为裁定他人、定位自我的工具):"贴标签"几乎是接洽陌生用户的第一步,一方面因为身份认同对于粉丝社群如此重要,另一方面也让信息洪流中的后续互动变得简捷易行。

粉丝在毫不客气地给萍水相逢之人扣上"喷子""脑残粉"等帽子的同时,也毫不介意"鹿饭""四叶草"甚至"丝"这样的标签会将自己呈现为乌合之众的一员。看似泯灭自我的群体性狂热,实则正是自我的投射与内摄：诸如"努力""善良""时尚"等被粉丝赋予偶像的美好品质，也被粉丝用来描述爱着偶像的自己（至少是理想自我），在"骂我爱豆（idol 的谐音，即偶像）就是骂我""爱豆让我成为更好的自己"这些常见的表述中，客体和主体间的界限已经模糊了，通过投射与内摄的心理机制，偶像成为了粉丝"自我的延伸"。而群体层面的投射就更加光明正大，除了发掘所爱对象的符号价值，粉丝还会主动援引更多的素材来建构自身的群体形象——从"鹿饭"的阳光积极、热心公益，到"毅丝"的幽默辛辣、机智内涵。这些想象的品质以及想象的共同经验、共通情感，在对共享文本的共同使用和高密度的信息互动中，获得了象征符号性的建构，并进一步巩固了粉丝社群作为某种"想象的共同体"的群体认同。

而粉丝社群之间的群际互动，则具有鲜明的"党同伐异"特征。"帝吧出征 FB"之时，李毅曾在其微博上霸气外露地宣言："犯我中华者，虽远必诛"；而实际上，"帝吧"在 Facebook 上展现的令人震惊的攻击力，很大程度上正是粉丝社群一系列日常攻击行为在海外"客场"的实践。"出征"的操作技术源于意见相左的粉丝社群间最常见的微博骂战和"爆吧"行为——以百度贴吧平台上的具体贴吧为单位，一个（些）贴吧的吧友在另一个（些）贴吧中发帖刷屏致其瘫痪，这是目前攻击性最强的恶意刷屏类型。而"帝吧"正是"爆吧"行为的发明者，自 2007 年以来，这个以"黑粉/反粉丝"起家的粉丝社群，曾多次发动或参与过针对李宇春吧、东方神起吧、Super Junior 吧等超人气贴吧的大规模"爆吧"行动；在其间积累的组织经验和战斗策略，也使得"帝吧出征"能够迅速实现所谓的"火力压制"。

与对立阵营间频繁骂战形成鲜明对比的，是粉丝社群内部的和谐氛围。以标签为工具，素不相识的人只要相互识别为同一种粉，立刻就像对上暗号的地下党一样获得天然友谊，并得以依照标签所匹配的一系列准则迅速进入互动。虽然这种互动大多是网络社会流动空间中的"缺场交往"，但粉丝将社群称作"温暖的家园""有爱的大家庭"这样的表述十分常见。这种松散而紧密的联结，是"众人皆帝"的旗帜短短几天即可集结如此庞大力量的组织基础。在日常交际中，这些为趣缘认同所吸引、为身份标签所聚集的网友，会和现实好友一般分享资源，甚至常以自创的同人文本或周边产品互相馈赠。这种趣缘标签的一致所带来的认同感，甚至可以弥合现实生活中的一些身份标签所造成的撕裂：为了获得圆融一致的群体身份认同和趣缘社交中的亲密无间感，社群成员通常都会掩饰、回避（尤其是较为优越的）现实身份，甚至刻意在话语上进行低就式的认同。此外，由于建立在趣缘认同之上的情感纽带被鲜明地设置为人际交往的前提，因而一些围绕现实标签的争议乃至敌意，也会在社群成员之间得到搁置，甚至获得理解以至于达成共识。

当然，在"同"与"异"的辩证法中，群内和群外的界限并不总是绝对的。譬如TFboys的各类粉丝，虽然频繁地相互反感、贬低，但他们一旦面对被识别为共同竞争对手的其他粉丝社群成员，就会立刻"搁置争议，一致对外"，团结起来维护偶像和粉丝社群的形象。同理，尽管"帝吧"吧友在日常交际中不乏针对中国社会种种乱象的冷嘲热讽，但一旦引入Facebook上的外来观察者，他们的即时站队却毫不含混。"党同"和"伐异"之所以可以随时切换，是因为他们有着共同的心理基础：骂战最重要的功能同样可以落到群内身份认同的凝聚之上。正如曼纽尔·卡斯特（Manuel Castells）所言，通过对抗他者来建构自我/我群主体性的"抗拒性认同"（resistance identity），有划定边界的强大功能，"区分"往往能够直接导致共同体的形成。粉丝社群中的很多人亦毫不讳言，对外的"恨"与对内的"爱"息息相关，热血沸腾的并肩战斗带来"为偶像做了什么"的自豪感（虽然偶像本身可能并不赞同甚至并不知道），同时也巩固了"fan"的身份建构和"fans"的社群认同。

从身份认同的视角出发，我们就可以更好地解释在"出征FB"的壮观行动中强调"众人皆帝"的意义；也能够尝试理解"出征"行动止步于"占领注意力"的集体符号展演的原因。在很多网媒报道和参与者自述中，"亮相"这个词频频出现，暗示"刷屏"对于网民注意力的暴力性占领将Facebook平台变作了"帝吧er"的表演舞台，而"亮相"本身的意义实则在于被看见、听见，而非被看懂、听懂。这个字眼让我们很难确定,台湾地区的网民在"出征"事件中所扮演的,到底是影响和说服的对象,还是集体展演的观众。在这场声势浩大的符号狂欢中,我们可以辨识的只有用"看起来在骂"和"实际没在骂"表达出来的直观而表意不明的"敌对"或"友善"两种情绪,这和日常骂战中"粉"或"黑"、"同意我/我偶像"就是朋友或"不同意我/我偶像"就是敌人的群内/群外站队法相比,并没有本质区别。在数码时代的赛博空间里,历史上曾获得广泛实践的"站队政治",似乎正继续发挥着强大的社会化功能。它所采取的"区分逻辑"固然极大地满足了粉丝社群的认同需求,但是认同一旦实现,更进一步、更具有生产力和批判性的动机和行为却没能随之到来。认同的效果至多是不断询唤主体,然而完整的、有效的主体话语却迟迟未能出现,也未能够与其他复杂的问题、多样化的需求结合为丰富、多元的声音。认同的力量固然强大,但如果止步于此,由认同所驱动的符号生产很容易就会泛化为"复制—粘贴"式的能指狂欢,其表意效能也很容易就会在这个过程中稀释殆尽。

虽然便利的媒介技术和庞大的用户规模的赋权效应,为网络粉丝社群提供了公共舆论场的入场券,将他们推上了时代的舞台;虽然应时而生的表达策略、日益成型的组织架构,以及身份认同所凝聚的强大动力,使得他们能够在舞台上大放异彩,以至于博得惊呼阵阵;但是他们能否赢得历史的掌声,还要看这些刚刚登台的年轻群体能否适应时代的聚焦,用更有创意、更有活力,同时也更有深度的表演,在打破台上台下界限的场地中,确立起成熟的历史主体。

(本文原载《文化纵横》2016年6月刊)

城市中产阶级的三副面孔与城市文化发展

熊易寒

当下的中国，大约 1 亿人口可以被归入中产阶级的行列。相对于 13 亿人口，这个比例固然很低；但是，这个阶层的影响力远远超过了 1/13。最近十年，中国社会的道德、审美、价值观、生活方式和消费方式都在迅速中产阶级化。

无论穷人还是富人，都追着《欢乐颂》这类弘扬中产阶级主旋律的电视剧；节俭不再是社会公认的美德，理财和提前消费才是值得提倡的，人手一个股票账户、人手一张信用卡。典型的中产阶级形象是，用苹果手机、喝星巴克咖啡，去很近的地方都习惯以车代步，却又在健身房的跑步机上大汗淋漓；他们喜欢自驾游或出国游，却时常会自嘲为房奴或屌丝；他们有一定的权利意识和正义感，虽然偶尔也会为自己拥有的小特权窃喜。

有人基于西方世界的经验，对中国的中产阶级寄予厚望，认为中产阶级的成长将会推动中国的民主化进程；也有观察者指出，中国的中产阶级是保守的，他们追求稳定而反对激进的改革，他们更多地是经济动物而不是政治动物。前者会注意到：基层人大选举中的独立候选人往往以中产阶级为主力军；环保运动和业主自治更是中产阶级彰显自主意识和组织能力的舞台。后者则看到：中产阶级作为体制的受益者，缺乏改革的动机，他们很少进行组织化的利益表达，得益于新媒体的发展和社会价值观的中产化，他们成为网络舆情的主导者，然而，声音很大，行动很少。中国那么大，似乎每一种观点都可以找到足够的经验事实为自己背书。

笔者更倾向于认为，中产阶级的保守与激进是"情境化"的，在日常状态下，中产阶级更多地表现出保守的面向，这是利益使然，也是制度使然；而一旦利益受到实质性损害，中产阶级也会走上街头，厦门、大连、宁波等地的市民用集体散步的方式反对PX项目建设，南京、武汉的家长集体抗议高考指标的缩减。实际上，中产阶级具有三副面孔：一是日常世界里的中产阶级，二是公共舆论中的中产阶级，三是集体行动中的中产阶级。理解了这三个面向，我们才能形成对中国中产阶级的整体性认识。

一 焦虑的经济动物：日常世界里的中产阶级

在日常生活中，中产阶级常常表现出保守的一面。作为单位里的骨干成员，他们面临巨大的工作压力，无暇参与公共生活；作为消费文化的拥趸，他们是理性的经济动物；作为现行体制的受益者，他们渴求稳定，害怕改革影响自身的既得利益。

一方面，中产阶级常常表现出一定程度的政治冷漠。在基层人大代表选举、社区选举中，我们往往很难看到中产阶级的身影；居民自治和业主自治也因为"沉默的大多数"而效果不彰，为人诟病。另一方面，中产阶级又热衷于讨论政治，关注重大的人事变动和政治事件，各种政治小道消息在朋友圈广为流传。与其说中产阶级不关心政治，不如说中产阶级缺乏低成本却有效的政治参与渠道。

房子和孩子是中产阶级最关心的事情。中产阶级关心房子，那是他们栖身之所，也是他们让资产保值增值的主要方式，房子意味着安全感和成就感；中产阶级关心孩子的教育，重视教育是东亚社会的共同特点，但中国的中产阶级因地位焦虑而尤其注重教育投资。身处一个经历了阶级重组的后发国家，当前中国的中产阶级是建国以来的第一代中产阶级，50后、60后大多有着饥饿记忆，70后、80后经历了从匮乏经济到温饱经济的转变，他们习惯于物质带来的安全感，并且害怕失去现有的社会经济地位。

孩子的教育问题集中反映了中产阶级的焦虑情绪。中产阶级希望自己的孩子可以继续接力,向更高的社会经济地位跃迁,为此他们不惜重金,让孩子去上各种辅导班,学习各种才艺和礼仪,让孩子赢在起跑线;如果做不到这一点,他们就会转而拥抱阶层固化,希望孩子至少可以继承自己的中产阶级身份,为此他们不惜搁置自己的价值观,他们会坚定地反对异地高考,将招收农民工子女的学校贬称为"菜场小学",避之不及。中产阶级的孩子,也许是学业压力最大的一个群体,这源于他们父母内心深处巨大的不安全感:毕竟,与社会上层相比,他们的孩子输不起。

二 舆情主导者:公共舆论中的中产阶级

在当前中国的公共舆论中,有两股重要的力量:一是为反对而反对的"愤青",二是温和理性的中产阶级。"愤青"更多地活跃在网络空间特别是草根论坛;中产阶级则是大众主流媒体的主要受众,他们的价值观和社会态度在很大程度上塑造了主流舆论。股市熔断机制、70年居住产权房屋到期续费、封闭式小区道路开放等议题引发的公共讨论,背后都是中产阶级对于财产安全的焦虑。

今年5月,上海某高校二年级研究生李某在其导师投资的企业做实验时,厂房突然爆炸,李某和另外两名工人身亡。此事经网络曝光和媒体跟进报道之后,迅速引发社会舆论的广泛关注。而今年4月,北京某名校硕士毕业生雷某的意外死亡,更是引发轩然大波。这两个高学历者的意外死亡,死因截然不同,有什么内在的联系吗?

小学语文教材有一个《小马过河》的故事。这个故事的原意是说:不要人云亦云,要敢于亲自尝试。但或许还可以有另一层引申的寓意:对于故事里的松鼠来说,河水已经没过头顶了;对于老牛而言,河水不过淹没脚踝。

对社会中不同阶层的人士来讲,他们的安全线是不一样的,有的人已经感受到"齐脖深的水",危在旦夕;而另一些人还仿佛在雨后的街头水洼里嬉戏。上述这两个死亡样本的典型性在于：一个是毕业于名校，已有中产阶级地位和体面工作，却因为警权的使用不当而意外死亡；另一个是正就读于名校，走在通往中产阶级的道路上，却因为导师的过失而夭折了青春。

每一次引发社会关注的死亡事件，其主角似乎都是"最不应该"死亡的人。更早的类似样本是孙志刚，他因为疑似盲流而死亡，事实上，他是一个大学毕业生。于是舆论哗然：长期以来，人们一直以为收容遣送制度与自己无关，警察执法与自己无关，但突然间，一个与自己相似的人在收容遣送站暴亡了。齐脚踝的水瞬间上升到了脖子的位置，让身处主流社会的人们感到莫名的恐惧。他们愤怒，他们呐喊，他们控诉。潜意识里，他们其实是在保卫自己。

须知，孙志刚并非第一个死于收容遣送站的人，只不过其他的死者都是货真价实的农民工；同样道理，与李某一同被炸死的两名农民工，他们居然成了媒体报道中的失踪者。

师生关系也好，警民关系也罢，都是最寻常的社会关系，我们每一个人，都会在某一个时刻与老师、与警察相处。师生关系更是我们青年阶段极为重要的社会关系，传统社会甚至将其比拟为父子关系，所谓"一日为师，终身为父"。在现代社会，师生关系没有那么亲密，私人情感大为淡化，取而代之的是体制化的契约关系，严格意义上师生关系仅限于就读期间，一旦毕业就是"前导师""前学生"了。

但不管怎样，人们对于导师有特定的道德期待，他应当切实保护学生的正当权利和利益，而不应该是一个将学生视为廉价学术劳动力的"老板"。李某的死亡，一方面拉响了主流社群的警报器：我们每一个人的孩子或兄弟姐妹都可能遇到这样一个无良的导师。另一方面，也把研究生"学徒化""民工化"的潜规则推到了阳光下。导师蜕变为"老板"，这并非一朝一夕的事情，所有人包括教师群体都异常反感，却从未经受实质性的法律和道德拷问，相反却渐渐被视为理所当然。直到某一天，某一个极端事件，打破我们心底的那条安全线；然后，群情激奋，口诛笔伐。

这样一种公共舆论，虽然也可给我们的社会带来一些正义和进步，但这些正义和进步却不是普遍意义上的，它属于"小马"，属于"老牛"，却不属于"松鼠"。只有当底层的"松鼠"也获得安全的时候，只有当主流社群不再以自己的安全线来度量正义的时候，普遍的正义才能到来。

三 公共性与私性之间：集体行动中的中产阶级

"Not in my backyard！"邻避政治（NIMBY Politic）在全世界都是一种广泛存在的现象。这是居民为了保护自身生活环境免受具有负面效应的公共或工业设施干扰，而发起的社会反抗行为。通常情况下，邻避运动都是反对具有一定污染或危害的公共设施或工厂，譬如变电站、垃圾焚烧厂、化工企业等。福建厦门的反PX运动、广东番禺的反垃圾焚烧运动，都是典型的邻避运动；西方国家的民众也经常有类似的抗议活动。但是，还有一种极具中国特色的邻避运动，这种运动所反对的设施并无环境污染，甚至不会对周边居民有直接的利益损害，但是，因为违背了中国人的风水观念，也遭到了人们的抵制。

所谓风水，是中国人在择地建造居所时，对气候、地址、地形、环境、景观、朝向、方位等各种因素的综合考察，并由此在建筑设计和施工过程中形成各种禁忌和规则。中国人倾向于认为，好的风水会给人带来好运，而坏的风水可能招致灾难。在风水的理念中，既有朴素的美学和自然崇拜，也有巫术和迷信的成分。

2015年3月，上海一家公司准备将杨浦区某小区的闲置楼房改建成公办民营性质的养老院，不料却遭到了小区业主的强烈反对。5月，工程不得不停工。一些业主甚至将养老院称为"死人院"，要求"'死人院'滚出小区"。须知，在其他国家，养老院与学校、幼儿园、医院相类似，是一种深受居民欢迎的公共设施。

为什么这样一种有利于社区的公共设施会遭到居民的抵制呢？

该小区一共有269户住户，目前已有240户明确表示反对建养老院，原因有二：第一，相传养老院要设立临终关怀病房和太平间，会影响居民的生活环境和心情；第二，小区房价因此会被拉低，影响他们的经济利益。遭遇抵制停工后，7月份，养老院筹建方强调养老院将"不设太平间或临终关怀场所"。然而，大部分居民，尤其是老年人仍然坚持说，他们无法承受每天看到"将死的失能老人"的心理压力。

在这些理由的背后，是中国传统的风水观念。居民从风水的角度出发，认为养老院经常有老人逝世，这意味着阴气（一种传说中的负能量）很重，从而破坏社区的风水，不利于社区居民的身心健康和个人运道。从科学的角度看，这种观念显然毫无事实依据。但如果周边的居民都持这样一种风水观念，那么养老院确实会影响小区的房产价格。原本只是一种心理情绪，最终却带来了经济损失。

作为一个社会阶层，中国的中产阶级是通过业主维权和环境运动进入公众视野的。20世纪90年代末以来，随着住房商品化改革，步入中产的城市居民刚刚共享"业主"这样一个称号。他们要求优美的生活环境、良好的社区服务，并希望亲自参与社区管理和社区建设。

在北京、上海、广州等一线城市，中产阶级业主们开始为保护小区的绿地、驱赶不受欢迎的物业公司、阻止"磁悬浮"从小区旁边经过，或者成立自治的业主委员会而采取集体行动，向基层政府、开发商或物业管理展现自己的力量。但是，中产阶级的维权活动并不总是基于公共利益和个人权利，有时候也暴露了这个阶层的"私性"。

早在2012年，上海市民秦岭在微博上给时任上海市委书记的俞正声写了一封公开信，诉说自己癌症晚期的父亲在求医过程中屡次遭拒的经历。两天后，俞正声给秦岭回信，并授权"上海发布"公开发表回信内容。回信中说："我们大家会尽力帮助你……特别要在癌症晚期病人的关怀上，争取在制度上有所前进。"

之后，上海将推广临终关怀进社区列为政府实事工程，率先在全国城市社区卫生服务中心设置临终关怀科，开展居家和社区舒缓疗护。但是，"临终关怀医院"的建设却遭到了居民的强烈抵制。2014年，浦东新区新场镇某小区居民通过集体抗议让浦东新区老年医院的建设搁浅。多名业主表示，他们不反对建设临终关怀医院，但坚决抵制建在如此靠近小区的地方，"这不符合中国的民俗"。"医院规划地块不仅紧邻居民小区，还挨着幼儿园和在建的小学，将来我们的孩子们每天上下学都要经过这样的地方，真的难以想象……"

风水，又是风水！

我们不难发现，当前中国的中产阶级有自私和狭隘的一面，虽然他们对个人利益的关注无可厚非，但他们也常常将个人利益置于一种"神圣不可侵犯""不可妥协"的地位。当个人利益与公共利益发生冲突时，他们往往不愿意做出任何妥协和让步。林毓生认为：中国传统的"私性社会"（private society）很难转化为西方意义上的公民社会。至少在现阶段，中产阶级身上更多地体现出"私性社会"的特征。

当然，邻避运动在当下中国日益盛行，也不能全部归咎于中产阶级的"私性"；其更重要的制度性根源在于：选址过程的程序正义缺失。有研究者发现，美国也曾经经历过一个"邻避时代"。1980年以后，美国的邻避运动愈演愈烈，所反对的设施也从垃圾填埋场、焚化炉等传统邻避设施延伸到机场、监狱、收容所、精神康复中心、戒毒服务中心甚至公共房屋。尽管居民都认为这些设施对城市发展不可或缺，却希望能够远离自己，落址他处，这种观念一度成为美国"1980年代的大众政治哲学"。

1990年12月，纽约市规划局颁布了《城市设施选址标准》（*Criteria for theLocation of City Facilities*），即所谓"平等共享选址程序"（*Fair Share Sitting Process*）。标准已于1991年7月生效。"平等共享选址程序"主要包括如下几个步骤。

第一，每年11月15日，市长要公布一份城市设施需求文书，列出未来两年内城市计划新建、扩建、关闭或缩减的设施，同时配备一整套包含现有设施地址、规模及使用情况的城市地图。文书要求对所有计划内的市政设施项目进行投资预算和选址可行性论证，并举行市长发布会。

第二，报告发布后，每一个社区董事会拥有90天的时间做出反应，包括将报告通知社区居民、举办听证会和向城市规划局提交意见。

第三，城市规划局将社区董事会的意见转给相关建设机构，这些机构必须在设施计划里面充分考虑和论证社区董事会的意见。值得说明的是如果市长文书已初步遴选设施选址，则机构代表应参与社区听证会；如果文书没有提到选址，则一旦地址选定后机构代表也应立即通知社区董事会并参与听证。

第四，各社区董事会将意见呈至相应的区行政长官，区行政长官汇总后向上提议设施备选地址。

第五，一旦设施地址选定后，社区董事会有权设立一个设施监督委员会，全程监督设施的建设和运行。

此后，纽约的邻避运动逐渐平息。这说明合宜的制度设计是可以将中产阶级的"私性"转化为"公共性"的。

事实上，中国的中产阶级也有敢于担当、积极参与的一面。

长期以来，中国的环保部门只检测空气中的PM10，按照这一标准，北京等地的空气质量尚可，北京环保局公布的每日空气质量报告中，严重时也仅为"轻度污染"。PM10检测往往遗漏了更可怕的"空气杀手"——PM2.5，也就是大气中直径小于或等于2.5微米的颗粒物，粒径小，富含大量有毒、有害物质。

在2008年北京奥运会之前，美国大使馆在其院内架设了一台监测仪，每天记录PM2.5的浓度，并在Twitter网站上实时发布。严重时，美国大使馆用了"crazy bad"（糟得一塌糊涂）这一骇人词汇来形容。尽管民间呼声甚高，但中国尚未将PM2.5列入空气质量体系，通行的仍是PM10监测。直至2011年7月，环保组织达尔问自然求知社在北京发起"我为祖国测空气"的活动，之后不断地向各地扩展，上海等地区的PM2.5自测团队纷纷建立。一石激起千层浪，环保NGO和不少市民自发拿起空气检测仪器，走上街头，开始自测空气质量，一场民间自救行动开始推而广之。

城市新兴中产阶级就是这场环境保护运动的主力军。正是在"我为祖国测空气"运动的倒逼下，2012年12月，环保部部长周生贤公布了PM2.5和臭氧监测时间表，PM2.5监测全国将分"四步走"。具体来说就是：2012年，将在京津冀、长三角、珠三角等重点区域以及直辖市和省会城市开展PM2.5和臭氧监测；2013年在113个环境保护重点城市和环保模范城市开展监测；2015年在所有地级以上城市开展监测。而2016年则是新标准在全国实施的关门期限，届时全国各地都要按照该标准监测和评价环境空气质量状况，并向社会发布监测结果。

在一定程度上，正是中产阶级的环保意识和参与意识，促成了公共政策的改变，使政府更加关注空气质量的改善和大气污染的治理，提升了城市社会的总体福利。

2013年1月，广州市环卫工人因为恶劣的工作环境和工资待遇问题而罢工，以城市中产阶级为主体的广州市民给予了有力的支持，通过公共舆论和现场声援等方式，使得地方政府迅速介入，承诺大幅度提高环卫工人的工资水平。

上述案例均表明，中产阶级在特定的情况下，也会超越自身的狭隘利益，参与公共事务，服务于公共利益。我们不能笼统地说中国中产阶级是保守的抑或激进的，而应该考察中产阶级话语和行动的具体情境，理解他们与外部社会结构和制度环境的互动。在当前中国这样一个急剧变迁的复杂社会，任何简单化的标签和结论都是武断的。

（本文原载《文化纵横》2016年8月刊）

图书在版编目（CIP）数据

文化决策参考. 2015 / 首都师范大学文化研究院编. -- 北京：社会科学文献出版社，2016.12
 ISBN 978-7-5097-9923-9

Ⅰ. ①文… Ⅱ. ①首… Ⅲ. ①文化事业-发展-研究-北京-2015 Ⅳ. ①G127.1

中国版本图书馆 CIP 数据核字（2016）第 261183 号

文化决策参考（2015）

编　　者 / 首都师范大学文化研究院

出 版 人 / 谢寿光
项目统筹 / 宋月华　吴　超
责任编辑 / 宋淑洁

出　　版 / 社会科学文献出版社·人文分社（010）59367215
　　　　　　地址：北京市北三环中路甲29号院华龙大厦　邮编：100029
　　　　　　网址：www.ssap.com.cn

发　　行 / 市场营销中心（010）59367081　59367018
印　　装 / 三河市尚艺印装有限公司

规　　格 / 开　本：787mm × 1092mm　1/16
　　　　　　印　张：18　字　数：268千字

版　　次 / 2016年12月第1版　2016年12月第1次印刷
书　　号 / ISBN 978-7-5097-9923-9
定　　价 / 89.00元

本书如有印装质量问题，请与读者服务中心（010-59367028）联系

△ 版权所有 翻印必究